时速 350 公里标准动车组

设计运营最高速度:350km/h　　最高试验速度:385km/h

中国中车自主研制的更高速度试验列车

380A 型高速动车组
设计运营最高速度：380 km/h　　　持续运营速度：350 km/h

380B 型高速动车组
设计运营最高速度：380 km/h　　　持续运营速度：350 km/h

CRH3 高速动车组

设计运营最高速度:350 km/h　　持续运营速度:300 km/h

CRH380A 京沪高铁行驶在阳澄湖上

HXD1 型 9600 千瓦大功率交流传动电力机车在大秦线上牵引万吨重载列车

中国中车拥有强大的研发平台和制造能力

LEAN MANAGEMENT

Management Cornerstone of Intelligent
Manufacturing of China Railway High-Speed

精益管理之道

中国高铁装备"智"造的管理基石

刘化龙　奚国华　主编
王军　执行主编

清华大学出版社
北 京

内 容 简 介

中国高铁的飞速发展令世界瞩目。本书全面揭示了中国高铁装备制造者——中国中车的精益管理之道，内容包括中国中车精益管理的战略布局、精益管理体系的建设、实施等，其中工位制节拍化生产、标准工位建设、精益示范线、6621运营管理平台、模拟线建设、精益研发等战略与实践，对中国高端制造业具有很强的借鉴意义。

本书封面贴有清华大学出版社防伪标签，无标签者不得销售。
版权所有，侵权必究。举报：010-62782989，beiqinquan@tup.tsinghua.edu.cn。

图书在版编目(CIP)数据

精益管理之道：中国高铁装备"智"造的管理基石/刘化龙，奚国华主编. —北京：清华大学出版社，2017(2025.9重印)
ISBN 978-7-302-45976-7

Ⅰ.①精… Ⅱ.①刘…②奚… Ⅲ.①机车-车辆工厂-工业企业管理-研究-中国 Ⅳ.①F426.472

中国版本图书馆CIP数据核字(2016)第312849号

责任编辑：高晓蔚
封面设计：汉风唐韵
责任校对：宋玉莲
责任印制：刘海龙

出版发行：清华大学出版社
    网　　址：https://www.tup.com.cn，https://www.wqxuetang.com
    地　　址：北京清华大学学研大厦A座　　邮　编：100084
    社 总 机：010-83470000　　邮　购：010-62786544
    投稿与读者服务：010-62776969，c-service@tup.tsinghua.edu.cn
    质量反馈：010-62772015，zhiliang@tup.tsinghua.edu.cn
印 装 者：涿州市般润文化传播有限公司
经　　销：全国新华书店
开　　本：180mm×245mm　　印　张：19　　插　页：3　　字　数：290千字
版　　次：2017年1月第1版　　印　次：2025年9月第13次印刷
定　　价：59.80元

产品编号：071889-01

编辑委员会

主　　编：刘化龙　奚国华
执行主编：王　军
执行编委：苗永纯　阴明月光
编　　委：闫卫华　丁亚军　李听初　李一鸣
　　　　　徐广兵　白晓莉　肖雪峰　魏　江
　　　　　朱小宁　孙瑞波　曾志田　赵　炯
　　　　　胡灼文　刘文俊　鲁继楠　周鲔伟

专家委员会

主　　任：楼齐良（中国中车股份有限公司副总裁）
委　　员：蔺　雷（中国科学院研究员）
　　　　　施青松（中车浦镇车辆有限公司副总经理）
　　　　　田学华（中车青岛四方机车车辆股份有限公司副总经理）
　　　　　常文玉（中车齐齐哈尔交通装备有限公司副总经理）
　　　　　王　月（天津爱波瑞集团公司副总裁）

序 PREFACE

中国经济发展近几年一直处于一个下行的过程中。我们实际上面对着一个重要的关口。如果下行趋势能够被遏制，国民经济保持一个不太低的发展速度，在"十四五"期间中国将会进入高收入国家的行列；如果下行趋势不能扭转，经济增长速度进一步走低，中国也可能落入所谓的"中等收入陷阱"。前景如何，很大程度上要看中国高端制造业在未来几年的表现。

改革开放以来，中国经济实现了持续30年的高增长，创造了世界经济发展史的一个奇迹。这个高增长阶段的内涵是制造业的高速发展。中国从短缺经济起步，面对巨大的国内市场、依靠从国外引进的技术、凭借低成本制造的优势，中国的制造业从低端一路向上发展，自身的规模和占有的市场份额急剧扩张，使中国成为一个制造业大国并进入了上中等收入国家的行列。

经过30年高速增长之后，中国经济发展一些重要的条件正在发生变化，已经影响到中国制造业在世界产业格局中的位置。在高增长时期，中国的制造业基本是牢牢控制住低端的同时一步一步向高端拓展，是单向扩张的势头。30年高增长之后，中外产业差距大大缩小，中国企业和发达国家的企业越来越多地成为直接的竞争对手，这使得技术引进越来越困难；与此同时，中国的要素成本大幅度上升，一些附加值不高的低端制造业不得不向要素成本更低的国家转移。当今中国的制造业已处于世界制造业的中端：在高端的方向上中国制造业在和发达国家的企业争夺市场，这个方向上我们没有技术优势；在低端方向上中国制造业受到更不发达国家同类产业的竞争，这个方向上我们没有成本优势。这种两头受压的格局逆转了中国制造业的进一步扩张,加上世界经济低迷,成为中国经济下行最根本的原因。

当前国内有一种说法,认为这一转折意味着中国经济的增长将转向由消费带动。这种说法有一定道理,制造业发展受阻会使服务业在国民经济发展中的作用增大。但服务业最终仍要以实体经济的发展为基础;实体经济的规模越大,服务业发展的空间越大;实体经济如果趋于萎缩,服务业发展的空间也会缩小。由于低端制造业向外转移的趋势很难改变,我们至多可以通过降低企业成本减缓其速度,今后若干年中国经济发展的前景就可以看得很清晰了:如果中国的制造业在高端能开拓出新的市场,其自身就可以拉动国民经济增长,而且可以为服务业的发展创造出越来越大的空间;如果中国的制造业在高端竞争不利,中国制造业的总规模就可能出现萎缩,不但自身将成为国民经济的下行因素,也会缩小中国服务业的发展空间。所以我们说,在今后若干年中国经济发展的前景取决于高端制造业的发展。

高铁是目前中国手中为数不多的高端制造业名片之一。作为中国高端制造的代表,中国中车矢志追求世界一流企业目标,大力推动管理变革与创新,把实施精益变革作为强基固本和管理提升的主线,并定位到战略高度持续推进和拓展,探索出一条从精益生产到一体化精益管理的管理升级、创新发展嬗变之路。从精益制造到精益管理,打造精益企业,推动管理变革的有效实践,支撑了轨道交通装备从中国制造走向中国创造的梦想。这样一条工作思路符合高端制造业发展的要求。

管理是一门实践的科学,中国中车迈向精益的过程,也是一个不断摸索、自我充实的过程。在近10年的创新实践的基础上,中国中车形成了基于6个管理平台、6条管理线、2条模拟线、1条工位制节拍化流水线的"6621运营管理平台",探索出一条装备制造企业集团构建集约、高效、协同的精益管理体系有效路径,并逐步构建了具有鲜明企业特色的精益管理体系。中国中车的精益管理之道,是中央企业创新发展"问道、悟道、布道、施道"的系统实践,无论是对企业自身的转型升级,还是对中国企业的管理提升,都具有重大的指导、借鉴和推广价值。

2015年5月，中国颁布了"中国制造2025"战略，与德国"工业4.0"、美国工业互联网相类似，都是以信息技术的革命性突破为基础，反映了智能制造的发展趋势。对装备制造企业而言，无论是走数字化、信息化还是智能化提升道路，以实施精益提升整体的制造能力、管理水平和竞争力的阶段都不可逾越。无论是转型升级还是提质增效，精益都将为制造大国向制造强国的转变提供系统的思维和扎实的基础。我们也期望越来越多的中国企业，能站在新的历史起点上，瞄准制造业高端化的方向，努力探索、创新和拼搏，共同走出提升中国高端制造业大发展的强国之路。若如此，中国制造业的高端化发展有希望，中国经济发展的未来有希望。

2016年12月

目录 CONTENTS

序（邵宁）

第一篇 概论篇

第一章 迈向精益之道 ·· 3

第一节 打造一流企业：中车的孜孜追求 ···························· 3
第二节 走向精益：奠定一流企业的根基 ···························· 5
第三节 从精益制造到精益企业 ······································ 8
第四节 精益管理落地生根的三大法则 ······························ 12

第二篇 精益制造篇

第二章 工位制节拍化生产：开启精益基点 ···················· 21

第一节 什么是工位制节拍化生产模式 ······························ 21
第二节 如何构建工位制节拍化生产模式 ···························· 23
第三节 工位制节拍化生产的实施要点 ······························ 47

第三章　点一线一面：精益制造的多元载体 …… 51

第一节　标准工位建设 …… 51

第二节　精益示范区（线）建设 …… 61

第三节　精益车间建设 …… 79

第三篇　精益管理篇

第四章　6621运营管理平台：构建系统协同管理模式 …… 91

第一节　6621运营管理平台的概念及构成 …… 91

第二节　6621运营管理平台的目标和内容 …… 95

第三节　6621运营管理平台的方法和步骤 …… 100

第五章　模拟线建设：制造与管理的桥梁 …… 108

第一节　什么是模拟生产线 …… 108

第二节　如何让模拟生产线运行 …… 112

第三节　什么是模拟配送线 …… 120

第四节　如何模拟配送线运行 …… 123

第五节　模拟线建设的效果 …… 129

第六章　六大管理平台：构建标准管理基石 …… 134

第一节　市场管理平台 …… 134

第二节　人力资源管理平台 …… 137

第三节　安全环境管理平台 …… 147

第四节　资产管理平台 …… 161

第五节　售后服务管理平台 …… 172

第六节　信息化平台建设 …… 188

第七章 六大管理线：确保流程简洁高效 ········· 201

  第一节 工艺管理线建设 ········· 201
  第二节 采购物流管理线建设 ········· 205
  第三节 计划控制管理线建设 ········· 223
  第四节 质量管理线建设 ········· 229
  第五节 成本管理线建设 ········· 237
  第六节 设计开发管理线建设 ········· 242

第四篇　精益拓展篇

第八章 精益研发：向设计延伸 ········· 245

  第一节 何谓精益研发 ········· 245
  第二节 把握精益研发的原则 ········· 246
  第三节 透视精益研发方法学 ········· 249
  第四节 精益研发现在时 ········· 252
  第五节 以工位制为基础的精益研发 ········· 254

第九章 精益供应链：走向一体共赢 ········· 269

  第一节 精益供应链的内涵 ········· 269
  第二节 如何建设精益供应链 ········· 271

第十章 管理升级：中国企业走向强大的必由之路 ········· 285

  第一节 强本固基：不可逾越的管理之坎 ········· 285
  第二节 管理自觉：中车精益管理的再思考 ········· 287
  第三节 永无止境：中车精益的未来时 ········· 291

后记 ········· 294

第一篇
概论篇

◇ 第一章 迈向精益之道

第一章

概论

第一章　迈向精益之道

实行精益生产是制造业一场深刻的管理变革。20世纪50年代,丰田作为一个弱小的汽车制造公司,反复实践研究解决了"多品种、少批量"的生产难题,丰田生产方式被誉为"改变世界的机器",在全球备受推崇。其核心就是以更快速、弹性的操作流程,以更高的品质、更经济的成本、更具效率和效益地满足顾客的需要。精益理念倡导全流程的合理、效率和卓越,其理念、思想和方法论,对企业发展的影响意义深远。

伟大企业就是能长时间做一件事情,能够在一个方向上专注发展。丰田的成功,就是源于近一个世纪来,对把最简单的事情做到极致的完美追求。世界一流企业,也都将精益理念渗入管理环节,强调"运营系统"、"管理架构"、"理念和能力"三位一体的转变和提升。中国中车集团公司(简称中国中车)作为肩负民族工业振兴中央企业,自诞生起就锁定打造一流企业而孜孜追求,在漫漫求索过程中,把实施精益作为打造一流企业的根基,基于自身的实践,将传统的精益制造拓展为中国情境下的、具有自身特色的"精益管理",找到了一条适合中国制造企业管理升级的道路。

第一节　打造一流企业:中车的孜孜追求

"从哪里来,到哪里去"是所有企业都要回答的一个根本问题。中车是一家肩负国家战略任务、具有历史使命、怀揣伟大抱负的央企,从成立之初就致力于打造一流企业,这是中车人一直以来孜孜追求的目标。中车不平凡的发展历程,由相互衔接的 3 个阶段所构成。

一、夯实基础、积累能力

2000 年以前,中车的前身还是铁道部下属的中国铁路机车车辆工业总公司,它是铁道部专门提供轨道装备制造和维修的工业板块的一部分,在当时铁道部的几大业务板块中并不起眼。这一时期,中车的任务就是按照铁道部统一规划部署,进行以机车、客车、货车为主的轨道交通装备的制造和维修。虽然彼时还谈不上创新,也不是一个独立的企业,但正是这样一种"默默无闻"的内部发展过程,让中车夯实了传统轨道交通装备制造和维修的基础,积累了一定的制造经验、形成了自己的管理模式、具备了一定的知识能力,为日后向高速铁路装备企业的转型,为打造一流企业奠定了前期的重要基础。

二、改制上市、南北竞争

2000 年 9 月,原中国铁路机车车辆工业总公司与原铁道部脱钩,分立组建了中国南车集团和中国北车集团,形成南车、北车两大集团竞争发展的格局。南车、北车成立之初,就确立了"成为具有国际竞争力的轨道交通装备世界一流企业"的发展目标,并确定实施以技术引进、改制上市为主的"借力强核"战略,南车和北车分别于 2008 年和 2010 年实现"A+H"上市,建立了规范的法人治理结构,既有力推进了中国铁路运输装备尤其是高铁装备制造产业的快速发展,又朝着"打造世界一流组织、建设世界一流企业"的目标加快了国际化进程。

三、强强合并、追求卓越

2015 年,为避免内部恶性竞争、加大中国轨道交通装备制造产业在国际上的整体竞争力,在国务院国资委的主导下,南车、北车两家公司实现在资本市场的重组整合,成立了中车股份有限公司,两大集团也随后整合为中车集团公司,分立多年后又实现了强强合并的再出发。新中车成立后,具有轨道交通装备及相关产业零部件自主开发、规模制造、规范服务的完整体系,拥有中国最大的电力机车研发制造基地,全球技术领先的高速动车组研发制造基地,行业领先的大功率内燃机车及柴油机研发制造基地,是全球领先的铁路货车研发制造基地,是中国最大的城轨地铁车辆制造商。与此同时,中车更加明确了自己下一个阶段的战略愿景:成为以轨道交通装备为核心,全球领先、跨国经营的一流企业集团。这样的战略愿景将进一步引领中车成为高端装备跨国企业集团,力争到2025年进入世界100强,真正实现打造世界一流企业的宏大目标。

必须看到,在"从哪里来、到哪里去"的核心问题上,中车一直坚守打造一流企业的战略目标,从未动摇。而要实现这样的目标,需要从技术到管理的全面创新加以支撑,尤其是管理上,要探索既符合国际化趋势又适应本土化要求的新模式。在实现自身愿景的曲折道路上,"精益"成为中车打造世界一流企业的战略基石和必然选择。

第二节　走向精益:奠定一流企业的根基

千里之行,始于足下。中车成立伊始,就面临转型升级、全球竞争和实现可持续发展三大挑战。要应对这三大挑战,既需要领先的产品、技术和服务,也需要响亮的品牌和形象,更需要建立强大的管理体系。是什么促使中车选择"精益管理"来应对三大挑战,精益管理如何奠定一流企业的根基? 从以下三个方面可以发现,精益管理是中车创新发展的必然、必须和必强之选。

一、精益管理是推动中车转型升级、打造现代组织的根基

一方面,中车在成立之初,产品就必须适应高速铁路升级换代,因为传统的内

燃机车和电力机车已经不能适应铁路客运快速发展的急切需要。"十一五"期间，国内以高速动车组、大功率机车、高档城轨地铁为代表的新一代轨道交通装备投入运营。这些产品技术含量高、速度高、密度大、成本高，运行环境复杂，任何小的质量缺陷都可能酿成惨重灾难。因此，机车制造现场的管理与控制，以及产业链上下游的设计、工艺、零部件供应和技术服务，都迫切要求彻底改变原来的粗放管理模式。另一方面，中车在成立之初还是一个以传统国有体制架构为基础的企业，管理运行成效低下，无法适应新一代轨道交通装备在资本、运行等方面的新要求，任何小的管理瑕疵都会造成成本激增和效率骤降，迫切要求打造新型现代组织。对中车而言，这是一个涉及战略、技术、组织、安全、资本等多方面的转型升级，将带来全方位的巨大挑战。它要求从系统着眼，必然要对设计、工艺、制造、现场管理与控制的全过程进行高水平的品质控制和组织变革。这一切需要持续改善的理念基础，更需要精益求精的管理支撑。

正是基于上述原因，中车在成立之初，就选择了把精益管理作为打造核心竞争力的战略举措全面推进。公司领导曾不止一次表态："如果说实行改制上市让公司具有了现代企业制度的躯壳，那么，实行精益管理将会给公司注入现代企业的灵魂。"

二、精益管理是中车实现全球竞争、打造全球化企业的根基

中车在成立之初，虽然跻身一流企业、成为国内轨道交通装备制造业老大，但对标世界一流的庞巴迪、阿尔斯通、西门子等跨国公司，在价值创造能力、自主创新能力、品牌影响力、国际化经营能力等方面仍有不小差距。首先是运行机制的差距，国际轨道交通装备巨头经过百年市场经济的洗礼，已经形成规范化的市场化、公司制运作机制；其次是轨道交通装备产业技术创新体系、创新能力与国外先进企业差距更加突出；再次是国外领先轨道装备制造业经过百年工业化的积淀，制造能力已处于国际装备制造业高端水平。总之，相比国外轨道交通装备制造业诸强，中车的全球化企业建设进程缓慢，尤其是对标全球化管理，在系统管理能力

上、在标准体系建设上的差距还很大。

中车成立以后,明确提出"战略引领、业务主导、管理支持、面向全球"的业务主导型运营模式,这种运营模式对管理支持提出了更高的要求。中车认识到,要成为国际化的一流公司,必须放眼全球竞争环境,把提高自身管理竞争力作为一条重要途径。没有符合全球化趋势的一流管理,就不可能有一流企业。要实现"管理支持",就要围绕精益管理这条主线尽快形成一套富有中车特色的管理体系,提升管理水平、实现管理输出。

此外,轨道交通作为绿色环保的运输方式,全球轨道交通装备需求旺盛,这给中车带来了大发展的机遇。仅"十二五"期间,全国铁路运营里程就达到12万公里以上,轨道交通装备市场需求持续向好,城轨地铁需求量持续增长;随着全面实施"走出去"战略,五大洲几十个国家都提出合作发展轨道交通的意向。而如何高质量、高效率、短交期地响应用户、提供全生命周期服务,是抓住历史机遇、领先竞争对手的重点,而核心正是要求中车改进生产方式和管理手段。

基于以上考虑,从应对全球化竞争、提升核心竞争力的角度出发,中车在打造国际一流企业的追求呼唤中,选择了精益管理作为根本性的管理手段。中车在推进以引进、消化、吸收和再创新为主要途径的技术创新的同时,引入先进的精益管理理念、工具和方法,结合企业实际进行消化吸收和融合创新,推进体制创新和管理创新,致力形成相匹配的管理能力和核心竞争力。这是中车打造全球化企业的重要根基。

三、精益管理是中车可持续发展、打造基业长青的根基

一个没有高效运行的管理体系的企业,不可能成为基业长青的企业。做强做优、培育具有国际竞争力的世界一流企业,是国家赋予中车的历史使命。一方面,中车作为提供低碳环保产品的轨道交通装备制造企业,如何以低消耗、低成本、低排放的绿色制造方式,提供高品质、高可靠性的产品,是中车实现可持续发展面临的重大课题,课题核心是运用新的、更为有效的管理方式进行管理。另一方面,中

车要实现可持续发展,不仅要向跨国企业学习成功管理经验,更需要摸索、应用和创建体现中车特点的作业模式、管理模式乃至经营模式,这是中车可持续发展的关键所在。更为重要的是,中车确立了清晰且具有挑战性的战略发展目标,成为实施精益管理的前提条件,它既指明了中车奋斗的方向,也激励着中车人的斗志。实施精益管理首先是思想的变革,精益管理为富于创新和改革精神的中车人提供了持续创新的广阔舞台,为"诚信、敬业、创新、超越"的中车人持续创新提供了新思维。

通过多年的管理实践和积累,构筑具有自身特色的精益管理体系,是适应市场、提升竞争能力、做强做优的正确选择。而多年精益实践的成效雄辩地证明,实施精益管理,实现管理提升,通过管理创新形成管理竞争力,是中车创新发展的不二选择,它是中车打造现代企业、全球化企业和百年企业的管理基石。

第三节 从精益制造到精益企业

一、"三步走"的精益之路

中车通过问道而知精益,行道而拓精益!一旦认准方向就砥砺前行。从2008年6月开始,中车执着地走上了充满艰辛的精益之路。经过8年的实践和探索,在领悟传统精益管理理念的基础上,通过"干中学、悟中用"的实践摸索,逐步形成了自己的精益管理思想,找到了适合企业自身实际的推进方法,构建了具有鲜明中车特色的精益管理体系,为实现一流企业的目标奠定了坚实的管理基础。

中车的精益探索采用了"快步小跑"的方式,几乎每1~2年都有一个提升,形成精益制造→精益管理→精益企业的"三步走"升级过程,不断演进的发展阶段见证了中车的曲折"问道路"与漫漫"行道路"。

精益制造阶段:这是实现全面精益的基础,有几个重要时间节点。一是从2008年6月开始导入精益生产,并重点推广十大精益改善工具的应用,针对生产现场的问题和难点进行改善,形成制造现场"点"的改善;二是从2009年开始推进工位制节拍化生产,并以此为核心,启动精益示范线建设,在集团内各企业中全面推行,形成精益制造从"点"到"线"的拓展;三是从2012年开始打造精益模拟线和精益车间,形成精益制造从"线"到"面"的拓展,通过构建模拟生产线和模拟配送线,形成精益制造的一套管控标准和制度文件。

精益管理阶段:这是实现全面精益的过渡阶段。从2013年开始,中车基于企业实践开始建设"6621运营管理平台"。核心是以产品和项目为载体,识别出企业的核心过程(COP)、支持过程(SP)、管理过程(MP),运用精益思想对过程进行价值分析,不断消除过程的浪费,打通管理支持所需的主要管理流程,最终形成包括6个管理平台(市场管理、人力资源管理、资产管理、安全环境管理、售后管理和信息管理)、6条管理线(设计开发、工艺管理、计划控制、采购物流、质量管理和成本管理)、2条模拟线和1条工位制节拍化流水生产线的"6621运营管理平台"。

6个管理平台是标准化平台,支撑着企业的生产现场,这6个管理平台的水平高低,直接决定着现场生产流水线的运行水平。6条管理线中的设计开发、工艺管理和计划控制管理线通过模拟生产线,输出生产流水线的节拍、工位、作业标准、资源配备、质量和成本管理等管理要求;工艺管理、计划控制和采购物流通过模拟配送线,输出满足生产线运行的物料保障方案和现场物流控制方案。质量管理线和成本管理线体现在所有管理流程和平台系统中,也体现在整个工位制节拍化流水生产线及每个工位的管理要求中。图1-1显示了"6621运营管理平台"的构成及相互关系。

精益企业阶段:这是全面精益的高级阶段。核心是在前期精益制造阶段建立的良好制造模式和精益管理阶段固化的高效管理过程基础上,实现精益研发引领、精益供应链支撑、精益服务补充,向前协同供应商、向后对接客户,实现从精益制造到精益企业的全方位拓展,使中车成为一个充分运用精益原则和实践经验,为利益相关方高效创造价值的综合性企业。

综上所述,中车在8年时间里,完成了从简单的精益改善工具应用,到企业整体管理水平的提升;从规范现场秩序,到企业运营指标的提升;从制造现场"点"的改善,到"线"和"面"的全流程提升;从精益现场的建设,到拉动企业职能管理的精

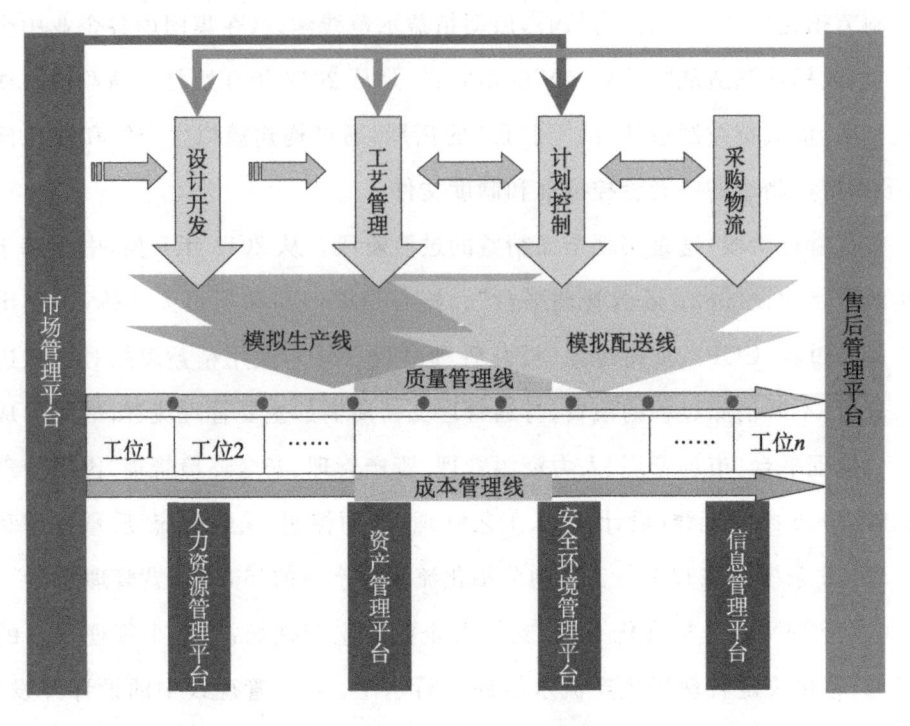

图 1-1　6621 运营管理平台

益改善,直至打造精益企业。实现精益制造、深化精益管理、打造精益企业的"三步走"实施路径,是一种从制造环节到管理职能再到整个企业的"逆向"过程,是一个由部分突破到系统优化的"扩散"过程,通过持之以恒的努力构建出中车特色的精益管理体系。"三步走""三个阶段"不是割裂的:实现高效的精益制造,缺乏有效的精益管理支持,制造现场不可能稳固,也不可能长效和常态;假如制造现场的基本规则、节拍没有建立,精益企业更是无从谈起。

二、精益管理:打造精益生态

中车的精益管理,是对日本丰田精益模式在中国情境下的拓展,是精益管理的"中国模式"。具体来说,基于中车经验提炼出的精益管理定义如下:精益管理是一个以精益理念和精益文化为引领,以制造现场精益化为拉动,以企业运营管理和制度的持续改进为支撑,以建成全员参与、全价值链与全产品覆盖的精益生态系统为目标的管理模式。精益管理不仅能降低成本、提升效率、改善品质,更能通过全面的精益理念植入和精益生态的塑造,培育具有高壁垒的管理核心能力,提升企业可持续的整体竞争力。

图 1-2 是中车精益管理模型示意图。

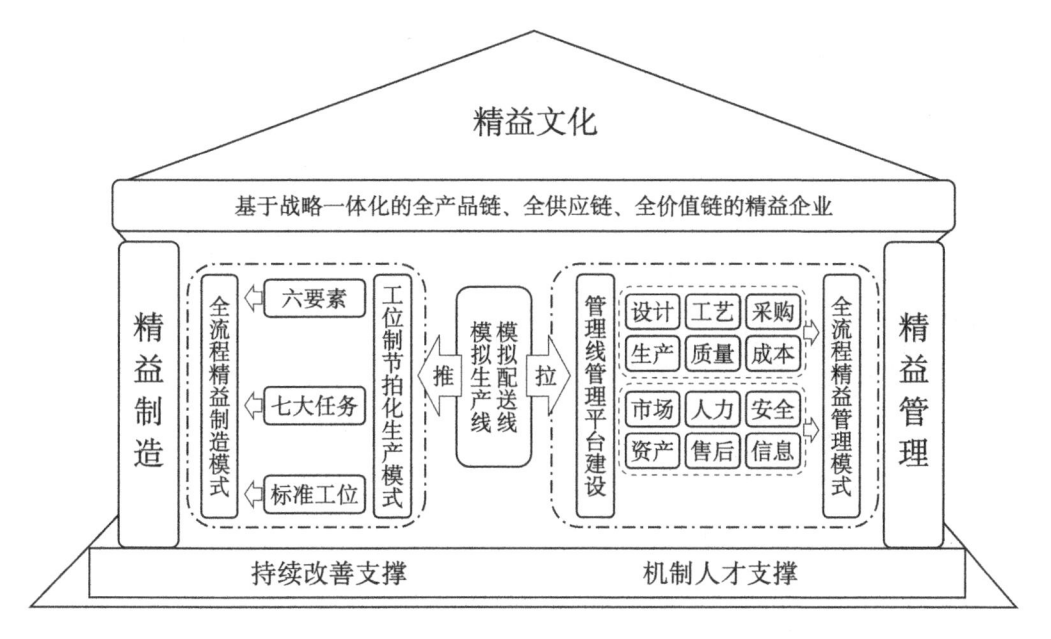

图 1-2　中车的精益管理模型

中车精益管理具有以下 5 个特征。

特征一：生态化。中车精益管理涉及企业的方方面面、跨越各个部门,各管理平台和管理线包含的要素齐全完整、接口清晰明确、关联协同有序,通过信息化手段实现资源共享,能与第三方管理平台兼容。这就形成了一种生态化的精益体系,从前端的研发、供应链,到中间的生产制造,再到后端的客户和服务,各要素、各环节通过生态化精益形成一个有机整体,在发展过程中协同演进。单个环节的精益可以模仿,但由各环节构成的生态化的精益体系难以简单模仿。

特征二：专业化。中车精益管理是一种专业化活动,从研发、供应链到生产制造、服务等各个环节都需要各自的专业化精益相匹配,而运营管理平台以项目为载体,以项目管理为主线开展工作,精益化平台中的两个"6"包括了与企业生产运营关联紧密的 12 项专业管理,每一项专业管理都有自身专业管理的特点和要求,是各项专业管理的深化和提升。

特征三：标准化。中车精益管理中的各管理要素，都必须有明确的规范和标准并加以固化，以此快速实现复制、学习和扩张，而各管理线和管理平台都有明确的工作指向，即对外指向客户、对内指向工位，更需要通过标准化满足客户需求、保证生产线工位和其他职能正常运行。

特征四：动态化。中车精益管理不是一种静态精益管理，而是根据企业实际情况、管理理念深化、技术手段进步和人员素质改变进行的一种持续改进，不变的是永远在变！就像其中的6621运营管理平台建设就在不断创新优化，进行着持续改善。

特征五：引领性。中车精益管理是一种管理理念，是对传统精益管理的一种整体性提升，对企业的战略、运营、文化、组织、安全等都会产生深刻影响，代表了未来制造企业管理升级的一个重要方向。

在这5个特征中，生态化是中车精益管理的核心，是中车精益管理区别于传统精益管理的关键所在；专业化、标准化和动态化是中车精益管理的内在要求；引领性则代表中车精益管理是企业管理升级的必然选择。

第四节　精益管理落地生根的三大法则

精益既要顶天、又要立地。中车摸索出了一套在中国情境下、有中国特色的落地生根"法则"。中车精益管理的实施，既有具体的工程化推进思路，又有三阶段、递进式的工作方法，更有五大实施保障，它们共同让中车精益落地生根，从理念变为现实。

一、法则一："工程化"的推进思路

（一）理念引领，对标国际

中车持续突出精益管理在集团管理中的重要地位，强调持续深化精益体系建

设的重大意义。通过制度建设和宣传贯彻让企业上下统一思想认识，对精益管理真相信、真行动，让精益管理体系真建立、真落实，推动精益管理目标真实现、真显效。

中车在构建精益管理体系的过程中，充分借鉴了ISO 9000和IRIS等先进管理体系的建设思路和方法，在目标方针、指标体系、过程管控、结果评价、激励考核等方面，统筹推进战略、管理改善、基层实施等各项工作，初步实现全过程、全系统的精益改善。在统一的管理理念和方针目标、明确的战略规划和行动纲领的指引下，逐步建立起具体的管理模板和评价标准，形成了一套完整的操作方法和管控机制，搭建起可输出、可复制、可平移的管理模式和标准体系，不仅能够在中车内部复制和推广，而且能够向供应链企业平移和覆盖，进而构建出产业链、供应链、价值链"一体化"的中车精益管理模式。

（二）以"工程思路"持之以恒地推进

中车精益管理体系建设离不开企业一把手的领导和支持，离不开分管领导和专业人员的探索和创新，也离不开企业管理人员和全体员工的参与和实践。中车通过"工程思路"持之以恒地推进精益管理体系建设。

1. "一把手"工程。构建中车精益管理体系，打造精益企业，必须成为"一把手"工程，在思想上提高认识，在工作中坚决推动，始终重视精益、践行精益、推动精益、督导精益，把推动精益、深化精益作为公司管理工作的重要内容。各企业"一把手"不断提高对精益工作的认识，定期组织研究精益工作，定期检查督导精益工作，使精益管理成为加强企业管理的核心抓手，实现工作常态化。精益分管领导和精益业务骨干，始终围绕管理目标，分阶段扎实推进精益长远规划和年度工作计划的落实，不断结合行业特点和企业实际，强化和固化精益管理成果，为最终建立中车特色的精益管理体系承担责任。始终坚持全员参与、全员行动，用精益的标准和流程，拉动全体员工参与精益、实践精益、落实精益，不断倡导精益理念和精益文化，使精益管理成为全体员工的自觉行动。

2. 三个"重点工程"。一是突出生产现场，抓好建立"工位制节拍化流水生产线"的重点工程,实现产品的精益制造;二是突出专业管理,抓好建立"6621运营管理平台"的重点工程,实现专业运营管理的精益化;三是突出系统协同,抓好建立"供应链、产业链、价值链一体化管理体系"的重点工程,建设"双效"(高效率、高效益)的精益企业。通过抓好这三个"重点工程",逐步建立起中车特色的精益管理体系。

3. 追求五个维度效果。企业管理的核心目标是高品质、低成本、高效率,就是要实现高效率、高品质的制造,实现低成本、高效益的运营。精益管理同样也要回归管理的本源,重点从五个维度评价实际效果:一是现场管理的改善和生产组织的效率;二是安全质量的控制和劳动效率的改善;三是项目管理的组织和产品技术的集成;四是专业管理的协同和企业管理的规范;五是经营指标的改善和精益文化的建立。这些方面也正是中车建立精益管理体系、提升精益管理水平的目标和方向。

二、法则二:"三阶段、递进式"的工作方法

中车在精益制造、精益管理和精益企业的三个阶段都形成了相应切实可行的工作方法。

(一)精益制造阶段

· 决策层从战略高度认识精益管理重要性,落实各层级责任,建立强有力的推进机制;

· 企业党政工团、职能部门和生产单位多方联动,形成推进合力;

· 以工位为核心落实七大管理任务(安全与环境、品质、生产、设备、成本、人事、信息)和六要素(人、机、料、法、环、测)管理,围绕价值增值环节,固化管控标准,实现工位有效运作;

· 深化推行工位制节拍化生产,应用信息化手段,提高精益生产线建设水平,企业的主产品、主工序和主要零部件逐步实现工位制节拍化的流水线生产;

・以精益改善项目的实施为载体,运用精益工具改善管理难点和瓶颈,突破重点,实现品质、效率、效益指标实质性提升;

・加速精益人才育成,提高创意提案活动的参与面,提高全员的精益意识和应用精益工具改善现场问题的能力,培养高水平的现场问题改善的队伍;

・积极探索精益研发,深化模拟生产线、模拟配送线建设,初步形成适应精益制造的产品开发流程,固化管理模板;

・从引导员工"上标准岗、干标准活"抓起,形成良好的精益推进氛围,为塑造有企业特点的精益文化打下基础。

(二)精益管理阶段

・建立精益管理制度体系,构建精益管理长效机制,打造高效化的精益管理协同平台;

・各专业管理线以客户需求为导向,系统优化管控流程,固化模板和标准,形成管理链;

・七大任务和六要素管理在工位全面落地,实现工位的高效运作;

・主产品、主工序和主要零部件实现工位制节拍化流水线生产,探索信息化与工业化融合,提升生产线管理水平;

・推进精益工具在产品开发、工艺技术、生产制造、成本控制等方面的深化应用,实现品质、效率、效益指标的明显提高;

・发挥精益培训基地的作用,对员工进行多方位的精益培训,满足精益制造对员工素质的要求;

・精益研发理念在产品开发上逐步体现,产品的模块化、通用化、规范化、数字化、标准化程度提高,企业创新能力进一步提高;

・初步形成有企业特点的精益文化。

(三)精益企业阶段

・企业内部成功搭建高效化的精益管理协同平台;

- 以客户需求为导向,管控流程精益化,形成高效的管理链;
- 七大任务和六要素管理标准化,并在工位全面落地,实现所有产品生产线整体的高效运作;
- 主产品、主工序和主要零部件全部实现工位制节拍化流水线生产,形成主产品链生产线工业化与信息化深度融合;
- 推进精益工具在产品开发、工艺技术、生产制造、成本控制等方面的深化应用,力争品质、效率、效益指标水平在同行业属先进水平;
- 人才育成向培育高层次、高素质人才转型,形成一支适应精益制造水平、能力不断提升的精益人才队伍;
- 精益研发实现模块化、通用化、标准化,企业创新能力进一步提高;
- 形成有企业特点的精益文化,精益管理的内生动力机制得到不断强化。

三、法则三:"全方位、立体化"的实施保障

中车在实施精益管理的过程中,重视基础支撑,完善体制机制,突出评价激励的导向性作用,主要体现在各级领导的重视程度、专业人才的成长速度、考核评价体系及配套激励机制的有效性、基础改善工具的掌握程度、信息化系统数据支撑力等方面。

(一)完善精益组织领导体系,自上而下推动精益管理

建立完整的精益管理决策层、推进层和执行层的三级组织架构。一是组建精益管理委员会,保证委员会决策层次和业务覆盖面,并完善精益管理委员会例会制度及决策层工作机制,使决策层切实履行精益倡导者、布道者、实践者、推动者的职责。二是建立独立的精益推进机构,切实履行好"指导员、教练员、裁判员"的主体功能,在推进过程中侧重于强化整体策划、平台搭建、机制完善、执行监控、评价督导、考核激励等方面工作。坚持"一把手"工程的基本原则,明确行政正职领导为精益推进工作的主管领导,全面负责精益推进工作的质量和进度。

(二)着力培养精益人才,形成精益管理人才库

根据中车着力构建的"战略牵引系统、职位管理系统、能力管理系统、平台支撑系统、实施管控系统"五位一体、基于"职位＋能力"的立体式、网络化的战略人才管理体系要求,建立内生、引进、共享、度量机制,实现人才工作转型升级。

(三)完善评价激励机制,提升全员落实精益管理积极性

为更好地应用精益思想、工具和方法,持续深化精益管理工作,中车逐步建立完善了涵盖精益基础评价、精益项目载体评级和精益系统评价等维度的精益企业标准,按照体系认证的思路和方法,形成了规范的评价流程和工作标准,通过评级授星等形式突出评价激励的导向性作用。

(四)加强基础工具的掌握,推动理念与实践紧密结合

加强 5S、TPM、标准作业、业务流程改善等基础改善工具的应用,使基础改善工具成为公司内部专业改善的核心内容。在基础改善工具的使用过程中,加强对工具的理解和掌握,通过正确使用工具,将精益理念与工作实际进行更好的融合。

(五)加快公司数字化发展,为智能制造奠定基础

数字化是顺应时代发展的必然要求,也是中车转型升级的重要抓手。通过移动互联网、物联网、云计算、大数据等现代信息技术和现代制造技术深度融合,积极推动智能制造试点项目,推进智能化生产线、智能化车间建设,实现从虚拟制造到现实制造过程的无缝转换,实现制造、检验、物流、试验等生产过程的数字化和关键工序智能化,使生产制造过程更加高效,打造数字化企业。

第二篇
精益制造篇

◇ 第二章　工位制节拍化生产：开启精益基点
◇ 第三章　点—线—面：精益制造的多元载体

第二ús
新聞論說

第二章　工位制节拍化生产：开启精益基点

中国中车通过几年的探索，大胆实践，在追求精益的道路上孜孜不倦，特别是各子公司，积极实施以精益生产为主线的管理创新，遵循精益生产两大支柱——准时化和自动化理念，结合轨道交通装备生产管理实际，取得了一系列富有成效的应用成果。其中，提炼总结的以工位制节拍化生产为主要内容的生产组织管理方式，在提升产品品质、提高生产效率、优化生产管理等方面成效显著，在中国中车主产品，包括机车、客车、货车、动车组、重要零部件等生产方面得到应用。

工位制节拍化流水生产方式，是中国中车精益管理体系中最具特色的创新，它既是适合轨道交通装备制造的生产组织方式，也是中国中车打造的精益管理体系的基础和核心。本章将系统介绍工位制节拍化流水生产线的建设方法和运行管理。

第一节　什么是工位制节拍化生产模式

一、工位制节拍化生产方式的定义

1. 工位的定义

工位是指产品在生产线上流动时，员工在一个节拍内完成规定作业内容，产品相对停留的区域位置。工位是作业管理的最小单元。一条生产线是由若干工位连接组成的。

2. 节拍的定义

节拍是指在一个工作日时间内，以连续的频率一次生产一个产品，连续生产两个产品之间的时间。工作日时间是指企业规定员工在岗生产的纯生产时间。节拍是相对生产线而言的，是指某条生产线的生产节拍。

3. 工位制节拍化生产方式

工位制节拍化生产是指以工位为作业组织单元，按照节拍化均衡生产的方式，以流水式作业组织生产。工位制节拍化生产以丰田拉动式生产为指导，以保证生产节拍为目标，通过运用精益生产的工具方法，达到提高效率、提升品质、稳定作业、有序生产的管理效果。

二、工位制节拍化生产方式的特点

工位制节拍化生产方式以实现生产目标为导向，围绕品质、效率和效益，通过节拍拉动式生产，从作业单元、人员配置、作业分割、生产管理等方面，运用精益生产的工具和方法，消除浪费，持续改善，不断追求尽善尽美。工位制节拍化生产有以下特点：

——工位化管理；
——标准化作业；
——平准化生产；
——准时化物流；
——拉动式运行。

三、工位制节拍化生产方式的效果

——生产组织有序，工作目标明确；
——易于发现、消除浪费，提升作业效率；
——能够暴露问题，有助于快速解决生产异常；

——生产管理简化高效；

——实施标准化作业,有利于提高品质。

第二节　如何构建工位制节拍化生产模式

工位制节拍化生产的实施以生产现场为核心,通过节拍化生产建立及时暴露和快速处理生产现场异常问题的生产组织系统,拉动各职能部门的服务职能,生产、工艺、物流配送、采购供应、质量管理和现场管理等各系统以工位管理为最小单元开展工作。工位制节拍化生产的实施分为切、削、琢、磨4个阶段,主要开展节拍设计、工位设计、生产线布局设计、物流设计、生产组织策划、工位资源配备、节拍拉动式生产运行、评价和持续改善等8个步骤。实现资源配置规范的标准化、资源配置管理的标准化以及异常响应和处置的标准化。

一、切——复杂的事情简单化

将集体劳动切成个体劳动,将作业人员与配送人员切开,按专人专事的原则确定工位数量、工位作业内容、作业人员和装备,根据工位内工作内容编制作业指导书、物料清单、检验指导书、工位节拍计划等工位运行标准。

（一）节拍设计

节拍是由客户需求决定的。对于企业来说,客户有两个层面,一是外部用户,二是内部用户即下道工序。所以节拍是针对不同的生产产品的需求,对企业来说有大生产节拍和小工序节拍。

$$节拍 = 纯生产时间 / 客户需求$$

$$节拍时间 = \frac{每日工作时间}{每日客户需求的数量}$$

$$日需产量 = \frac{每月客户需求的数量}{每月工作日数量}$$

案例：某企业 4 月份接到一个订单，数量 500 辆车，要求 8 月 20 日开始交付，来年 1 月 20 日交付完。整个跨度是 5 个月，而企业计划的工作日是 100 天，员工每天工作时间是 7.5 小时。

那么，生产节拍=(100×7.5)÷500=1.5（小时）。

故完成此订单的节拍是 1.5 小时。

而如每辆车有两个大部件，其中之一为转向架生产，则转向架的生产节拍为 (100×7.5)÷(500×2)=0.75（小时）或 1.5÷2=0.75（小时）。

（二）工位设计

1. 确定工位数量

$$工位数量 = 产品制造周期 / 生产节拍$$

产品制造周期是指单件产品在生产线从投入到产出所需要的时间。

企业某产品的生产线工艺流程如图 2-1 所示。

工序1 粗磨 → 工序2 精磨 → 工序3 热处理 → 工序4 清洗 → 工序5 探伤

图 2-1　某产品的生产线工艺流程

生产节拍为：2 小时

产品制造周期为：7 天

则：该生产线的工位数量 $= \dfrac{7 \times 8}{2} = 28$（个）

2. 确定工位作业内容、作业人员和装备

生产线工位数量确定以后，要进行工序分割，确定工位作业内容，将所生产产品的工作内容划分填放在所确定的工位内，运用山积图、工序能力表等工具，对员工的作业进行平衡，使员工能在一个节拍内完成规定的工作内容。同时应确定好人员数量和该工位为完成作业内容所需的工装设备及测量器具等。

3. 根据工位工作内容编制作业指导书

作业指导书是指导作业者进行标准作业的文件，应该根据工位作业内容进行编制，它随着工位作业内容的调整、作业方式的改善不断更新。

4. 编制工位所需物料清单

（1）编码的严密性

物料清单上的每一种物料均有其唯一的编码，即物料号。根据管理的需要，在物料清单中要把一个零件的几种不同状态，赋予不同的物料号，以便区别和管理。零件经过修改后要求标识出不同的修改版次，甚至更改物料号，以免混淆。

（2）对装配过程的考虑

物料清单中母件下属子件的排列顺序要反映各子件实际装配的顺序。物料清单中的零件、部件的层次关系一定要反映实际的装配过程。因此，物料清单要由既熟悉设计又熟悉制造工艺的专门小组来建立。

（3）灵活应用

工位物料清单是非常灵活的，随着工位作业内容的调整以及生产线平衡的调整而同步变化。

（三）生产线布局设计

生产线布局典型的有 U 形、O 形、L 形、1 字形等，其中 U 形和 O 形都适合较长的生产线作业，而当产品需要回流时 O 形线是最适合的，生产线较短时可以使用 1 字形的。不过具体情况要根据公司的实际情况来定，不可一刀切，要结合实际需要和场地状况来选择设计，通常情况下 U 形生产线布局相对比较适合轨道车辆制造的特点。

1. 工艺布局原则

应按生产流程要求做到布置合理、紧凑，有利于生产操作，并能保证对生产过程进行有效的管理。根据厂房大小及位置，可将工位按照生产流程排布为直线或 U 形线，并实现产品的节拍流动。如图 2-2 为某总装流水线布局。

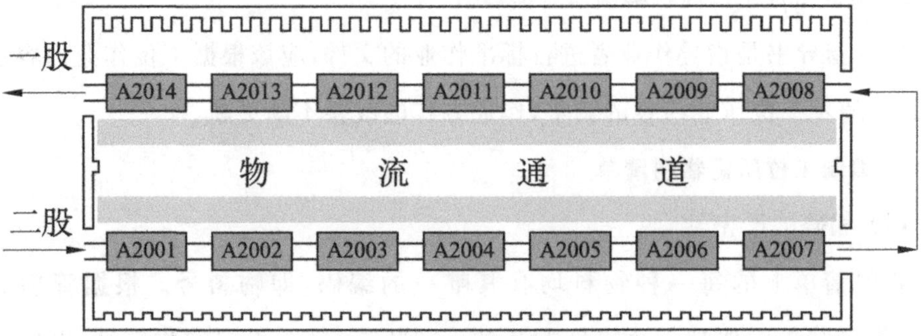

图 2-2 某总装流水线布局

2. 工艺布局要求

工艺布局充分考虑人流、物流的合理性,并符合下列要求:

- 分别设置人员和物料进入生产区域的通道,必要时应设置废弃物的专用出口;
- 生产作业区内应只设置必要的工艺设备和设施。用于生产、储存的区域不得作为非本区域内工作人员的通道;
- 合理安排工位物料存放区域,设置方便存取的物料货架;
- 物料传递输送路线尽量要短,减少折返;
- 设备、装备就近布置,方便操作;
- 工具取用方便。

(四) 物流系统设计

1. 物流配送方案设计原则

工位制节拍化生产由于其具备主导性、均衡性、连续性和单向性等特点,决定了与之相配套的物流配送系统必须具备配合性、准时性、动态性以及经济性。为了能够顺利实现以上要求,物流配送方案设计应遵循以下几条原则。

- 以现场需求为中心。顾客需求是物流管理的源动力,是价值流的出发点。当顾客没有发出需求指令时,上游的任何部分不提供服务,而当顾客需求指令发出后,则快速提供服务。简而言之即根据需求提供精益物流服务,而不是根据物流服务的程度来调整需求。这里的顾客需求有两方面:一是生产车间的生产需求;二是产品的交付需求。

• 准时。物料能够顺畅有节奏的流动是精益物流管理的目标之一,而保证物料顺畅流动最关键的因素是准时。准时的概念包括物品在流动中的各个环节按计划按时完成,包括交货、运输、中转、分拣、配送等各个环节。准时是保证物流系统整体优化方案能得以实现的必要条件。

• 准确。包括:准确的信息传递、准确的库存、准确的客户需求预测、准确的送货数量等,准确是保证物流精益化的重要条件之一。

• 经济。通过合理配置基本资源,以需定产,充分合理地运用优势,通过电子化的信息流,进行快速反应、准时化生产,从而消除诸如设施设备空耗、人员冗余、操作延迟和资源浪费等,保证物流服务的低成本。

2. 物流配送工作重点

(1) 货位管理

货位管理是从纵、横、高三维空间考虑物料的位置,并分配一个代码,即货位号,来给物料定位,如:物料 DTR0000001578 的货位号为 2BJD54,表示物料 DTR0000001578 在 2 库 B 区多层纵 J 排,横第 5 排,高第 4 层。货位管理能使作业者方便地找到其所找的物料的具体位置,从而减少作业时间,提高工作效率,保证账卡物一致。

(2) 条形码管理

条形码扫描系统能保证物料交接的准确性和准时性,提高节拍生产的稳定性。通过精益线的示范及成熟应用,将逐步实现"物码一体",现场、配装、仓储"三点一线",对各生产线推广覆盖,进一步提高物流配送的整体管控力度和配送效率。

(3) 建立搬运规则

确定物料需求信息传递规则(看板使用规则),测算、确定配货备料时间,制作搬运标准作业票(确定搬运、发送工装器具、运输时间、路线、人员、工位现场装卸签收规则等)。

（4）模拟工位设置——作业节拍化、标准化

为了满足工位制节拍化生产要求,提高生产配送效率,建立模拟打包配送区（修订物料 BOM）,并在打包区进行区域划分、建立入库目视化管理板、配送指挥管理板等。

（5）配送工具优化

打造优质高效的物流转运系统必须要有适合现场需要的物料配送工具,根据生产现场的实际需要设计或购买配送工具,这样不仅可以提高物料转运效率使工作事半功倍,还可以有效保护物料,提升整体生产管理水平。

3. 物料采购供应系统准备

采购供应系统采取配件供应问题的提前预防措施,来保证工位制节拍化生产的顺利进行,主要开展以下工作：

（1）按生产计划需求,以物流中心安全库存数量及时供应物料；

（2）建立各种外购件供应商的明细,编制前期因外购件停产原因统计表；

（3）对存在问题点的主要供应商做详细调查,对影响制造周期、品质的问题供应商进行分析并提出对策,建立关键配件实施控制表。

（五）生产组织策划

1. 编制生产计划

（1）根据项目计划、交付计划、实际生产情况编制每个工位的节拍计划。

（2）编制三日滚动计划,包括前日完成情况和三日的生产计划。明确每个工位的节拍计划,指导采购、供应链、质量、物流、上一道工序工作的开展。

2. 确定生产线布局

在生产线开始实施节拍流动前,需确定每一个工位在制品的标准数量,保证整体流动。

3. 建立异常处理系统

在生产线建立异常处理系统,实时反映各个工位的生产状态,当某个工位出现异常时,能够及时响应。

（1）建立工位支撑系统，确认各部门的异常处置人；

（2）建立逐层响应、反馈、评价机制，当异常上升到较大、重大异常时，有相应的资源进行快速处置；

（3）建立信息化系统，杜绝人为干涉现象的出现。

（六）工位资源配备

以工位为单元，根据各系统准备工作的输出与要求，将各项工作落实到现场准备阶段。主要实施内容如下。

1. 根据市场需求、项目计划、模拟生产线（后续章节将展开介绍）的输出进行工序切分优化和工位设置。

（1）运用工序推移图、员工山积图等工具均衡工位生产节拍，消除瓶颈工序；

（2）按照工序切分和定额配备相应资质人员，绘制工位组织结构图，同时考虑替岗人员方案，确保现场人员稳固。

2. 对现场七大任务、六要素管理内容进行目视化动态管控，主要包括以下7条。

（1）管理板的建立及使用，以及数据的逐级传递和对策；

（2）安全日历现场摆放及使用，同时在现场定制图的基础上识别危险源，绘制工位安全地图及防范项点；

（3）设备保养标准和点检记录，扎实开展TPM活动，保障设备状态良好；

（4）编制生产实绩表，明确每个节拍的计划时间，做好过程使用和管理；

（5）深化开展现场5S活动，确保现场管理有序稳定；

（6）持续开展改善提案活动，以正面激励和指标管控的方式不断提升员工的主动参与意识；

（7）强化标准作业管理，提升员工的执行力，树立员工对质量安全的敬畏之心。

（七）拉动式生产

完成前期准备工作点检及完善，生产线达到拉动式生产要求，同时对一线操作者进行节拍式拉动生产的培训，为拉动式生产做好充足的准备。拉动式生产过程其实就是工位制节拍化生产各项准备工作在现场基础管理系统的搭建及运行的过程，同时发现前期准备工作的不足，持续改进。拉动过程中，各系统之间交互工作，组织建立相关规则、机制、制度，重点进行以下几方面的工作：

1. 作业标准的确认及不断完善；
2. 瓶颈作业的原因分析及生产实绩的测量；
3. 工序重新划分，人员重新配置；
4. 建立现场异常对策处置机制；
5. 建立现场生产信息快速反馈机制；
6. 对每日的生产安全、产量、质量进行监控。

（八）评价和持续改善

1. 建立精益生产运行评价系统

针对拉动式生产过程工作进行评价，对生产异常处理、生产均衡率、节拍完成率、质量合格率、生产效率、物流配送、现场管理（5S现场）等方面进行评价，保障工位制节拍化生产的有效运行。

2. 完善标准作业，持续改善

首先，在标准作业的基础上，在生产持续运行的过程中，结合实际对标准作业相关的作业要领书、作业结合进行改善，以减少浪费，提升效率和作业便捷性、安全性等为切入点，进行建立标准—改善—建立标准的循环往复、不断提升的持续改善。

其次，对节拍式拉动生产过程的异常问题进行统计分析，掌握基础数据，找出关键问题点，制定改善计划，实施改善对策。对改善效果进行跟踪，修订标准作业内容，建立各类问题点的解决机制，形成生产组织管理自我完善的闭环系统，持续完善工位制节拍化生产的运行机制。

二、削——简单的事情标准化

在切分工位的基础上，将很多人干很多事改变为一个人干固定的几件事，进一步专人专事，通过工作写实，运用员工山积图、工序推移图等工具，优化作业工序的内容和节拍，消除瓶颈工序，最后将作业标准和时间标准固化到作业指导书中进行标准化。

1. 工艺验证是指在工艺允许的情况下，将流程中瓶颈工序的部分作业内容调整到作业时间较短的工序的一种方法。比如某钢结构车间平顶的组装以前是在上体完成，导致了上体作业时间长，顶板作业时间短。通过工艺验证，将平顶组装这项内容移至顶板工序，达到了两工序平衡。

2. 从人、机、料、法、环、测 6 个方面对瓶颈工序进行作业改善，以缩短瓶颈工序的作业时间。例如节拍式物流配送、预组装、设备布局调整改善等。这些对作业流程及作业方式的改善都很大程度上提升了瓶颈工序的作业速度，缩短了节拍时间。

3. 若流程中某道工序作业时间相较于其他所有工序比较长，而其他工序已基本平衡，则通过增加该工序的作业人数或者设备，提高生产速度，缩短该工序作业时间，从而达到生产线平衡。只要平衡率提高了，就等于提高了人均产量，单位产品成本也就随之下降。

4. 通过制作工序推移图、员工作业山积图，分析、规范操作标准，保证生产节拍，流水线正常运转，同时也为优化工位操作标准、平衡节拍、提高生产效率提供了依据。管理者可以清楚了解该生产线或某个工位的生产能力、生产平衡率等，并针对瓶颈工序实施作业改善，以达到消除浪费，提升生产效率的目的。

三、琢——标准的事情常态化

为使现状处于稳定状态，并不断改善优化，改变现场管理模式，从原有的制度管理、班组管理向工位七大任务、六要素表单管理进行转变，形成统计、诊断、对策、评价的 PDCA 循环，主要围绕安全、品质、成本、人事、生产、设备和环境 7 个方面展开。

（一）安全管理

安全管理的对象主要是现场存在的安全风险。企业安全管理不是单纯的消灭事故，而是掌控事故发生的规律后，避免事故发生；安全管理不是点的管理而是链的管理——从事故中看到了一个链的管理：初始原因→间接原因→直接原因→事故→伤害。工位安全管理主要从以下几个方面进行。

1. 安全日历的应用

安全日历是国际通用的安全管理方式，主要通过每日安全管理和安全目标管理促进企业管理中每一个层级的人员，提高安全操作和管理的意识，也是目标管理的一种直接体现。安全日历放在工位管理板日常使用，工位长负责每日的安全填写，当出现轻微安全事故时在安全日历相应的日期涂上黄色，当出现重大安全事故时在安全日历相应的日期涂上红色，没有任何事故时涂上绿色。安全管理在企业内部应该放在第一位，目标达成必须是全员参与。

2. 绘制工位安全定置图并进行管控点检

依据海因里希法则（如图 2-3 所示），要防止事故的发生必须控制物的不安全状态和人的不安全行为。作业现场一般有 6 种危险种类会引起伤害，即高燃物、易卷入夹伤物、与重物接触、触电、与车辆相撞、坠落等。通过绘制工位安全定置图（如图 2-4 所示）对工位内危险源进行识别和作出防范对策要领，并进行点检，保证物的安全状态和人的安全行为。

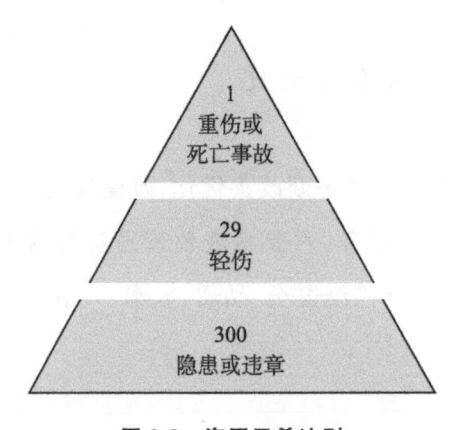

图 2-3　海因里希法则

××工位安全定置图与防范要点

编号：浦城安011-004　　版本：1.0

管控类别	编号	管控点	伤害类别	安全防范对策要领
人	R-7	(1)吊运作业	与重物接触	1.操作人员严格遵守天车"十不吊"；2.操作人员严禁戴焊接手套、帆布手套操作控制器；3.操作时严禁接打电话或与工作无关的事；4.吊运部件时采用对角吊运的方式；5.吊带与部件打电或或在部件下方；8.手抓部件时佩戴手套；与吊运物保持安全距离，与部件运动方向保持安全距离；7.部件落胎严禁将部件放在部件下方；8.手抓部件下穿过；11.两台天车排吊运必须有专人指挥。10.作业人员严禁从吊运物下穿过。
	R-22	(2)切割作业		1.必须戴手套；2.手扶配件与刀片留有安全距离。
	R-42	(3)切削作业		1.戴防护眼镜；2.与皮带紧固良好。
	R-43	(4)紧固作业		1.戴手套；2.扭力扳手螺母大小匹配，用力均衡。
	R-44	(5)架车底作业		1.戴工作帽；2.操作与行走时注意观察。
	R-45	(6)钻孔作业	卷入	1.戴安全帽；2.安全带；3.两人配合相互呼应。
	R-28	(7)登高作业	坠落	
	J-19	(8)吊带		1.吊带无破损承载芯无露漏，严禁拖行损破标准；2.吊带安全标准；3.吊带"三证"管理。
	J-18	(9)气钻		1.气孔无异物；2.站立接口完好。
机	J-38	(10)配电箱	触电	1.电源箱完好，电缆线无破损。2.接地良好；3.门处于关闭状态；4.防触电标识要有。
	J-55	(11)触摸屏		1.电源箱完好，电缆线无破损。
	J-52	(12)电吹风		1.电源箱头完好，电缆线无破损。
	J-2	(13)异丙醇	高热物	1.存放点距离明火不小于十米；2.存放数量不得超过当班所需量；3.使用后瓶倒扩紧，桶布指定区域要放。
	J-13	(14)楼梯		1.行走扶梯扶楼梯扶手。
	J-13	(15)牌子	坠落	1.椅子摆放隐固。
	J-14	(16)高站安全防护绳		1.完工后解防护绳注意放回。
	J-15	(17)车端安全栏杆		1.护栏安装牢固。
	F-6	安全教育培训		1.新员工必须经过三级安全教育方可上网作业；2.复工人员必须经过安全教育培训方可上网作业；3.项目开工前员工必须经过回新教育方可上网作业。
法	F-1	特种作业管理		1.特种作业人员及特种设备操作人员必须有证方可作业；2.证件在有效内。
	F-2	特种设备管理		1.压力容器及安全附件必须定期检测合格方可使用。
	F-4	消防设施管理		1.消防自备用消防设通；2.消防闪严禁搬积杂物；3.消防设施完好有效；4.每月定期点检。
	F-3	吊索具管理		1.吊钩、吊耳、吊环和必须定期检查有效。
	F-5	班前安全喊话		1.每日开工前对展班前安全喊话，喊话内容符合南车集团的"九结合"要求；2.班前安全喊话记录要写规范。
	F-7	安全管理菜单		1.严格按照表单中的管理要求完成。
环	H-1	现场定置		1.按照"三定"的要置要求定置；2.定置的物品要求无缺损，设备没选，工具、物品表面外观清洁无灰尘；3.定置物品必须放在定置区域内。
	H-2	现场清扫		1.作业前扫地无灰尘；2.生产过程中必须一边作业一边扫；3.完工后彻底清扫现场。

达标工位评价标准："黑体字"项点5分，"宋体字"项点3分，"楷体字"项点2分。工位总分100分。得分低于90分为不达标工位。

编制：　　　　　校对：　　　　　审核：　　　　　批准：

图 2-4 工位安全定置图与防范要点

3. 定期进行危险预知训练(Kiken Yochi Training,KYT)

安全管理应以安全第一、预防为主、综合治理为基本方针,重点强调预防管理,在企业日常运作过程中,企业安全管理者不仅要做好日常的安全巡查,还要开展危险预知训练,即 KYT 活动,发动作业人员对作业现场的危险因素加以预测和控制,并采取预防措施。

(1) KYT 含义

KYT 活动是针对生产的特点和作业工艺的全过程,以其危险性为对象,以作业工位(班组)为基本组织形式而开展的一项安全教育和训练活动,它是一种全员性的"自我管理"活动,目的是控制作业过程中的危险,预测和预防可能发生的事故。

(2) KYT 基础 4 步推进法

第一步:把握现状。分析图片中潜在着什么危险,并想象可能出现的危险现象。

第二步:本质追究。在所发现的危险因素中将重要因素作为危险要因。在这些危险要因前画"○"符号;对于最危险的因素则画"◎"符号。

第三步:制定对策。对于危险因素,全体成员考虑采取什么办法来解决,并制定出具体的对策。

第四步:目标设定。在对策中选出最优的重点安全实施项目,同时为了实践这一安全项目,设定小组行动目标。

4. 开展危险隐患提案活动

精益注重的是持续改善,在企业内部实施改善提案活动的同时,现场作业者可以提出现场操作环境安全方面的改善提案。通过安全改善提案的实施对现场安全隐患进行提前预防,保证现场操作员工有一个安全的工作环境。

(二) 品质管理

1. 质量控制

每个项目开工前针对每个工位质量六要素(人、机、料、法、环、测)进行评价,条件满足时才能开始作业。现场的质量六要素要保持在受控状态。

2. 质量保证

工艺人员编制图示化指导书,现场有经验员工依据作业指导书编制动作要领书,实行标准化作业,严格执行三不原则(不接受、不制造、不流出),按要求填写质量追溯性记录。

3. 质量改进

对工位质量问题(工位内发现和下工序反映的)进行统计分析,制作质量推移图以识别关键和高频次质量问题,采用PDCA原理进行持续改进。

PDCA循环的概念最早由美国质量管理专家戴明博士提出,故又称戴明环。PDCA是由英文Plan(计划)、do(执行)、check(检查)、action(处理)四个词的第一个字母组成,PDCA循环即表示管理工作按"计划—执行—检查—处理"4个阶段周而复始的循环运动,它是一个工作管理的程序。这是企业管理必须首先遵循的一条规律,应用它可使企业的各项管理工作更加条理化、科学化,并使各项业务工作逐渐迈向"管理状态"。因此,人们在现代企业质量管理实践中已经普遍认识到PDCA循环是全面质量管理最重要、最基本的工作方式。

质量问题需要用科学的方法去处理,面对众多的质量问题,我们应如何选择突破口?

首先,认真做好质量问题的统计推移图,找出频次较多的几个惯性问题。

其次,针对这几个问题展开分析,选中最容易解决的,短期内能见成效的问题。成立相应的质量问题分析小组,对选中的问题展开分析、讨论、制定对策,按照PDCA的理念对结果进行确认。把其过程写成品质不合格对策报告书。

开展这项活动有两个主要成果:第一能让类似的质量问题迅速下降;第二能培养锻炼质量管理人员学会用PDCA的思想去解决质量问题。

4. 随车质量跟踪卡

在流水线作业过程中,异常情况是比较多的,其中绝大部分的异常点是可控的。对于不可控的异常,一般作停线处理,尽量暴露问题和快速解决问题。对于可控的异常情况,在兼顾到生产效率和产品质量的前提下,必须对异常情况进行管理。例如：在客车组装生产线上，因为天气原因，空调机组无法按节拍送达生产线，在经过工艺核准后，原本在第五工位组装的空调机组调整到第七工位组装。这种异常情况被记录在随车的质量跟踪卡上，进行异常管理，在流出生产线之前，必须保证随车卡片上的异常都是关闭状态，防止质量异常流出。

（三）生产管理

1. 下达日生产计划

生产管理部门应通过 ERP 系统或者纸质计划的形式，下达当日生产计划，向生产车间明确当日主生产计划。

2. 生产实绩表管理

生产车间应现场运用生产实绩表（如图 2-5 所示），对工位（班组）下达当日节拍生产计划。生产实绩表主要有两个方面的作用，一是生产管理部门通过生产实绩表向车间明确工位（班组）当日生产任务以及生产任务的计划开工时间和计划完工时间；二是车间按生产管理部门计划组织生产，通过生产实绩表记录生产任务实绩开工时间和实绩完工时间，如果计划时间与实绩时间之间有差异，车间还应将导致差异的异常问题在生产实绩表上做好记录。

生产实绩表由生产管理部门制定下发，生产任务和计划时间部分由生产管理部门填写，实绩时间和异常记录部分由车间工位长填写。最后，由生产车间定期将生产实绩表统一回收，将生产完工情况和异常问题统计解决情况统计上报给生产管理部门；生产管理部门应在公司公用平台进行主生产线上节拍兑现完工情况和异常问题情况处理，并针对异常记录中高频次、典型性的异常记录组织分析处理小组，解决此类问题，避免此类问题再次发生。

3. 异常问题快速处理

生产实绩表是记录工位异常的表单，但出现异常状况时除了记录以外，更重要的就是按流程"拉动"。生产现场异常问题处理首先应由生产部制定出异常处理流程图（如图 2-6 所示），明确异常问题出现的工位、工区以及相关职能部门人员从何处入手拉动。

_____工位生产实绩表

时间\节拍	车号	计划开工/结束	生产日期： 实绩开工/结束	异常记录
第一节				
第二节				
第三节				
第四节				
第五节				
第六节				
第七节				

【说明】1. 出现异常由生产部组织对策,按照异常处置流程实施。
2. 本表每日填写一张,由工位长及生产部分管调度确认,并签字。

工位长签字：
生产部调度：

图 2-5　工位生产实绩表

其次,各职能部门应该做好与本职相关的异常问题处理预案或异常问题处理办法,明确专人解决异常问题。

最后,生产管理部门应做好相应的评价考评工作,针对一定时期内出现的异常问题,组织相关职能部门或车间分析评价,提出评价考核意见和问题解决办法,促使生产现场、生产管理部与各职能部室同心协力,使异常问题管理正常化。

4. 节拍优化

在现场实际作业过程中,理论节拍的设计与实际现场各工位作业时间仍有出入,对此针对节拍相对时间最长的工位进行改善。如某个工位作业时间相对其他

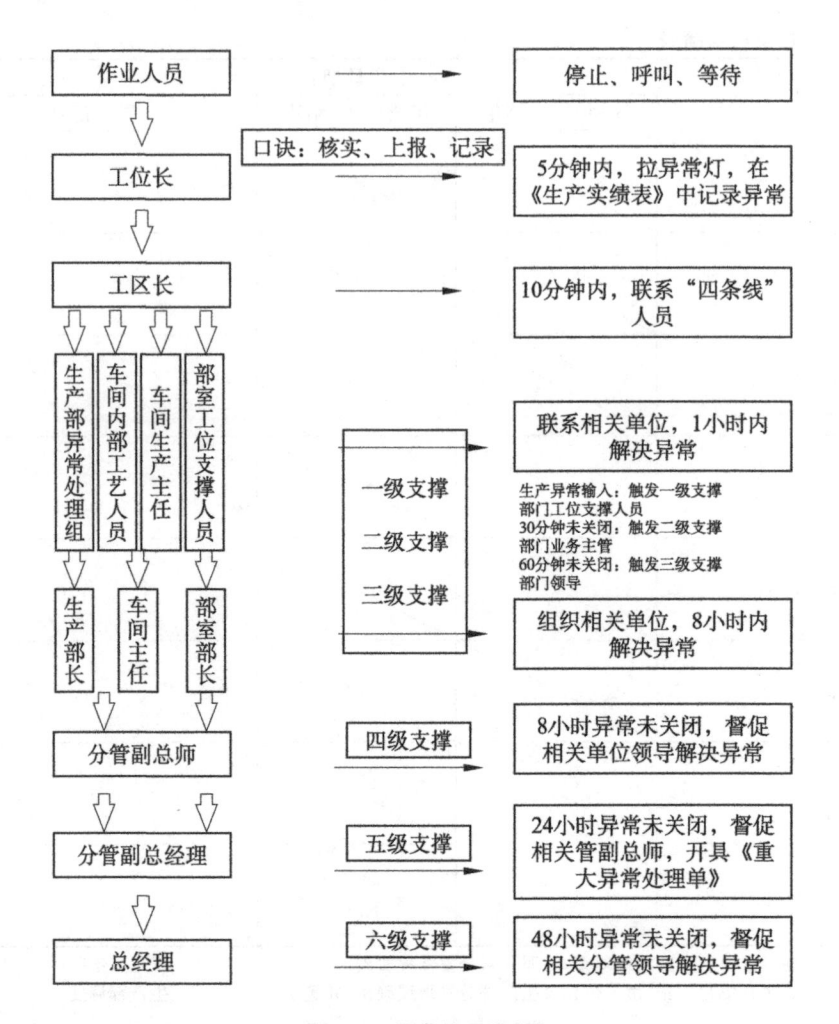

图 2-6 异常处理流程

工位作业时间长，对此可采取以下措施：通过改善使整体效率提升，针对工位情况制作工序推移图和人员山积图，发现员工无效作业动作和时间，进行改善，平衡作业内容。

(四) 保全管理

1. TPM 自主保全的实施要点

TPM(total productive maintenance)，即全员生产维护，也称全员自主保全。其基本含义是全员参与的设备保养、维护和管理。TPM 自主保全活动的第一阶段,也称初期清扫阶段,是以设备本体为中心,通过清扫这一行动,发现设备的潜在缺陷,并及时处理复原,其次是实施排出污物、油污,实施注油、紧固等改良措施。如何使一台设备达到初期清扫的要求,一般符合3个要素,即:①制定清扫、润滑标准;②工具定置及目视化;③建立点检、评价机制。

(1) 清扫、润滑标准的制定。制定的标准采用图文并茂形式,简捷明了,标准中应明确规定设备应该清扫哪些部位,周期是多长,用什么工具清扫,设备上有几个润滑点,分别用怎样的润滑油脂、润滑方法、润滑工具,油脂需要加多少量,多长时间加一次。标准中还应包括操作者在工作前、工作中、工作后对那些极易发生安全事故、设备故障部位的点检标准、点检方法。但我们这里所说的清扫、润滑工作都是操作者可以做到的一些简单动作,不需要很高的技术、技能,那些复杂的、有专业要求的工作将有专门的保全人员配合来执行。

(2) 工具定置及目视化。目视管理是利用形象直观、色彩适宜的各种视觉信息和感知信息来组织现场生产活动,以达到提高劳动生产率目的的一种管理方式。简单地说就是看得见的管理,例如:使用绿色、红色标示"运行""停止";以布条、小风车显示风机、电机是否工作;剧烈运动部位的开窗观察;彩色标签标明阀门的常开或常闭;对于必须十分洁净的部位,给予强光照明;工具的行迹管理;可视化的操作规范;等等。

(3) 建立点检、评价机制。TPM推进管理关键就是要制定和不断完善各项规章制度和点检、评价管理办法,形成规范化的文件系统,使推进TPM管理的各项活动和各个环节有章可循、有法可依。

2. 提高员工操作和维修技能

计划保全和自主保全是设备保全的两个方面,缺一不可。自主保全强调企业的员工自发、自主地对设备实施全面地管理、维护和保全;计划保全则是企业有计划地对设备进行预防性的管理、维护和保全。在计划保全中,通过对设备故障平均间隔时间(MTBF)、设备故障平均维修时间(MTTR)这两个数据的统计,为预防性维修和备品备件的准备提供科学的依据。但自主保全工作不是把操作人员都培养成专业的维修技师,而是通过培训和技能提升,培养他们发现设备问题和故障苗头,把问题消灭在萌芽状态,培养他们规范操作,从而减少现场设备问题发生和重复性的人为失误,但最终目标是培养具备能够主动思考,积极发现和解决问题的一流员工。

(五)环境管理

环境管理是指现场的作业过程和废弃物不污染环境,减少能源消耗逐步实现绿色制造。通过贯彻 ISO 14001 体系、废弃物管理、彻底的 5S 活动和改善来实现。

1. 实施 5S

5S 是企业进行现场改善的基础,企业在进行现场改善之前,必须对现场物品进行必要 2S 即整理、整顿,让现场的东西都是需要的,而且任何人都知道如何使用和管理,做到目视化管理,使工作场所的管理一目了然。

2. 现场"三定"管理

现场实施整理、整顿,首先要制定整理的标准,绘制工位定置图,并将不要的东西清除,然后按照企业的"三定"要求进行整顿,整顿完毕后需要按照要求进行日常管理,并运用日常点检表实施管控。

整顿的时候严格执行"三定"(定置、定量、定容)的要求,物品必须有数量、名称、位置的约束,并按照不同物品的类别进行规范摆放,整顿的目的是暴露问题。同时注意做好区域标识和数量标识。

区域标识:现场要对不同功能的区域加以区分和标识。

数量标识:如果没有对库存数量的规定,库存会持续增加,通过对数量的标识来发现异常。

3. 红牌作战

(1)什么是红牌作战

红牌作战指的是在工厂内,找到问题点,并悬挂红牌,让大家都明白并积极地去改善,从而达到整理、整顿的目的。红牌作战通过使用红色标签对工厂各角落的"问题点",不管是谁,都可以加以发掘,并加以整理,是 5S 活动常用的技巧之一。

(2) 红牌作战的步骤(如表2-1所示)

表 2-1　红牌作战步骤

	序号	内容	负责人
准备阶段	1	制定红牌	
	2	制定红牌基准	
	3	选择红牌作战的区域	
	4	确定区域的负责人	
	5	进行作战前的状态记录(照片)	
	6	进行红牌作战的培训	
实战阶段	7	进行红牌发放统计表的记录	
	8	红牌粘贴统计表的记录	
	9	红牌对策表的填写记录	
	10	现场实施进行整理/可维持的	
	11	红牌回收和统计汇总	
改善后	12	改善后的效果记录(与改善前同角度对比)	
	13	改善总结报告、标准化	

(3) 红牌作战注意事项

- 红牌张贴时间不可过长,必须对红牌及时处理;
- 未能处理的物品需要保留红牌,制定处理对策;
- 物品处理完成,需要按照设备、工具、物料等进行统计。

(六) 人事管理及人才育成

一切管理工作都是为了培养员工,为了提高员工的素养。工位的人事管理作为人才育成体系中的落脚点,立足于维持和改善的工作原则,分别将每日的员工士气状态确认、工作内容确认纳入日常管理当中,对工位长的一天职责进行标准化管理,对工位的员工实施有针对性的多样技能与素养的培训。

1. 工作安排标准化

工位长每日的管理实施工作标准化,制作工位长一天的工作表,让每一名来到现场的人及工位长知道,每个时段自己应该做什么。

2. 士气管理表：对人要有评价

士气管理表在人事管理里面主要是结合员工的日常考勤工作开展。工位长每天除了对员工的出勤情况予以确认之外，还要关注员工的精神面貌、身体健康程度。不仅使员工得到关心，亦能促进当日工作的合理展开。

3. 维持活动

保持每天正常状态的活动，正常的定期点检、观察；在工位管理板中设置了设备、安全、5S、质量等需要每日确认点检的工作内容，要求工位长按时、逐条确认。同时，发现问题点，工位长需及时汇报、协调处理。

4. 建立培训道场

对人才的培养高度重视，旨在出产品的同时亦要培养人。通过建设员工的技能培训基地及提升管理能力的管理培训道场，完善培训手段，实施人才育成。技能培训基地主要针对现场新员工入岗、下岗员工的再培训以及所有员工的阶段轮训展开；管理培训道场重在通过培训场地的建设、设置道具的演练来启发、提升管理人员的管理能力。

（七）成本管理

现场班组成本通常分为生产使用的原材料、人工成本、消耗品成本。现场操作者和管理者最直接参与且可以控制的是现场的消耗品管理，消耗品又涵盖现场班组日常使用的风、水、气、电、焊丝、焊条等。如果现场管理者能对日常的消耗品进行管控，并对班组成本管理目标实施管理，那么车间级、公司级的成本管控目标也就有了最基础的支撑。

1. 现场生产中的七大浪费

（1）浪费的概念

企业生产经营活动中存在着巨大的浪费，在这里我们要明确什么是浪费、什么是工作、什么是干活。浪费是现场生产过程中不产生任何附加价值的活动，比如：我们在加工一件产品的时候，在取原料—装夹—开动机器—检验—填写检验记录所有工序中，产生附加价值的只有开动机器，机器加工的那一瞬间，我们称为工作。其他的活动我们应该去审视它的存在是为了什么,严格地讲都是浪费!但是往往我们要考虑实际生产水平和生产能力,有的搬运、检验避免不了,那只能暂时保留,称为干活,这个时候,对于干活的内容是需要改善的地方,而对于浪费的东西是要去除的东西。

(2) 现场存在的七大浪费

在生产现场往往存在七大浪费,分别为等待的浪费、搬运的浪费、加工本身的浪费、库存的浪费、生产过剩的浪费、不良的浪费、无效动作的浪费。现场浪费的存在只会掩盖问题,只有主动地发现浪费并施以改善,才能使我们的现场成本降低,成本控制才有具体的手段。

2. 以缩减成本为目标的提案活动

(1) 改善活动的定义

在生产现场存在的浪费必须实施改善,改善就要发动全员参与,在企业内部应该推行改善提案活动,改善提案指公司内的员工或团队在生产、安全、技术、质量、材料、成本、管理等公司的全部活动中,把自己认为对公司有益的研究、发明、创造、改进、构思等提出来写在改善提案单上并自己组织资源完成。主要是提高大家发现问题和处理问题的能力,提案活动最终会将现场管理的浪费去除掉,实现成本控制的目标,通过改善避免大的生产影响和大规模的必要投资,也可以在一定程度上提高现场管理的团队意识。

(2) 改善活动的操作方法

在公司内推行改善活动首先要成立专门的改善活动管理架构,有公司改善活动委员会、改善活动管理组、现场改善收集组三级组织,并对不同分值的改善实施打分、奖励管理(图2-7为创意改善的评审标准)。可以在公司内部组织大型的改善活动发布会,促进现场一线员工参与改善,除了组织改善发布会,在具体的改善实施车间还要有定期的改善提案统计、分析,管理人员要对现场的改善实施一定支持,对现场资源不足的情况进行必要的资源支撑,使现场改善能在短时间内完成,这样也可以促进现场改善活动长期稳定的推进。

创意改善评审标准

一、提案分类
① 实施类评审的提案的评审时，奖金为0~2000元不等
② 实施提案的评审时，您需改善提案应为实施确定效果的提案，未实施的提案无法进行效果的评估，奖金为0

二、备注
① 减少工时与减少人员不可重复计分
② 如果改善需花一定的费用时，计算本精益时减去所花的费用

三、职务减分制
① 区长集一般员工在此评审标准分的基础上减10分；
② 块长、队长一般员工在此评审标准分的基础上减20分；
③ 中层以上工职位的提案原则上不评分。

得分分类		0	1	2	3	4	5	6	7	8	9	10	11	12	13	14	15
成本削减	「成本（降人工外）降低」（千元/月）	无	0.1~	0.3~	0.5~	0.7~	1.0~	1.5~	2.0~	3.0~	5.0~	7.0~	10.0~	15.0~	20.0~	25.0~	30.0~
	「减少工时」（小时/月）	无	~16	~32	~48	~64	~80	~96	~112	~128	~144	~160	~200	~240	~280	~320	321~
	「人员削减」（人）	无								减少1人得10分，以此类推。							

得分		0	2		4		6		8		10					
现场管理	「安全」	无	比原来安全了		增加注意能够保证安全		能防止因疏忽造成的灾害能完全防止不休灾害		能防止因疏忽造成的灾害能完全防止不休灾害		任何情况都能保证安全完全杜绝重大灾害发生					
	「环境」	无	作业变得轻松环境有所改善		废除了容易疲劳的作业改善了易产生灰尘情绪的环境		废除了自然做业的作业方式减轻了噪声作业的程度		废除了苛酷的作业方式作业环境较以前改善		成为了不需要保护用具的作业环境					
	「质量」	无	能维持并提高品质		能防止不良的发生		不需要检查也能杜绝不良发生		提高了品质或信誉废除了检查工序		提高商品价值提高公司形象					
提案广泛性	「推广性」可利用范围的广泛度	无	提案的部分内容或想法在组内其他工艺可以利用		提案的部分内容在部门内其他工艺可以利用		提案的部分内容在部门内其他工艺可以利用		提案全部内容在部门的其他工艺可以利用		提案内容在工场其他部门基他公司都能利用					
	「创新度」提案实施的创意点	无	对方案的评价较低，但有见解		与以前的想法结合起来有限好的见解		有一定的见解和创意且有进步性		有相当的见解和创意且非常好		可以申请专利					
	「构思度」提案的出发点，构思、新意等	无	着眼点好，构思有创意		对于持续性问题的解决方法看眼点非常好		对于抓住瞬间问题的看眼点非常好		抓住往他也注意到的问题（公司内没类似问题）		抓住中克服了种种不利条件且付出了极大的辛劳和努力					
	「努力度」提案者完成提案的努力程度	无	能看出付出了努力		实施过程中稍有努力		实施过程中下艰辛努力		对比经历了艰辛的过程付出了较大的辛劳和努力		过程中克服了种种不利条件且付出了极大的辛劳和努力					

图 2-7 创意改善评审标准

（3）日常消耗的动态管理目视化

将班组日常的成本控制情况目视化，并实施动态管理，既便于实时掌握日常消耗各项数据，发现改善点，为后续降低消耗成本采取相应措施提供数据基础，也可以让每一位员工看到通过细小的节约、改善带来的巨大效益。

（八）工位制节拍化生产运行的管理支撑

1. 部室支撑

企业中职能部室之间以及职能部室与生产车间之间生产信息传递不流畅、生产信息处理流程不完善、管理权责界限不清晰等方面的问题日益凸显，中车通过基础管理的不断深入，强化职能部室支撑系统的建设，结合项目管理有关理论知识，借鉴生产现场"工位制管理"经验，进一步简化生产信息传递流程，优化生产现场管理体系，规范职能部室支撑工作流程，转化职能部室支撑系统组织结构，通过部室支撑系统建设解决企业快速发展带来的新课题。

（1）简化生产信息传递流程，优化生产现场管理体系，规范职能部室支撑工作流程，转化职能部室支撑系统组织结构，将职能部室组织机构与生产工区工位相对应，建立"一对一""快速反应"的部室支撑系统。

（2）简化生产信息传递流程。通过制定各工区部门支撑现场组织结构图，并在生产现场目视化，进一步清晰了"保姆"工作权责主体，简化了生产信息传递流程。

（3）优化生产现场管理体系。七大任务职能部室将各项管理制度表单化，编制下发了七大任务管理表单并在生产现场目视化，通过各项标准化表单管控生产现场。

（4）规范职能部室支撑工作流程。根据"诊断、对策、验证、评价"的总体思路，结合七大任务职能部室工作开展过程中的实际情况，落实细化建立职能部室现场支撑工作流程，形成 PDCA 的管理闭环。

（5）转化职能部室支撑系统组织结构。按照"职能部室组织结构工位化"的指导思想，由"专业导向型"组织机构转变为"工区工位导向型"组织结构，初步实现了与工区工位的一一对应。

2. 异常管理机制

针对生产异常拉动不清晰，异常响应、处理不及时，异常拉动后扯皮推诿较多等现象，进一步明确异常分类（计划、物料、质量、设备、工装、设计、工艺、其他），每项都对应唯一的归口部门。同时，增加了异常信息录入前，必须要先进行沟通并填写联系人的程序，从而使异常拉动更加准确，也很大程度上减少了异常拉错以及扯皮推诿现象；实施短信六级（部门支撑人—业务主管—部门领导—分管副总师—副总经理—总经理）触发逐级传递制度，在规定时间未处理完异常，将进行逐级信息反馈升级，以此来促进异常快速得到解决，使异常正常化、规范化，促进生产顺利进行。

为规范异常管理，建立标准化的异常管理流程、评价标准，提升部室对现场的支撑能力，以现场异常快速处置、解决为目标，以管理部室为现场服务的思想为主导，需要优化异常拉动管理体系，梳理异常管理流程，运用信息化管理工具，优化异常信息管理平台，建立短信触发系统，加快异常信息传递、处置的速度，缩短管理的周期。

优化异常管理流程，将异常管理分为异常拉动、异常响应、异常处置和异常改善等4个阶段，对异常管理归口部门、异常管理的处置流程、异常管理的评价标准进行规范，建立起异常管理的 PDCA 循环，形成异常的"拉动""响应""处置""改善"和"评价"的闭环管理。通过对产生异常的根本原因进行分析，制定对策，进行持续改善。

3. 表单四级管理

在建立了工位制节拍化生产的基础上，需要进一步对现场工位管理工作进行梳理，优化完善现场管理表单，以七大任务加标准作业为抓手，依照"诊断、验证、对策、评价"这一工作思路，建立了工位、工区、车间、部室的四级表单管理体系，形成工位填写、工区统计、车间分析、部室对策的管理闭环。打破原有现场管理的单向性，提高部室管理的主动性，通过使管理标准化、表单化、数据化、信息化，建立部室与现场双向沟通平台，强调职能部室对现场的各项信息进行处置，重点关注解决现场的高频次问题，有针对性地制定永久性防范措施，防止再发生，切实提升现场的管理水平。

四、磨——常态的事情信息化

通过切——复杂的事情简单化、削——简单的事情标准化、琢——标准的事情常态化,不断固化现场的七大任务和六要素管理,同时理清职能部室、车间、工区、工位各层级的流程和接口。最终通过智能MES(即生产信息化管理)系统,把模拟生产线、模拟配送线作为现场管控标准,运用信息化手段及程式,进行扫描、触发、激活、对标,发生异常时能自动输出异常处置的措施和对策。主要注意以下几点:

1. 在推行MES之前必须梳理优化流程和接口,确保数据来源的真实性和时效性以及各管理事项的规范性和标准化;

2. MES是对整个公司制造过程的优化,而不是单一地解决某个生产瓶颈;

3. MES必须提供实时收集生产过程中数据的功能,并作出相应的分析和处理;

4. MES需要与计划层和控制层进行信息交互,通过企业的连续信息流来实现企业信息全集成。

第三节 工位制节拍化生产的实施要点

一、思想转变是前提

1. 全面导入精益理念

精益从心开始,企业及部门、车间(分厂)第一管理者的重视十分重要。这里所指的"重视",不仅仅是"过问",而是要身体力行,身教言传。要信精益、用精益,主动将精益思想融入本企业、本部门、本岗位工作中去,尤其是在推行的迷茫期要坚决执行精益推进计划。

2. 完善保障运行的组织机构

实施工位制节拍化生产,需要每个系统都有接口人,每一件事情都有人负责,有计划有步骤地推行。

3. 工具、方法培训、理念导入

工位制节拍化生产的组织方式、工作理念、运行模式与传统生产组织方式截然不同,需要展开系统培训。不仅要理念培训,同时包括现场演练,如5S红牌实战培训、TPM实战培训等。同时,培训工作要结合项目的进度,根据需求进行,按照培训—实践—再培训的过程,较好地导入、试点、实践精益生产的管理理念、工具方法等,使企业各层次人员理解和掌握精益生产理念的精髓和工具,并能够在现场进行实际运用。

二、全员参与是基础

1. 形成全员参与氛围

树立下工序是客户的观念,在工位制节拍化生产的整个过程中,通过不断的培训和生产方式的持续推进,让更多的操作者、班组长、生产、管理人员理解和掌握工位制节拍化生产方式,以生产现场异常问题的快速处理拉动各职能部门员工的参与,逐步在企业内部全面贯彻工位制节拍化生产的理念,形成氛围,全员参与,改善提高。

2. 培育精益文化

实施全员改善活动,引导员工发现工作过程中的各种浪费现象并消除浪费,通过不断地改善,实现质量、效率、效益的提升,减少加班、提高收入,让员工得到实惠,从而赢得全体员工的拥护,营造全员参与、持续改善的精益氛围,最终形成具有本企业特点的精益文化。

三、异常拉动是关键

1. 正确认识异常

生产管理主要针对的是异常问题。如果一条生产线永远能按设置的流程进行生产,那它是不需要管理的。所以,将异常管理制度化、正常化,设置管理流程,将异常对生产线的影响降到最低,努力使之维持在正常的运行状态,才是生产管理的目标。通过异常的拉动,让职能部室人员主动地参与到生产中来,使生产更加顺畅。

生产线异常问题的暴露和解决是工位制节拍生产最大的特点,通过拉动能够明显暴露出过程中的问题所在,瓶颈工序和惯性质量问题充分显现,按照精益生产"三现"主义(现场、现实、现物),要求相关人员深入现场,快速寻求解决对策,以保证节拍拉动生产计划的完成,否则将会影响整个生产线的推进。通过对异常问题的持续解决,从而使生产组织变得更加均衡化,生产效率和可控性获得提高,同时,均衡化的生产,拉平了生产计划,减少了工序在制品,降低了生产过程成本。

2. 建立异常问题的快速反馈、解决机制

为了保证节拍的顺利完成,需要建立异常问题快速反馈、处理流程和工作机制。首先,取消每天生产调度会,异常问题通过表单、电子信息等方式快速反馈相关部门,立即解决,加快问题的解决速度,建立异常问题的回复、解决的评价机制。异常处理机制和相关制度的建设是将拉动式生产融入日常化管理的过程,建立异常问题的快速处理流程,保证发生异常时在最短时间内能够处理完成,保证节拍生产计划的按时完成。

四、持续改善是方向

1. 动态优化,持续改善

工位制节拍化生产体系初步建立后,维持和持续改善成为保持成果的关键,

作为一种新的生产方式，很容易发生退步或偏颇，因此，要坚持抓好巩固和维护节拍拉动生产体系的各项工作，持续地推进各部门按照精益生产的模式组织工作，特别是在产品替代或换型时，要通过拓展和推广，全面地、不断深化地应用节拍拉动式生产模式，从工艺设计、生产计划、物料配送、供应链管理、质量管理、现场管理等各方面持续推进精益化改善。

2. 推行"三现"主义

"三现"即现场、现物、现实。就是说，当发生问题时，管理者要快速到"现场"去，亲眼确认"现物"，认真探究"现实"，并据此提出和落实符合实际的解决办法。管理人员通过"三现"能及时发现问题，抓住问题的实质，从根本上解决问题。通过"三现"既解决了问题，又教会了下属员工，同时通过"三现"能让基层员工感受到领导的关注，增强团队的凝聚力。精益的核心工作在于育人，而育人的目的是使每一个人进步和成长。

3. 夯实管理基础

生产组织管理能否成功的实施，基础很关键，要给管理提供成长和持续发展的环境，忽视了基础，即使取得了一定的成绩，搭建了生产运营的构架，也不能长久坚持。因此，在工位制节拍化实施过程中，对5S、TPM、班组管理等基础工作反复抓，抓反复，不断筑高生产线运行的管理平台，推动企业的基础管理水平的不断提升。

4. 践行"四原则、六标准"

"四原则"即物有所定、定有所用、堆码有度、管理有序，是制定标准、原则以及发现问题的法则；"六标准"即是否有标准、有标准是否掌握、标准掌握是否执行、执行标准是否有点检、点检后是否有评价、评价后是否有改善，是寻找问题真因和改善问题的法则。

为了各项工作的有效展开，适时的点检是必不可少的，单位领导不仅要重视工作的布置，更要重视在现场的落地，通过点检可以把握工作的现状，发现存在的问题，有利于各项工作的顺利进行。更重要的，点检的真正目的是帮助被点检单位改善工作。

第三章 点—线—面：精益制造的多元载体

第一节 标准工位建设

工位作为构成工位制节拍化流水生产线的基本单元，是"七大任务"即安全环境、质量、生产、成本、设备、人事、信息管理的落脚点，也是落实执行"六要素"（5M1E：人、机、料、法、环、测）标准化作业的根基。对于整个产品链而言，生产工位的标准化，将从横向拉动管理工位化，即"七大任务"涉及各专业管理的标准化，构建高度协同、高效运行的管理平台，实现同步提升；纵向拉动流程工位化，即明确每个管理工位的输入、工位内容、输出和节拍要求，形成高效运转的管理流水线。标准工位是公司一切管理流水线建设的基础与平台，加强工位管理，提升工位管理水平，是确保工位制节拍化流水生产线高效运行的基本保证，本章主要介绍标准工位的概念及构成、标准工位的建设方法以及标准工位的评价方法和评价标准。

一、标准工位的概念

（一）标准工位定义

1. 工位的概念

工位是指产品在生产线上流动时，员工在一个节拍内完成规定作业内容，产品相对停留的区域位置。工位是作业管理的最小单元。一条生产线是由若干工位连接组成的。

2. 工位管理内容

工作管理一般包含两部分内容。即以"七大任务"为主要内容的基础管理和以"六要素"为主要内容的作业管理。基础管理要落实以"七大任务"为主的制度和要求,实现现场的过程可控;作业管理侧重于工位作业的条件管理,并确保"六要素"与工位的符合性。如图3-1所示。

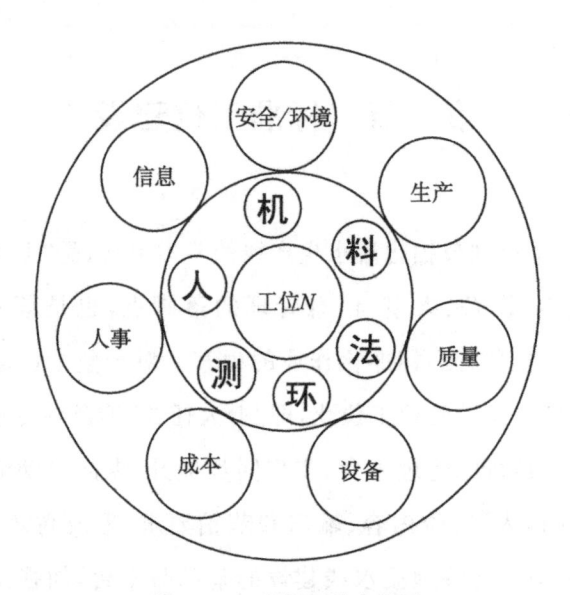

图3-1 工位管理基本模型

将工位上基础管理和作业管理标准化,就称该生产工位为标准工位。

(二)标准工位建设的基本框架

标准工位建设的基本框架为:五化、六要素、七大任务和八个步骤。

1. 五化:管理流程高效化,管理表单系统化,管理形式标准化,管理运行目视化,管理行为规范化。

(1)管理流程高效化。围绕七大任务,即安全环境、质量、生产、成本、设备、人事和信息管理,打造上下贯通、一体化的工位管理链,形成支撑生产线运行的高效化工位管理体系。

(2) 管理表单系统化。以七大任务管理要求进行的表单化、工位表单目视化为着力点,拉动建立职能部门、生产单元、作业工位,形成三位一体、相互联动的管理表单系统,通过表单日常运行的 PDCA 循环,形成专业管理面向现场的快速反应机制。

(3) 管理形式标准化。以打造精益化公司运营管理平台为核心,融合班组管理、安全管理、节拍化生产线模式等具体要求,分层级提炼工位管理中涉及七大任务的各项管理要素,形成标准化的工位管理输入输出要求,提高工位管理效率。

(4) 管理运行目视化。应用安东系统、目视看板、信息化管理等手段,增强现场生产工位运行状况的动态管理,形成迅速暴露问题、立即采取纠正和改善行动的运行机制,不断提升生产效率,保障作业安全;提高现场管理者的管理能力,彻底进行预防性管理,保障产品质量。

(5) 管理行为规范化。通过标准工位建设,增强员工"上标准岗""干标准活"的意识,结合 BI 员工行为规范的推行,以提高员工对标准作业文件的执行力为目标,规范作业行为,克服随意性,从根本上消除因员工作业行为不规范造成的质量问题。

2. 六要素:以现场工位管理要素的标准化管理为目标,以 5M1E 管理六要素(人、机、料、法、环、测)为落脚点,以实施管理标准化为重点。

3. 七大任务:以建成标准工位管理平台为目标,将现场七大任务(安全环境、质量、生产、成本、设备、人事、信息)横向形成标准工位运行的协同支持系统,纵向形成分解落实专业管理要求的子公司职能部门、车间、工区、工位(班组)的管理链。

4. 八个步骤:建设标准工位,应紧密结合本单位实际,一般按标准工位的导入、建立制度体系、标准工位要素的分解细化、建立管理表单系统、标准工位的运行控制、标准工位的评估、员工作业行为的标准化和标准工位的持续优化与改善等八个步骤扎实推进。

(三) 标准工位建设原则

建设标准工位,要在基础管理和作业管理两个层面重点系统规划,分步实施。

应贯彻工位制节拍化流水线生产的要求,强化七大任务在现场工位的落实和过程管控;应通过模拟线建设,验证作业管理六要素在工位中的符合性,并将作业管理六要素在工位落实。

工位是企业管理水平的集中体现点和基石。职能部门管理水平的高低和价值体现在对现场工位的支撑和服务水平上,企业职能部室都应以现场为圆心,建立对现场的支撑组织,为现场提供支撑和服务,建立对现场异常快速拉动、响应、处置的机制。

二、标准工位的建设方法

(一) 工位的正确切分和优化

1. 工位的正确切分

根据产品特点,以工艺设计为源头,对生产线的工位进行合理的设计、切分,编制工序推移图,同时对工艺布局、工艺流程进行优化,为工位的高效运行打好基础。

2. 关键工位、关键工序的区分

对关键工位、关键工序进行区分,编制关键工位与关键工序作业图,明确关键工位、工序的管控要求。

3. 明确工位质量控制项点

梳理工位作业内容,建立工位质量控制项点,编制标准工位质量管控地图,明确工位工序质量检验标准,为关键、重要工序的质量控制提供有力保证。

4. 优化工艺流程

运用精益工具修订标准作业内容,对工序进行删除、合并、调整、简化和增加的 ECRSI 改善,固化工位系统作业包等。合理调整工艺布局,优化工艺流程,提高工位作业效率和作业管理水平。

（二）成立组织、明确职责、计划推进

1. 成立工作组织

成立标准工位建设的推进组织，分别负责不同层次的推进工作，明确负责人及分工，落实责任制。标准工位建设对各专业部门的协同要求较高，必须明确牵头部门和七大任务的具体实施部门。

2. 明确标准工位建设部门职责

标准工位建设建议由工艺部门牵头组织，具体实施由工位管理要素的各归口部门负责，具体根据企业实际确定。

3. 选择试点工位，逐步推进

制定标准工位建设计划，选择试点工位，取得成效后逐步推广。按突出重点、突破难点、总结经验、全面推进的工作思路，明确各阶段的目标、指标，编制实施方案，明确工作内容及要求、实施措施、责任主体等，强化推进过程的组织、协调，开展自我评价和持续改善等工作。通过目标管理，确保标准工位建设逐步上台阶。

（三）建立标准工位制度体系

1. 建立健全工位管理制度

建立专业管理在工位系统化落地的制度体系，并不断深化与动态优化，梳理并完善各层级工位管理制度。

2. 落实标准工位日常运行的分层分级管理

各单位按管理职能要求，落实标准工位日常运行的分层分级管理制度。建立起工位、工区、车间、部门四层级的管理制度。工区工位须按标准工位建设要求做好六要素及七大任务现场实施工作；车间须按标准工位建设要求做好六要素及七大任务现场管理工作；各职能部室按标准工位建设要求做好六要素及七大任务归口管理工作。

3. 明确工位中各管理节点的输入输出

对工位一线作业人员的要求，一定要简单、易记，便于执行，不搞流于形式的

制度标准,避免多头重复检查评价。

4. 管理制度须严格执行

标准工位日常点检到位,记录齐全、整改及时,根据点检结果建立奖惩机制并落实。

5. 标准工位管理要素的分解细化

针对工位的不同类型,如流水线工位、固定作业工位、移动作业工位等不同特点,进行管理要素的分解,细化共性和个性化要求,进行分类指导、分阶段创建。

(四) 建立管理表单系统

1. 表单系统的建立原则

按精简、规范、固化的原则要求建立七大任务,并落实到工位的管理表单系统。精简:按精益原则,表单少而精,特别是需要工位操作人员填写的表单,必须是专业管理确实需要,可量化、可收集、有价值的现场数据。规范:表单格式统一、填写要求统一、表单管理流程统一、专业人员的支持和指导统一。固化:固化专业部门、车间、工位(班组)各个层面的输出表单,每张表单上下贯通,内容、标准、填写人员、部门支持人员固化,形成封闭的管理链。

2. 表单系统建立的基本程序

第一步,表单设计和梳理。各职能部门对本专业管理现行表单进行梳理,结合建立标准工位的要求,将七大任务表单化。按复杂的问题简单化,简单的问题常态化,常态的事情标准化,标准的事情表单化的原则,结合各专业管理实际和子公司内部生产单位的不同特点,对表单内容、格式、填写要求、点检要求等进行综合设计。

第二步,建立表单支持系统。各专业部门牵头,成立职能部门、车间、工位(班组)三个层次的支持系统,明确各层次人员的职责和任务。同时,按 PDCA 管理循环的要求,设计收集、汇总、反馈、统计分析工位(班组)表单信息的支持表单,形成下对上层层反馈、上对下层层验证的表单运行体系。

第三步,表单评审。班组建设归口部门组织各专业部门领导、管理专家和相关专业人员,对表单进行评审。评审要明确表单系统制定和运行的标准和要求,对不符合的项点进行修改补充,根据完善情况,可进行多轮评审。定稿后下发生产单位,征求执行层领导及专业人员、工位长(班组长)的意见。

第四步,试点先行。根据子公司内部生产单位的基础工作状况和作业环境条件,可先选定1~3个车间进行试点,待运行正常、取得成功经验后再逐步推开。

第五步,培训和转训。表单系统试运行前,应组织对专业部门、车间相关专业人员进行培训,明确现场表单、支持性表单的管理流程、支持系统运行和每种表单的具体填写方法、要领和点检要求。培训完成后,由各车间专业人员对工区长、班组长(工位长)进行转训,转训时尽可能让一线人员进行实作训练,从一开始就能正确掌握每种表单的作用和填写要求,减少正式运行后的整改工作量。

第六步,评价、完善、推广。在表单试运行初期,各专业部门、各单位领导要加强对现场人员填写表单情况的巡回点检和指导,对不符合项点及时督促整改。对运行中出现的问题,要随时调整表单内容或填报要求,不断完善表单管理体系。表单系统运行3~6个月基本成熟后,可在子公司内部全面推广,使表单管理逐步走上精简、规范、高效的轨道。

3. 目视化管理板的应用

设置工区管理板、工区宣传板、工位管理板,将工区工位七大任务管理表单与现场有机结合,在管理板上进行定置,使得现场表单信息一目了然,以便管理人员随时随地了解现场的管理信息。通过共同监督,避免了管理工作"两张皮"的现象,同时针对现场管理薄弱环节,能够快速有效地制定措施。

(五)标准工位的运行控制

1. 工位支撑系统的优化

进一步梳理工位支撑人员组织机构,建立和完善部室对现场工位支撑的人员体系,对工位异常处置,设有专人,快速解决异常问题,根据异常管理办法,做到对回复、解决的记录。

2. 完善异常管理制度

建立异常问题快速反应机制和快速处理流程,异常问题通过表单或信息系统

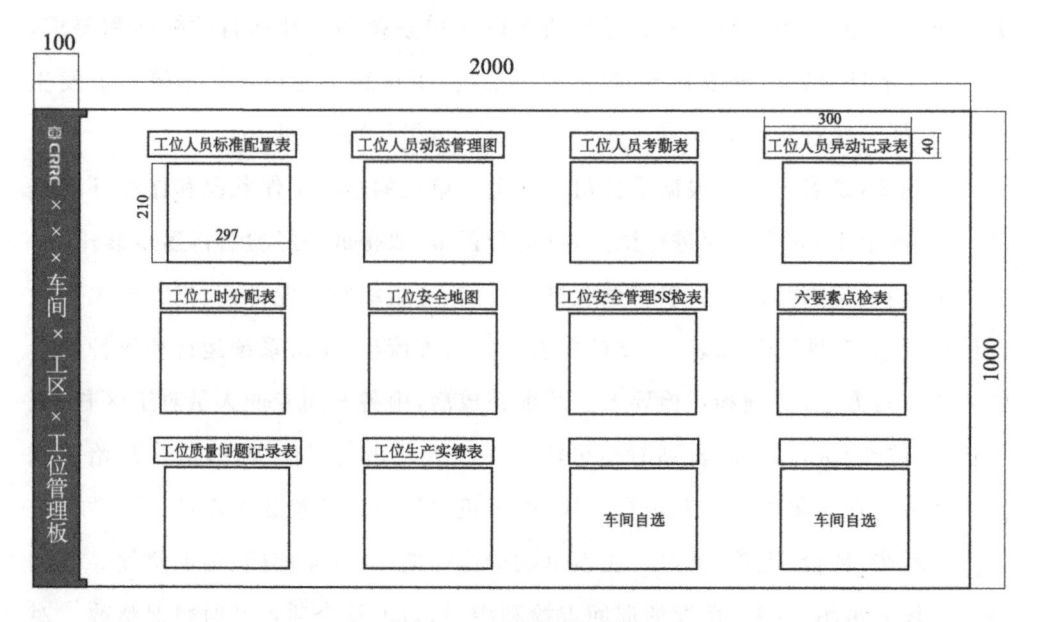

图 3-2　工位管理板模板图

快速反馈至相关部门,立即解决,保证异常在最短时间内能够处理完成,不影响生产节拍。建立异常问题的回复、解决、防止再发生的管理机制和评价机制,促使生产现场、生产管理部门与各职能部室同心协力,使异常问题管理正常化。

3. 信息化手段的应用

(1) 在保证安东系统设置合理、设施运行正常的前提下,要引入工位管理信息化系统,由工位作业人员直接输入异常信息,异常信息管理系统按流程进行自动跟踪、反馈和汇总异常问题处理结果,形成快速响应、即时处理的异常信息管理机制。

(2) 深入开展研究产品制造平台建设,不断固化平台内容。结合产品制造平台管理框架要求,固化平台管理表单信息,建立产品信息化表单管理和知识管理平台。

(六) 员工作业行为的标准化

1. 结合 BI 的推行,严格规范岗位作业行为

在标准工位建设中,在充分发挥工位管理制度、标准文件作用的基础上,要结合 BI 的推行,以提高员工遵守标准作业文件要求的自觉性和执行力为目标,着重解决工位操作员工对规程掌握不熟练、工作中不运用、思想上不重视的问题,严格规范岗位作业行为。

2. 开展"标准化作业示范员""标准化作业之星"评选

在加强对标准化作业执行情况检查的同时,要通过组织员工参加标准化作业实景模拟演练,开展"标准化作业示范员""标准化作业之星"评选等活动,引导员工树立"上标准岗、做标准事"的意识;对员工在每项作业中应该做什么、怎么做、做到什么程度、工序衔接时如何进行确认等环节固化标准作业行为,调动员工主动学习标准的热情和自觉执行标准的意识。

3. 持续推进标准作业符合性调研工作

围绕标准工位运行五项稳固(人员稳固、标准作业稳固、物料稳固、节拍稳固、区域稳固),持续开展标准工位运行符合性调研工作,通过强化职能部室对现场工位的支撑、服务,引导车间做好现场管控,持续夯实现场管理。

(七)标准工位点检及评价机制

1. 建立标准工位建设点检机制

建立标准工位建设点检机制,涵盖工位七大任务和质量六要素,包括基础管理点检和作业过程点检。重点点检过程质量控制记录、关键工位和关键工序的质量管控项点。按标准要求抓好员工的自我点检、工位、工区、车间和专业部门的日常点检、例检和巡检,对检查中发现的问题,职能部室要指导工位进行改善并落实考核。

2. 建立标准工位运行的评价、考核机制

建立日常检查评价、定期检查评价、达标检查评价和年度工作评价的评价机制,评价结果要纳入绩效考核体系。

(八)标准工位的优化与改善

1. 开展工位优化

在标准工位建设中,必须按动态管理的要求,对工位运行中发现的问题,制定改善计划，实施改善对策，对改善效果进行跟踪，建立各类问题点的解决机制，运用精益工具对问题点进行不断优化。

2. 组织员工创意提案活动

组织员工对工位管理要素的优化、作业瓶颈的改善等进行创意提案活动，发挥员工在标准工位建设中的主体作用。

三、标准工位建设的实施及评价标准

1. 标准工位建设的实施

建设标准工位，本质就是实现工位"六要素"和"七大任务"的管理标准化，它们的标准化，既能支撑将现场工位建设成标准工位，同时其本身的管理水平也在现场工位上得到反映。"六要素"和"七大任务"的实施，遵循以下原则，具体说来：

对于"六要素"管理标准化的实施，主要侧重于要素配置的齐备性和有效性，建设标准工位，要在实施过程中不断评审本工位所需要素是否配备齐全，具备基本的开工条件，在工位运行过程中，要对要素的质量和运行情况不断评估，持续优化改进，以形成标准化要素配置的工位，甚至在此基础上对不同类型的产品进行模块化细分，形成模块化的标准化"六要素"工位。

对于"七大任务"的管理标准化的实施，前文在工位表单化系统的建立过程中，已经就需要直接在工位上体现和运转的任务表单化系统进行了举例说明。在实际标准工位的建设过程中，除了要做好工位现场表单的设置运行，对"七大任务"整个管理链中流程的运行管控及标准化也是至关重要的。因此，要以专业管理职能部门为管理上端，以现场工位为管理下端，以生产车间、车间产线或工区为中间管理层，形成"上对下层层验证，下对上层层反馈"的管理体系，标准化各层级间的管理输入输出接口，从而确保"七大任务"在生产现场工位的有效落地，确保标准工位的建设得到有效保障。

2. 标准工位的评价方法

为了确保对过程和结果的双注重，标准工位的评价可以采取多种方式方法，可以采取日常检查评价、定期检查评价、达标检查评价和年度工作评价相结合的评价机制,可以将评价结果纳入绩效考核体系,从而建立提升标准工位建设水平的持续改善机制。

标准工位现场评价作为企业基础管理工作的重要组成部分,要与现有基础管理体系评价有机结合,避免出现"两张皮"现象。

3. 标准工位评价结果应用

由于工位是构成生产线、生产车间的基本要素和单元,故而对标准工位的评价结果应作为企业精益体系中其他集成化模块评价的重要内容,与企业年度精益管理工作评价相结合,且将评价结果纳入年度精益管理工作考核中。

第二节　精益示范区(线)建设

一、精益示范区(线)的定义

精益示范区(线)是指以提高品质、效率、效益和消除浪费为目标,应用精益生产思想、方法和工具,建设具有示范引领作用的机车、客车、货车、动车组、城轨地铁车辆及专有技术延伸产品的制造、修理精益化生产区(线)。

精益示范区(线)在目前精益生产领域尚无公认的定义,中国中车的精益生产示范区(线)至少要体现 3 个方面的内涵:

1. 中国中车精益生产的核心

应用精益生产思想、方法和工具,提高品质、效率、效益,消除浪费。

2. 中国中车制造的产品类型

机车、客车、货车、动车组、城轨地铁车辆及专有技术延伸产品的制造、修理。

3. 中国中车精益示范区(线)的主要作用

具有示范引领作用,作为创建精益工厂前导。

二、精益示范区(线)建设的目的

精益示范区(线)建设,是各子公司生产单位根据建设工位制节拍化生产线的要求和建设方法,结合自身产品特点,全面革新生产组织方式的工作载体,是中国中车践行精益理念、推进精益生产的重要方式,也是精益改善从点到线的主要表现形式。

精益示范区(线)也是实现工位制节拍化生产方式和标准工位建设的载体,可以规范子公司推进精益生产工作过程中的工作规范,确保其掌握推进要领;其建设过程可以促进子公司推进精益生产的步伐,进一步提高产品实物质量、生产效率、经营效益,加快人才育成和消除浪费,夯实子公司精益生产管理的工作基础;其建设结果可以作为精益管理体系的前导,在机车、客车、货车、动车组、城轨地铁车辆及专有技术延伸产品的制造、修理等各自同行业内具有引领和示范作用,带动类似生产区(线)更快、更有效地推进精益。

三、选择精益示范区(线)

在选择精益示范区(线)时,需要各子公司根据企业内部的实际情况,应用精益生产原理,主要有以下 4 条要点。

1. 选择主型产品的示范区(线)

综合考虑企业实际情况,选择主型产品的示范区(线),这样的精益示范区(线)在创建成功后,可以将创建成果和经验快速转化,可以较为轻松地推广至其他生产区(线)。

2. 综合考虑精益工具的适用性

在选择精益示范区(线)时,需要综合考虑准时化生产、看板管理、全面生产维护、单件流、持续改善、安东系统、生产线平衡设计等主要精益工具的适用性,确保其适用性才能更有效地开展精益示范区(线)建设活动。

3. 综合考虑精益改善的可操作性

精益改善是精益生产推进工作的精髓,也是基础,只有确保选择的示范区(线)能够保证精益改善的可操作性,才能不断提升示范区(线)的生产效率、产品质量、精益效益、员工技能并消除浪费,才能更有效的支撑精益示范区(线)的创建。

4. 选择可以独立运行的作业单元或生产区(线)

在创建精益示范区(线)的过程中,要确保选择的精益示范区(线)不受其他生产区(线)的干扰,或干扰程度较小,才能正常地按照创建计划有条不紊地开展创建工作。

四、精益示范区(线)建设步骤及方法

在开展精益示范区(线)的建设过程中,要充分应用精益生产的思想、方法和工具,充分协调好企业内部各方面资源,按照精益示范区(线)建设的相关要求,制定详细的精益示范区(线)推进方案和实施计划,带动全员共同按照实施计划有序开展精益示范区(线)的各项建设工作。

1. 成立精益推进组织

各子公司要成立精益示范区(线)的三级精益推进组织:领导组、推进组和实施组,明确各组织人员的管理职责和分工。

(1)领导组由公司领导和各职能部室领导组成,制定总体建设计划和目标,领导推进组和实施组开展工作。

(2)推进组由精益办带领各职能部门相关业务人员共同成立,负责根据领导组的要求制定具体的推进实施计划,并在实施过程中跟踪、协助、评价。

(3)实施组由精益示范区(线)创建单位成立,主要成员由创建单位的七大任务职能人员组成,按照推进组制定的推进计划,共同开展计划实施工作。

2. 制定精益示范区(线)推进方案

在成立精益推进组织后,推进组在领导组的指导下,编制精益示范区(线)的

推进方案,要明确工作思路和推进目标,制定详细的推进计划和负责人,明确工作流程和参与推进人员职责。推进方案一般可以分为以下几个部分。

(1) 明确建设目的

建设目的相当于精益示范区(线)创建工作体系的大脑,在推进方案中,要首先明确建设目的,统一全员思想,才能更好、更有思路、更有目标、更有效地开展各项推进工作。

(2) 明确工作思路

工作思路是精益示范区(线)创建工作体系的中枢神经,清晰的工作思路可以让全员共同参与,使精益示范区(线)的建设工作事半功倍,所以必须要有明确、清晰的工作思路。一般的精益示范区(线)建设工作思路如下:

掌握生产区(线)的现状和管理要求—对标《精益示范区(线)评审标准》,找出差距—针对存在的差距制定推进目标—对目标进行分解,落实推进责任人—定期组织评审,把握推进进度—目标达成后进行标准化,未完成的工作根据实际情况继续制定推进计划,组织实施。

(3) 明确建设目标

清晰的目标能为精益示范区(线)创建工作指引正确的工作方向,所以必须要明确建设目标。为保证精益示范区(线)创建工作得到有效、有序开展,要集中突破推进过程中的难点,推进组要在领导组的领导下,与实施组共同协商,针对精益示范区(线)的效率、效益、消除浪费等方面制定切实可行、可量化的、明确的改善目标值,如:

a. 生产效率提升 10%;

b. 产品质量提升 20%;

c. 设备可动率提高 15%;

d. 人员减少 2 人;

e. 生产成本降低 5%

……

(4) 明确奖惩制度

结合自身情况和工作计划,针对精益示范区(线)建设过程中各层级人员对精益推进的支撑情况,制定管理办法或管理规定,明确奖惩制度,鼓励和督促各层级人员共同开展精益示范区(线)的各项推进工作。该奖惩制度必须经过各部门会签,达成共识,并由推进组严格执行。

3. 论证推进方案

示范区(线)的前期策划非常重要,要组织各部门进行推进方案论证,如论证不慎重,可能造成运行效率低下、配合脱节、甚至会导致失败。要重视方案的论证工作,本着科学、合理、高效的原则,充分考虑各种制约因素。

精益办或相关部门要发挥好牵头作用,精益示范区(线)推进方案实施的所有涉及单位必须参加方案的讨论、优化工作,在论证过程中,各单位可以明确实施要求,改善目标、职责分工和主要任务,为下一步的实施打好基础。

4. 明确工作计划及责任人

根据论证后的精益示范区(线)推进方案,结合生产区(线)的运行、管理实际情况,对标《精益示范区(线)评审标准》,找出当前生产区(线)存在的差距,列出问题清单。然后针对每条问题展开充分的讨论、分析,找出问题存在的真因,围绕真因结合生产区(线)实际情况,制定行之有效的改进措施,并明确负责人和时间节点,确保问题能够得到有效解决。

5. 完善管理制度

在开始实施推进方案前,各子公司必须要完善示范区(线)的管理制度、运行程序、控制程序、考核制度等,特别是对精益示范区(线)在运行过程中出现的各类异常情况,建立必要的信息反馈、快速响应、即时处置、防止再次发生的管理机制,形成完善的、有保障的运行体系。在完善管理制度时,结合公司内部实际情况,可以在原有的基础上进行修改、优化、完善,也可以新建一些管理制度和工作机制,确保精益示范区(线)正常运行。

6. 实施推进方案

在实施推进方案过程中,要充分运用精益思想、理念、工具、方法,按照制定的工作计划严格实施,在实施过程中,可以根据实际情况随时调整计划,确保推进计划和目标按时完成。在实施过程中,有以下11项必须要做的工作。

(1) 建立安东系统

在生产区(线)必须要建立安东系统,安东系统是核心的精益工具之一。安东系统为一种可视化的讯号系统,绿色代表进行中,红色代表停止状态,黄色代表注意。安东系统控制着分布在整个车间的指示灯和声音报警系统,每个工位都有控制开关,当出现问题时,可及时反映到主机,主机可以将异常信息及时、有效地传递出去,得到相应快速的响应和处置,减少影响因素,最大限度地缩短异常影响的时间,确保精益示范区(线)正常运行。

(2) 开展5S与目视化管理工作

5S是创建和保持整洁和高效工作场地的过程和方法,可以教育、启发和帮助员工养成良好的习惯和素养。目视化管理可以在瞬间识别正常和异常状态,又能快速、正确地传递信息。

在开展5S与目视化管理工作过程中,要定期开展红牌作战活动,将工位物品定期分类,不用的清理出去,有用的根据物品使用的频次整齐有序、定置摆放,同时做好物品标识。在日常管理过程中,一定要遵从"物有所定,定有所用,堆码有度,管理有序"四个原则,确保生产现场整洁有序。

(3) 全员生产维护(TPM)

全员生产维护(TPM)是以全员参与的方式,创建设计优良的设备系统,提高现有设备的可动率,实现安全性和高质量,防止故障发生,从而使企业达到降低成本和全面提高生产效率的目的。在开展TPM活动时,需要开展以下几点工作:

1) 根据每台设备或工装的实际,编制一份点检、润滑、清扫的基准,明确点检、润滑、清扫的频次和标准,由操作者对设备或工装开展日常点检、润滑、清扫、工装。

2) 根据编制的基础,每台设备或每套工装需要配备一张点检表,由操作者在点检、润滑、清扫后填写。

3) 生产车间和设备管理部门的管理人员要对操作者的日常工作开展情况进行定期评价,同时开展TPM小组活动。

（4）通过节拍写实，绘制工序推移图和员工山积图，优化生产节拍

在示范区（线）建设初期，应根据自身实际特点，合理布置工艺布局，实行单件流、小批量多频次等方式，应用精益工具设计生产节拍和物料配送方案，确定工位上的人员配备、作业工序、工装设备以及各类物品等要素，确保示范区（线）能够正常运行。

在示范区（线）运行一段时间后，要定期开展节拍写实工作，对生产区（线）内的所有员工的节拍作业情况进行写实，可以采用视频拍摄的方法进行写实，也可以以组织人员到生产现场对员工作业过程记录的方式完成。根据写实的各项数据，绘制工位每道工序的工序推移图和每名员工的员工山积图，运用该精益工具开展分析工作，通过去除无效劳动作业时间、均衡工位间的节拍作业时间、增加人员或设备等的方式优化节拍。

（5）应用防错措施

子公司要建立质量问题的统计、分析、归纳及防错改善一体化的管理机制，应用硬件技术与管理技术手段防错，保证产品质量取得明显效果。如在作业过程中采用自动停止、报警、标识等手段降低出错机会，采用防错工具、软件和改善管理固化等防错措施，从根本上减少质量问题的发生。

（6）优化作业标准，开展标准作业

子公司要以生产区（线）的每个工位为单位，建立工位作业指导书、作业要领书等标准作业文件，公司内的文件格式要统一，其内容要涵盖现场作业要素，易于员工理解和操作，标准作业文件必须在工位醒目位置进行目视化，便于员工在节拍作业过程中查阅、学习。同时要不断对标准作业文件进行优化，确保标准作业文件的先进性和指导性，以适应工位制节拍化生产需求。在对标准作业文件优化后，要组织员工针对优化变更点学习，同时开展专项工艺知识考试，员工须经考试合格方可上岗，确保员工熟悉掌握作业标准。在工位制节拍生产过程中，要组织工艺人员定期开展工艺纪律专项检查，确保员工能够按照标准作业文件执行标准作业。

（7）开展精益培训，不断提升全员精益理念

公司要重点针对示范区（线），制定培训计划，有针对性的定期开展精益理念、

思想、工具和方法的培训工作,逐步提高示范区(线)全体员工的精益理念和精益工具、方法的掌握及使用能力。为保证培训效果,子公司要在培训后针对培训内容开展考试工作,验证员工的掌握情况。

(8) 开展精益改善提案活动

精益改善提案活动是精益生产方式的精髓,是提升各项运营管理、降本增效、消除浪费的一种管理活动,各子公司要发动全体员工,开展好精益改善提案活动。在开展精益改善提案活动过程中,需要做好以下几点工作。

1) 要建立一套有效的、操作性强的改善提案评审标准和奖励制度。

2) 活动开展初期,要定期对全员开展精益改善提案的培训工作,不断提升员工精益改善提案理念以及自主改善能力。

3) 要突出精益改善提案的自主实施,充分发挥全体员工的积极性,自主提出、自主实施改善提案。

4) 有效地实施所采纳的改善提案,及时监督,即要有很好的执行力。

5) 要编制标准化格式的改善提案申报表格,便于员工填写和管理人员收集、统计。

6) 在活动开展初期,尽量较少地设置改善提案的范围、内容,无论提案的水平高低和所涉及问题的大小,只要对公司有利,涉及问题最小的提案都要在接纳、实施和奖励之列。

7) 要成立改善提案组织,引导员工发现现场的问题进行改善,对员工改善过程指导,同时收集员工改善提案表,按照改善提案评审标准对员工的提案评分。

8) 精益改善提案组织要定期评选出优秀改善提案、优秀改善个人以及优秀改善团队,召开精益改善提案现场发布会,宣传优秀改善提案,激励全体员工参与精益改善提案活动的热情和积极性。

(9) 建立管理表单四级管理机制,定期编制高频次问题对策书

子公司要建立完善的表单管理体系,包含工位表单、示范区(线)表单、生产车间表单和管理部门表单,四类表单间要形成相互联系、信息传递的机制,即形成"工位→示范区(线)→生产车间→管理部门"的四级表单管理机制,达到各类信息

传递通畅。生产车间和管理部门要根据各自收集、统计的表单，每月梳理出各自七大任务管理方面的高频次问题点，针对高频次问题，运用 PDCA 的四个步骤，先后做好现状调查、原因分析、确定要因、制定对策、组织实施、效果验证、形成标准化等一系列的改善工作，确保生产现场影响示范区（线）正常运转的因素逐步减少，提升示范区（线）的正常运行能力。

（10）完善工位物料清单（BOM），实现工位制节拍化配送

公司要组织工艺部门，针对示范区（线）每个工位的作业工序，重新梳理工位物料清单，形成完善的 BOM。物流配送部门根据每个工位的 BOM，结合每种物料形状、大小、材质等特性，制作相应的储运一体化工装，储运一体化工装装载物料的能力要以一个节拍的工位物料为标准。然后根据生产部门下发的生产计划，制定配送计划，按照生产区（线）生产节拍需求将工位物料配送至工位。

如果生产节拍较长或工位物料较多时，需要根据工位每道工序的作业先后顺序配送物料，确保工位不会堆积过多物料。对于一些消耗品或工艺无法给出物料定额且需求量较多的物料，可以在工位上建立线边货店，每种物品设置最大和最小的存储量，根据需求补充物料，确保物料供应，保证工位制节拍化生产正常开展。

（11）建立培训道场，加快人才育成

公司要建立员工技能培训道场，根据示范区（线）需求制定培训计划，定期开展员工技能理论、实做的培训和考试工作，逐步提升员工的技能水平。同时利用培训道场开展员工的第二工种或工序技能培训，培养员工成为多能工，为示范区（线）工位间的工序调整、节拍优化以及整条示范区（线）的柔性化生产提供有力保障。

7. 评价推广，持续改善

对方案评估、实施过程控制、实施效果量化评价等建立一套科学的评价体系，建立评价组织，制定评价流程，确定评价方法和评价基准，定期对示范区（线）推进进度、改善效果、目标达成结果进行考核评价。

(1) 要加强对示范区（线）实施过程的评价,加大督促力度,确保进度、效果、阶段目标达成。

(2) 要根据示范区（线）责任制,对各责任主体落实示范区（线）各项工作的绩效进行严格考核。

(3) 示范区（线）的成功经验要在本企业、本单位、同类型工序内率先复制、推广。

(4) 充分运用示范线的"拉动"效应。通过生产组织方式的变化→用生产现场平台暴露管理问题→拉动问题解决→实现由现场改善到管理变革。

五、精益示范区（线）建设的效果

精益示范区（线）建设的成果体现了中国中车工位制节拍化作业方式在质量、效率、效益指标提升上的明显效果。

某子公司钩缓检修精益示范线建设,产能提高了 41%,库存保有量下降 42%,一次交检合格率达 98% 以上,通过建设轮对压装精益示范区,单班日产由 12 台提升到 15 台,工序在制数量由 20 台下降到 12 台。

某子公司城轨事业部车体精益生产示范线的建设,使年产能由 500 节提高至 700 节。

某子公司曲轴制造精益示范线以提升成品曲轴产能、降低成本、提高质量为建设目标,成品曲轴由月产 60 支提高到 100 支,曲轴平均在制品数量降低 15%,曲轴一次交验合格率 100%,废品损失率控制在 0.1% 以内。

某子公司城轨总装精益示范线,扎实推进工位建设,生产效率提高 1 倍,单车落成返工同比降低了 61.8%。

某子公司电气电子精益示范区建设中,确立了提高产品质量、缩短生产周期、减少在制品数量的目标,产品平均生产周期由 12.2 天降到 7.5 天,人为质量问题数量较上年同期降低了 53.1%,在制品占用资金减少了 52%。

某子公司的推力杆精益示范线,与上年同期相比,在制品数量由 2 000 根减少为 200 根,生产周期由 337 小时减少为 10 小时,存货周转率由 10.54 次提高到 15.98 次,作业人员数量由 22 人减少为 11 人。

某子公司 CRH380 齿轮箱组装/试验精益生产示范线建设中,实现了一次交检合格率 100%、成本下降 16%、单班产量由 6 套提升到 12 套目标。

某子公司弹簧生产精益示范线,充分运用精益工具,日产量从 700 卷提高到 1 000 卷,生产效率提升 30%。班组人员配置由 12 人减少到 10 人,废品率由过去的 2.5% 降到 1%。

附录一:某子公司动车组精益生产示范线建设实例

2009 年末,在历经一年多试点线实施的基础上,结合精益生产五年规划,按照公司"总体策划、树立标杆、全员参与、分线推进"的总体思路,确定持续深化节拍化拉动式生产模式,建立并运行高速动车组生产的精益示范线,取得了良好效果。

一、示范线建设目标

1. 发动全员参与,建立拉动生产模式

通过促进全员参与,全面实施节拍化生产,构建拉动式生产管理模式。

2. 运用精益工具,掌握精益改善方法

实践运用精益生产的工具、方法,培养一批懂精益,做精益的管理人员、技术人员、一线操作人员。

3. 质量、效率、效益提升

产品质量水平不断提升,产品运营可靠性提高,生产能力达到 4 辆车/天,公司运营管理效益(财务管理指标)获得提升。

二、精益示范线建设的工具、方法和创新点

1. 以基本工具应用的常态化夯实公司基础管理

(1) 5S：坚持持续推进 5S 管理,每月进行 5S 点检、评价。

(2) TPM：开展 TPM 活动,转变观念,提升自主保全意识和能力,每月点检、通报。

(3) 目视化：生产现场全面推进目视化管理。

(4) 改善活动：每月度进行全员改善提案评奖活动。

2. 以关键工具的突破应用增强企业内涵式发展

(1) 在高速动车组生产线全面实施节拍化拉动式生产方式。

(2) 全面实施应用作业要领书,试点开展作业组合,标准化作业。

(3) 生产线应用物料配送看板,部分区域应用生产指示看板。

(4) 制定年度工作方案,全员参与,持续推进。

3. 以节拍化拉动式生产为主线,构建精益生产体系

围绕生产现场的节拍化拉动式生产,从生产技术准备到制造交付全过程,提升异常反馈速度,拉动各职能部门服务于现场的工作,形成相关的规则和机制,建立精益生产模式。

工艺：进行工序分割,工序写实,平衡工序能力,提出瓶颈工序改善方案等。

生产：编制下达节拍生产推移计划,分厂以总装为最终用户,编制三日节拍动态计划。

物流：实施准时化,分时段配送,减少物流配送搬运等浪费。

现场：实施物料三定、期量管理、目视化管理,提升作业效率,创造良好作业环境。

供应链：引导供应商开展精益生产,对供应商进行节拍化供货需求管理。

4. 运用表单管理增强员工的统计分析、发现问题能力

推广拓展精益标准化工位建设,标准化工位管理以表单管理为载体,通过管

理表单将班组运行标准落实到日常工作中,从安全、质量、生产、成本、人事、环境、保全等 7 个方面对班组的日常工作进行规范。

三、精益示范线建设主要工作

公司高速动车组生产线主要包括转向架制造、车体制造、动车组总组装 3 条分线。按照拉动式生产的模式,公司以三大分厂为主线、以生产、工艺、物流、供应链、现场管理等系统为支撑,全面系统打造高速动车组精益生产线。以客户需求确定动车组总装生产线节拍为 4 辆车/天,以总装生产需求拉动车体、转向架生产,总装分厂与转向架分厂、车体分厂间的生产需求信息由生产部通过生产推移计划及每日生产协调会传递。

1. 制度规范化

(1) 建立推进组织

成立以公司总经理牵头的精益生产领导小组,设立专职人员组成的精益生产办公室,明确具体职责,配置人员。各单位根据自身工作要求,成立了部门级组织机构,明确了各归口职责。为了全面实现由精益生产向精益管理的转变,搭建了以精益生产办公室为组织单位,包含工艺、质量、物流、采购、生产管理、现场管理等各系统的精益管理工作平台。精益生产办公室通过年度工作方案和计划的形式下达指标进行管理评价,其他职能部门根据职责分工和指标要求,系统地组织开展工艺管理、生产管理、质量管理、物流管理、设备管理、现场管理等管理链工作。

(2) 建立管理制度,保障精益生产推进成果

为保证精益生产工作的稳步推进,实现精益管理工作的日常化、标准化,公司在以节拍拉动式生产为核心的精益实践过程中逐步将精益管理的要求等融入公司管理制度,在管理体系上对精益管理的有效实施提供保障,编制下发《精益供应链建设规划方案》《节拍拉动式生产组织实施方案》《现场目视化实施标准》《TPM 自主保全评价标准》,修订《员工改善提案活动管理办法》《生产现场 5S 管理标准》《公司工位建设管理办法》和《工位管理考评标准》等规章制度。通过构建和完善

制度保障体系,明确职责,突出实施重点,提高精益生产工作的机制保障。

(3) 考核与评价相结合,并进行促进制度执行

每天反馈生产异常,每月生产部总体评价、公示,并对惯性的、重大的异常进行分析、提出对策并进行考核。

2. 布局合理化

(1) 动车组总组装生产线

按照精益生产模式,流水布局,分线作业,初步搭建示范线生产平台,暴露各环节的问题,逐步解决完善,优化现场布置,逐步完善提高物流配送机制,减少浪费,提高效率,实现 4 辆车/天的目标。

(2) 转向架轮对组装单件流生产线改善

由原集体作业生产方式改为单件流分工序作业生产方式,形成产品流。

(3) 车体端墙生产线优化布局

车体端墙生产线调整优化布局,由原单线生产,每天 32 人生产 2 辆车,调整为双线生产,每天 48 人生产 4 辆车。

3. 生产平准化

(1) 生产节拍设计

按照客户需求确定动车组总装生产线生产节拍,以总装生产需求拉动车体、转向架生产。各工序按照推移计划进行生产,并设置合理期量,保证节拍化拉动生产正常运转。前工序按照后工序需求进行拉动生产,减少工序间在制品。

(2) 准时化物料配送

明确生产线物料配送规则,实施储运一体化工装配送。

(3) 生产异常统计分析

按照公司生产部下发的异常问题管理规定,各生产线分别统计发生的异常问题及解决时间,由生产部每月进行汇总公示。

4. 作业标准化

(1) 作业要领书编制应用

作业要领书以关注作业动作为内容,规范现场作业流程,控制关键项点,减少

浪费,提高质量。作业要领书均由工位长和骨干员工编制,可执行性较好。

(2) 作业要领书验证修订

作业要领书用来规范员工动作,也可以作为新员工培训教材,目前已覆盖动车组生产线所有班组,共计 800 余份,同时不断优化,确保作业要领书的指导性和先进性。

5. **管理目视化**

(1) 生产现场 5S、"三定"管理

通过现场 5S,创造有利于工作的良好环境。物料进行"三定"管理,保持工序在制品数量可控。现场工具、工装目视化管理,责任到人,定期点检维护。

(2) TPM 管理

设备清扫、润滑点检标准在设备上目视化,并指定负责人进行日常维护、点检,班组长、设备管理员进行定期确认。

(3) 工位管理

工位管理板按照一定的逻辑进行布置,目视化工位管理内容,实施动态管理。充分暴露问题,进行改善,全面提高班组管理水平。

6. **运行高效化**

(1) 异常问题快速处理机制

建立生产现场异常问题立即反馈解决,建立快速、现场解决的异常问题处理流程。

(2) 数据统计与分析

每日统计班组异常问题、生产实际、不良发生,填写不良曲线图,晨会时针对前一天的不良进行宣讲贯彻,提高防止再发和质量意识。

四、示范线建设的体会

1. 全员参与、持续改善是关键;
2. 工艺系统的策划是根本;

3. 精益工具的应用是手段；

4. 工位管理是基础。

附录二：某公司简支梁生产线建设实例

2014年末，在历经六年不断探索和改善的基础上，遵循"消除浪费、缩短周期"的精益思想，追求"更好的质量、更快的响应速度、更大的柔性价值"，简支梁生产线由传统布局单元式生产区成长为工位制节拍化连续流生产线，且实现不同产品的柔性混线生产，为应对桥梁支座和系统产品的市场变化提供了强有力的支持。

一、项目概述

精益生产线建设不是独立、割裂的工作，它和企业经营活动紧密相关，通过生产制造流程的改善支持企业经营目标的完成。不同企业在不同阶段的诉求是不一样的，精益生产线建设工作也需要根据企业当前的需求明确自身的战略方向。

简支梁生产线建设的目标也不是一成不变，每个阶段都伴随着桥梁产品事业部经营形势的变化。2006—2008年，随着国家投入的加大，铁路市场的总体规模急剧扩大，需求猛增，桥梁产品事业部产能无法满足市场需求，2009—2010年事业部导入精益生产以及进行精益生产线的建设，目标都是落在生产效率提升上；2011年，随着国家政策的变化，铁路市场逐渐饱和，行业竞争白热化，销售价格大幅下降，成本控制压力巨大，这阶段事业部各项改善工作主要围绕成本控制，尤其是精益生产线建设；2013年，随着市场的进一步萎缩，桥梁支座制品的产能、设备和人员严重富余，公司站在全局战略角度，打破行业和市场的局限，引导事业部进行制造模块的整合，以实现制造资源的充分利用。从追求效率的提升，到实施班组成本管控，到实施混线生产追求柔性价值，每个阶段的建线目标都和当时公司和事业部的经营形式息息相关。

二、项目实施

1. 导入精益,实现连续流

事业部自 2006 年成立以来,先后完成了 ISO 9001 质量体系认证、CRCC 认证、CE 认证、国家一级安全质量标准化认证,同时伴随着 5S、TPM、质量、计划、物流、工艺、生产及班组管理的持续深入,基础的夯实为精益生产的导入创造了条件。

到 2009 年,桥梁产品事业部主要面临以下两方面的问题:经营需求方面,事业部从 2006 年 3 000 万元的规模到 2010 年预计完成 5 亿元销售,生产场地、人力资源都将成为发展的瓶颈,由于材料、产成品严重不配套,导致了 5 600 万元的库存,但发货计划及时率仅 39.69%,无法实现及时交付;现场问题方面,缺乏准时化的配套体系,生产节拍和物料供应均衡性差,加之工序相对独立,中间库存高达 270 万元,员工感性作业,工序间常出现物料"过剩"或"欠料",产生不必要的搬运、堆置、防护和找寻的浪费。

在导入精益思想之后,根据价值流分析找出的问题点,事业部分两期共成立 13 个精益改善项目解决具体问题,并于 2009 年年末实现了简支梁产品连续流生产组织模式。

在实现连续流生产线的基础上,事业部从多个方面进行了改善。

首先是生产布局方面。颠覆传统生产模式,实现了连续式流水作业,减少生产场地 1 400 平方米且消灭了中间库,工序、工位实现自动传输、定点传送,并按照精益生产的理念重新规划了物流路径,缩短了物料搬运距离。

其次是生产节拍方面。原生产组织模式工序之间联系不大,没有明确固定的生产节拍,改善后,明确了 144 秒的生产节拍,且工序平衡率更高,空手等待更少。

再次是物流配送方面。简支梁生产线成立物料配送班,明确配送职责、方案;明确物料配送路径、频次,使用专用物料配送工具;线边货店呈"一字"排列,紧靠生产区域,缩短搬运距离。

最后通过标准作业指导书，事业部将各项改善的成果固化下来，持续执行。通过不断的优化，简支梁生产线生产节拍由 144 秒缩短至 100 秒，效率由 50 颗/班提升至 200 颗/班，满足快速增长的市场需求。

2. 打造主导产品行业成本最低生产线

2011 年开始，铁路市场需求萎缩，市场竞争加剧，为提升产品竞争力，控制成本已刻不容缓。以打造主导产品行业成本最低生产线为最终目标，在简支梁生产线建设工作的基础上，推进班组成本管理。同时将精益思想推广到设计、采购、质量等各部门，动员全员参与成本节约活动。

设计部门研究了主要零部件，进行了结构和配方的优化，工艺部门针对镜面不锈钢板等自制半成品的工艺进行了优化改善，从源头极大地降低了原材料成本。采购部门改变以往单一钢板切割的采购模式，实施了铸、锻、钢板切割联合招标、集约式采购等一系列创新采购模式。

经过全体员工的共同努力，2012 年事业部主导产品（球型钢支座为例）较 2011 年成本下降 20.5%，提升了市场竞争力，支持了事业部经营目标的达成。

3. 实现混线生产

简支梁生产线持续优化的同时，也逐渐暴露出一系列的问题。由于外部经济环境影响，国内桥梁支座市场规模持续减小（从 38 亿元缩减至 18 亿元），产能和能源逐渐出现富余，人员闲置情况比较严重。与此同时，轨道交通制造形势回暖，产能扩充迫在眉睫。在公司的引导下，事业部对桥梁支座产品和系统制品混线生产进行了可行性分析，证实了混线生产可操作性。通过全流程价值流分析，确定混线生产从供应能力、员工融合、混线升级生产和交付周期缩短 4 个方面入手。

根据系统产品的需求，事业部保持支座产品生产布局不变的情况下，将系统杆件的组装区域融入了简支梁生产线，并实现了系统产品在简支梁生产线上的生产交付。在基本实现混线生产的基础上，制造和工艺部门进行工时测量，确定工位作业内容，实现平衡生产。改善后产线平衡率达到 90% 以上。

通过混线生产改善，系统产品产能由 7 900 万元提升至 1.5 亿元，设备利用率由 55％提升至 89％,节省资金投入 670 万元,体现了从整个公司的角度考虑产业的合理布局,实现产业布局的大精益。

三、项目总结

1. 在整个简支梁生产线的改善提升历程中,精益生产的基础工具无处不在。价值流分析帮助诊断现状发现问题,良好的 5S、TPM 和目视化基础是实现任何目标的前提和平台,标准作业让各项改善措施得到固化和持续执行,班组管理是生产线的基石,全员改善是生产线不断进步的动力。为此需要更加重视精益生产基础工具的推广和应用,用一个个的小改善去积累精益生产线更大的进度。

2. 不同生产线的情况不一样,每个时期生产线面临的问题也不一样,但无论哪种生产组织模式,节拍化拉动式生产都是一条优秀生产线的必要元素,并通过工序平衡分析,不断缩短周期,消除制造过程中的浪费,以期达成更短的交付周期,更快的市场响应速度和应变能力。

3. 通过精益生产线建设,向基层生产管理者和一线操作者灌输精益的理念,并提升员工发现问题、解决问题的能力,以促进全员改善活动的推进。

第三节　精益车间建设

精益车间建设是精益示范线(区)建设的拓展和深化,是精益改善从线到面的全面转化,也是打造精益制造的主要工作载体,是推进精益管理"三步走"中第一步"精益制造"的集中体现,稳固的制造流程和有序的生产现场以及规范的现场管理,是企业管理体系的基础和保证。本节主要介绍中国中车开展精益车间建设的实践和效果。阐述精益车间的定义及特点、精益车间建设的方法和主要内容、精益车间的评价方法和标准以及精益车间建设所取得的效果。

一、精益车间建设的含义

精益车间建设以提高中车企业基层车间（分厂、事业部、工段等，以下统称车间）管理水平为目的，以提升质量、效率、效益为重点，以深化精益思想、方法和工具应用为手段，以打造精益管理链、精益生产示范区（线）、精益班组（工位）为主要内容和载体，持续巩固精益现场，深化精益管理，打造精益工厂，为建设精益企业奠定坚实基础。

二、精益车间建设的特点

1. 以精益指标为导向

精益指标重点关注品质、效率、效益和安全，根据车间实际，建立相应的提升指标。精益指标既要保持其先进性，同时也要保证指标的可操作性和可测量性，便于统计分析，能衡量实际绩效，有利于车间提高管理水平。

2. 以精益管理链建设为核心

精益管理链建设以精益制度管理链、JIT（just in time，准时制生产方式）生产管理链、精益物流管理链、TPM管理链、5S现场（安全）管理链、成本管理链、质量管理链为主要内容，建立车间基层管理的精益模式，形成基础扎实、上下贯通、层次清晰、运行高效的精益管理体系，构筑一流的精益现场管理平台。

3. 以精益生产示范区（线）建设为重点

精益生产示范区（线）建设以制度规范化、布局合理化、生产平准化、作业标准化、管理目视化、运行高效化、改善持续化为主要内容，持续深化工具应用，优化管理流程，拓展建设范围，建立改善机制，形成精益车间建设重点突破。

4. 以精益班组（工位）建设为基础

精益班组（工位）建设以中车《工位制节拍化生产工作指南》《中国中车班组建设管理（暂行）办法》为依据，将车间管理"七大任务"分解落实到班组（工位），优班组（工位）的人、机、料、法、环、测等管理要素，打造标准化的班组（工位）管理单元，为精益车间建设夯实基础。

三、精益车间建设的工作步骤

在精益车间的建设过程中，要充分应用精益生产的思想、方法和工具，充分协调好企业内部各方面资源，按照精益车间建设的相关标准和要求，制定详细的精益车间推进方案和实施计划，带动全员共同按照实施计划有序开展精益车间的各项建设工作。具体的推进步骤与精益生产示范区（线）建设（上一节内容）步骤大体一致，于此不再赘述，仅详细说明一下指标管理。

公司首先要建立健全公司级指标管理体系，包括指标设置、指标分解、指标管控、指标评价和持续改善几个方面。

1. 指标设置

指标设置包括公司级指标、部门指标和车间指标。首先子公司要站在公司发展全局的角度设置好公司级指标，指标需要有可量化、可衡量的具体指标值。如公司的 2016 年度销售收入要达到 200 亿元等。

2. 指标分解

公司各部门根据公司级指标设置情况，结合各职能部门管理特点和实际，将公司级指标分解成能保证公司级指标完成的部门级指标，然后结合各生产车间的特点和管理要素，再将部门级指标分解成车间级指标，并在年初下发至各生产车间。

3. 指标管控

公司要编制指标考核评价管理制度，在制度中明确考评标准、考评项点、评分细则以及评价的频次，频次可以按照月度、季度和年度来设置，有计划地对指标完成情况进行日常管控。

4. 指标评价

公司要制定指标考评计划，并定期对指标完成情况进行考核评价，考评频次一般为月度、季度或年度。要有考评结果输出，考评结果内容包括各单位指标完成情况、存在的差距、对未完成指标单位的考核意见等几方面内容。

5. 持续提升

在指标评价后，公司要针对未完成的指标，通过开展原因分析，找出未完成的原因，制定改善对策和改善计划，并组织实施，确保指标在下一个考评周期按时完成。同时也要充分考虑指标设置的合理性，如某一指标长期无法完成，可结合实际情况，适当降低指标。

四、精益车间建设的效果

1. "指标管理"方面

某子公司台车二车间通过对各项指标进行分解，强化落实，实现管理指标化，单车成本由 17 073 元/辆降低至 14 947 元/辆。某子公司机车组装车间围绕公司下达的 15 项目标，建立了车间—各业务分管—班组三级目标评价体系，确保了年度目标的达成。

2. "管理链"方面

中国中车各子公司固化、优化了"七链"管理，充分运用精益工具，导入价值流分析，开展工位节拍化生产，优化了生产管理、物流管理，深化了制度管理、成本管理，强化了设备管理、现场管理、质量管理，完善了车间级管理链。某子公司机车总成车间推进精益物流，优化物流设计，实现仓配一体化整合，取消二级库房，设立线边货店，极大减少了中间转运距离，单台车物料搬运距离由 21 833 米缩短到 4 765 米，显著地提高了物流配送效率。某子公司柴油机分公司建立了以工位为单位的变更点、质量问题、防错改善一体化的管理机制，对变化后的要素采取相应对策措施，进一步强化了产品制造过程中的管控。某子公司组装车间优化工序能力、均衡节拍，实现 C80 铝合金车单班产能从 6 台提升到 8 台，整体效率提升 28%。某子公司运用计算机辅助装配系统、生产制造执行系统等信息化管理手段，围绕自动化生产线构建了准时化套餐式物流配送模式，产能提高 270%，在制品库存降低 67.5%。

3. 工位（班组）方面

中车各子公司全面推行了工位（班组）标准化建设，工位（班组）七大任务、六要素在现场得到了落地，工位目视化管理得到进一步强化。某子公司动车牵引变压器车间在整条生产线上开展标准工位建设，编制了标准作业指导卡片、异常信息记录、安全定置图与防范要点等管理表单，实现了工位管理的标准化。某子公司机车组装车间建立集成化的工位表单系统，成立现场表单管理支撑团队，对工位人员技能状态、生产统计、质量统计分析、安全定置、工艺、物流等形成管理规范。某子公司新造车间以工位制节拍化方法为载体通过作业工序流程分析、工位切分、工位六要素的固化，建立了工位生产、安全环境、保全、质量、成本、人事等管理标准。

附录：某公司总装车间精益车间建设案例

总装车间始建于2001年，它承担着整个地铁车辆的组装、静调、动调、出厂的整个生产与管理过程，它由内装厂房、淋雨厂房、静调厂房和动调线组成，厂房面积37 576平方米，车间现有员工700人，其中直接生产员工613人，管理人员69人，拥有集团公司技能拔尖人才3人、高级制造师7人、制造师8人；拥有A、B、C、D等各类设备134台。车间建有完善的两条城轨车辆组装精益生产线，其中A23精益示范线在2011年中国中车精益示范线评审中获得了二星级示范线荣誉，按目前的每条线日产两辆车的产能，具有年产1 000多辆城轨车辆的生产能力。

一、成立组织

成立车间领导担任组长，包含车间七大任务职能人员的推进组织。同时精益办及七大任务职能部室相关人员作为指导和资源协调，积极参与精益车间的创建过程。

1. 车间领导班子每月召开推进会议,讨论车间精益推进情况,制定相应的改善措施和方案。

2. 车间分管精益领导每周组织召开精益专题会议,针对示范线、工位建设、管理情况进行对比剖析,并制定相应的改善方案,要求工区、工位落实。

3. 车间成立精益工位绩效评价领导组,每周由副主任、工会主席带队,对各工区七大任务落实管理情况进行点检、评价,并进行公正评比,奖优罚劣。

二、制定计划

根据车间的实际情况对应精益示范线创建标准,制定出车间的创建目标。通过对职能计划的分解,逐步实现各项工作压力传递。为进一步提升车间精益管理水平,创建精益车间,广泛传达和学习中车精益车间评价标准和相关通知,车间召开动员大会,组织车间管理人员学习、发动,各工区长在工区内部召开工区大会广泛宣传和动员,对于评价标准和相关要求一一做好布置,营造了良好的精益车间建设氛围。

三、对标诊断

为全面建设精益车间,车间围绕集团公司精益车间建设标准、指标等开展对标活动,结合示范线"七化22条"及公司"三大纪律、八项注意"、标准工位评价标准开展自我评估和诊断,查找的关键瓶颈、主要问题如下:

1. 现场管理维持、提升力度不够;
2. 工位工具管控不到位,成本较大;
3. 员工作业不规范现象仍然存在;
4. 物料配送准时率、齐套率较低;
5. 生产线节拍有待进一步缩短;
6. 员工技能水平有待进一步提升。

通过对问题的梳理,车间特制定具体措施:

1. 工位现场绩效考评的完善、落实;

2. 工具的工位制、目视管理;

3. 工位交接制度的深化;

4. 作业要领书的编制和口诀化;

5. 储运一体化的完善及配送节点的制定;

6. 强化员工山积图、工序推移图的应用;

7. 员工技能培训及季度考试。

四、重点推进事项

1. 车间实施封闭式管理

总装车间封闭式管理的实施有效强化了对车间员工的管理,强化了生产节拍的管控,大大减少了员工作业期间随意离开厂房以及迟到、早退的现象,员工的自觉性、自律意识等综合素质随之提升,降低了内部管理难度,提升了车间整体素质和形象。

2. 完善和落实工位现场绩效考核办法

为加强工位管理与监督,提高基础管理效率,充分调动工位在现场管理工作中的主动性和积极性,强化岗位的责任意识和成果意识,完善生产现场各方面的管理,修订了上年度制定的工位现场绩效考核管理办法,车间各业务组进行协管,工区的绩效得分与业务组绩效挂钩,实施以奖励为主的激励政策,大大调动了工区、工位员工及管理人员的积极性,办法实施后,各工区、工位积极响应,工位的交接管理、一作业一清扫、现场定置等都得到了长足的进步。

3. 工具的工位制管理

车间根据每个工位的生产工序和人员配置情况制定了工位工具使用台账,并给每个工位配备了工具箱。每个工位设立专职的工具管理员,给工具摆放制定标准,实现了工具的工位制目视化统一管理。这一举措大大降低了以前人手一套工具造成的费用浪费和工具闲置,消除了员工丢失工具隐瞒不报、四处借用、账目不清等现象。据统计,2011年一季度车间产生工具费用23万元,2012年一季度车间工具费用3.7万元,同比降低了84%,降低成本措施成效显著。

4. 工位交接制度的深化

将工位的每个交接点划分给相应的作业人员进行交接,消除了工位长一人交接带来的交接不全、检查漏点、漏项的隐患。全员参与交接也大大缩短了交接的时间,释放了工位长的时间,也保证了每个交接点得到有效管控,保证了交接质量和产品质量,进一步降低了231交车零活。

5. 全面打造全车间的节拍化生产

为进一步提高车间生产力水平,满足车间生产任务需求,也为打造标准精益示范线,车间组织实施组、工艺人员利用员工山积图、工序推移图对现场进行写实节拍优化。从而实现全车间的节拍化生产,使车间整个的生产过程实现标准化、节拍化和可控化。

6. 员工技能培训及季度考试

为进一步提升车间员工的技能及技管人员的业务水平,车间年初就制定了年度培训计划,从管理、技术、实作等方面定期开展培训。此外,车间对员工开展季度考试,对员工技能进行考评,对于考试好的员工给予奖励,对考试差的员工进行下岗培训、再考试、再上岗,以此提升整个车间员工的技能水平。

五、精益车间建设过程

1. 精益管理链建设——精益制度

车间围绕精益管理链建设进一步完善了车间推进组织结构。建立考评组,增加考评职能,完善考评机制。强化管理人员对生产一线的支撑,强调管理人员服务一线的职责,从而形成各业务组与工区间的对接、帮扶机制,绩效相互挂钩。最终形成车间层层对接、帮扶的内部管理结构。制度是保证一个车间正常运转的基石,其重要性不言而喻,车间不断在管理制度上下功夫,围绕着精益车间的建设,结合七大任务管理制度,开展精益推进工作,完善的精益管理制度保证了车间各项管理、任务的顺利运行。

2. 精益管理链建设——5S

总装车间在精益管理链的 5S 管理中,主要围绕工位管理板的使用、工位安全定置图、工位安全点检表、工具的定置管理、考评组的现场点检开展 5S 的管理工作。主要围绕车间安全责任制的建立,工位危险源的识别、管控、日常安全点检,工位安全喊话等开展安全管理工作。

3. 精益管理链建设——JIT 生产

总装车间在精益管理链的 JIT 生产管理中,以生产计划执行生产任务,异常时使用安东系统以异常处置管理办法及相关流程进行异常拉动和处理,各部门现场支撑,从而保证各条流水线的准时化生产。

4. 精益管理链建设——品质管理

总装车间在品质管理上主要以技术作业要领的编制、培训,员工标准作业,工艺纪律检查及质量表单的管理、质量三检和质量六要素管理等展开,此外车间的工位交接制度的实施和深化,进一步加强了内部质量的管控,保证了产品的质量。

5. 精益示范线建设——建立流水线

总装车间在工艺部门的支持、配合下,建立了多条精益流水线,主要以 A12、A22、A13、A23 这 4 条流水线的建设、使用为主,这 4 条流水线的建立能够保证车间一天生产 4 辆地铁车辆的能力。

6. 精益示范线建设——确定节拍

总装车间对各个项目的生产线进行写实,利用工序推移图、员工山积图等精益工具对写实数据进行分析,以工序调整、人员调配、工序拆分等方式对节拍进行完善,从而确定了 4 小时/节拍。

7. 工位建设——定置管理

总装车间工位定置管理中,主要围绕工位安全定置图和现场的"三定"展开。工位划分责任区域,区域内每个定置点设定管理责任人。强化了工位全员参与工位管理,使得工位现场环境得到保持。

8. 精益示范线建设——标准作业

为强化工位员工的标准作业，车间组织工艺、工位长对每个项目进行了作业要领书的编制，在现场进行了目视化并进行培训。同时车间加强了日常工艺纪律检查，加强对作业要领书执行情况的点检，通过点检、分析、改善的 PDCA 模式，使车间标准作业水平上了一个大台阶。

9. 工位建设——管理板、表单管理

管理板、管理表单的使用和管理是公司推进精益工作的一大重要工具，总装车间的工位建设主要围绕管理板的维护和使用进行管理，工位管理板使用的标准 15 张表单，涉及工位的七大任务、六要素的规范管理，工位七大任务的状态在管理板上目视化，一目了然。

10. 建设目标达成结果

精益车间建设以来，车间推行节拍生产，利用工序推移图、员工山积图对工位作业进行分析、调整、平衡，最终对生产线的整体节拍进行了压缩，由之前的 12 小时/节拍缩短到 7 小时/节拍，到现在的 4 小时/节拍，保障了公司各项目的顺利交付。

第三篇
精益管理篇

◇ 第四章　6621运营管理平台：构建系统协同管理模式
◇ 第五章　模拟线建设：制造与管理的桥梁
◇ 第六章　六大管理平台：构建标准管理基石
◇ 第七章　六大管理线：确保流程简洁高效

第二篇

精益資本論

第四章　6621运营管理平台：构建系统协同管理模式

6621运营管理平台，是中国中车依据"战略引领、面向全球、业务主导、管理支持"方针的重要实践，是构建全面系统、高效规范、可移植、可复制的管理体系的主要体现方式，也是实现精益管理的主要标志。6621运营管理平台是一个开放式、包容性平台，可根据各企业的实际情况和不同时期的管理重点，调整其构成。6621运营管理平台，是基于精益管理的要求，结合企业现有的专业管理体系建设而成，通过对现有分散、相互割裂的职能管理做系统集成和改善提升，实现管理协同和整体高效。本章主要介绍6621运营管理平台的概念及构成，运营管理平台建设的目标和内容、方法和步骤。

第一节　6621运营管理平台的概念及构成

一、6621运营管理平台的概念及内涵

1. 概念

中国中车"6621运营管理平台"就是围绕服务用户的宗旨，抓住企业与用户最紧密贴近的系统，将管理流直接指向产品增值的制造环节，通过管理流程持续优化，管理方法的标准化，实现运营流程的高品质、高效率、高效益。

2. 内涵

构建6621运营管理平台,要注意把握"同心、同步、工位、节拍"的内涵。同心化作战,即所有管理工作的开展,都要以满足客户需求为目标,以生产现场的工位制节拍化生产线为核心;同步化运作,就是要强调各个管理部门在项目开展过程中,各项管理准备工作必须同步,以保证生产线的正常运行;工位制管理,即不仅生产线要以工位为基础,实行工位制管理,各管理条线也要梳理和优化流程,实现管理的工位化,进而实现管理标准化;节拍化生产,即工位制节拍化流水生产线的核心,这也是整个生产运营管理系统的核心和目标,我们的一切工作都要围绕实现节拍生产来进行,不断提高节拍兑现率,实现平稳有序生产。

二、6621运营管理平台的构成及相互关系

1. 构成

"6621"是指6个管理平台、6条管理线、2条模拟线和1条工位制节拍化流水生产线。

管理平台:是把以组织职责分工管理中相对独立实施的管理要素,按照管理属性进行跨部门整合,形成管理属性关联归结、管理要素清晰完整、管理实施流程支撑的专业管理平台。

管理线:是按照管理实施流程顺序,把确定的管理要素建立管理工位,明确输入、输出标准和量化的管理工位节拍,保证管理任务优质高效运转的流水线。

6个管理平台是指市场管理平台、人力资源管理平台、资产管理平台、安全环境管理平台、售后管理平台和信息管理平台,是模拟线建设和工位制节拍化流水生产线的运行基础,侧重资源整合管理,体现资源支撑性。

6条管理线是指设计开发、工艺管理、计划控制、采购物流、质量管理和成本管理线。其中,设计开发、工艺管理、计划控制、采购物流是4条主线,有明确的输出产品,成本管理、质量管理是两条贯穿全过程的管理控制辅线。6条管理线是主要的管理流程,侧重流程标准化管理,体现流程高效性。

2条模拟线就是模拟生产线和模拟配送线。模拟生产线作为工艺管理线的输出。通过对生产工位现场七大任务和作业管理(节拍时间、作业内容顺序、标准在制品)进行模拟仿真,形成制造管理的文件和标准。模拟配送线是生产工位所需要的物料打包采购及配送的管控标准。2条模拟线是连接流水生产线和所有专业管理的纽带和桥梁,侧重策划、准备管理,体现准备完整性。

1条生产线是工位制节拍化流水生产线,实现制造过程的高品质、高效率和高效益。它是整个运营管理平台的核心,侧重节拍管理,体现实施的可控性。

2. 相互关系

如图4-1所示,在整个6621运营管理平台中,1条工位制节拍化流水生产线是核心,是"662"的管理指向和对象,通过建设和打造一条高效的产品生产线,对外能及时满足客户的需求,对内实现企业的经营目标,而其基础和核心是工位建设和节拍管控;2条模拟线是连接现场工位制节拍化流水生产线和所有专业管理的纽带和桥梁,目的是根据用户的需求,确定产品和产品的生产方式、实现路径、资源保障和管控要求,提前做好各项生产准备和管理准备,缩短开工前的准备时间,提前发现和消除异常,以最快的速度实现节拍化的批量生产,满足客户交付和质量要求,同时满足企业对成本管控的要求;6个支撑性管理平台,即市场管理、人力资源管理、资产管理、安全环境管理、售后管理和信息管理,其中,市场管理和售后管理是连接企业和客户的平台,同时与资产管理、人力资源管理、安全环境管理和信息管理,作为支撑和保障的资源,共同支撑着企业的生产现场,这6个管理平台是工位制节拍化流水生产线的运行基础,这6个管理平台的水平高低,直接决定着现场生产流水线的运行水平,即制造平台的水平;6条管理线,即设计开发、工艺管理、计划控制、采购物流、质量管理和成本管理,是6个主要管理流程,其中,设计开发、工艺管理和计划控制管理线通过模拟生产线,输出生产流水线的节拍、工位、作业标准、资源配备、质量和成本管理控制等管理要求,工艺管理、计划控制和采购物流通过模拟配送线,输出满足生产线运行的物料保障方案和现场物流控制方案。质量管理和成本管理线,则贯穿于整个系统,从市场开发到售后服务,其管理要求和作用发挥,体现在其他所有的管理流程和平台系统中,也体现在整个工位制节拍化流水生产线及每个工位的管理要求中。

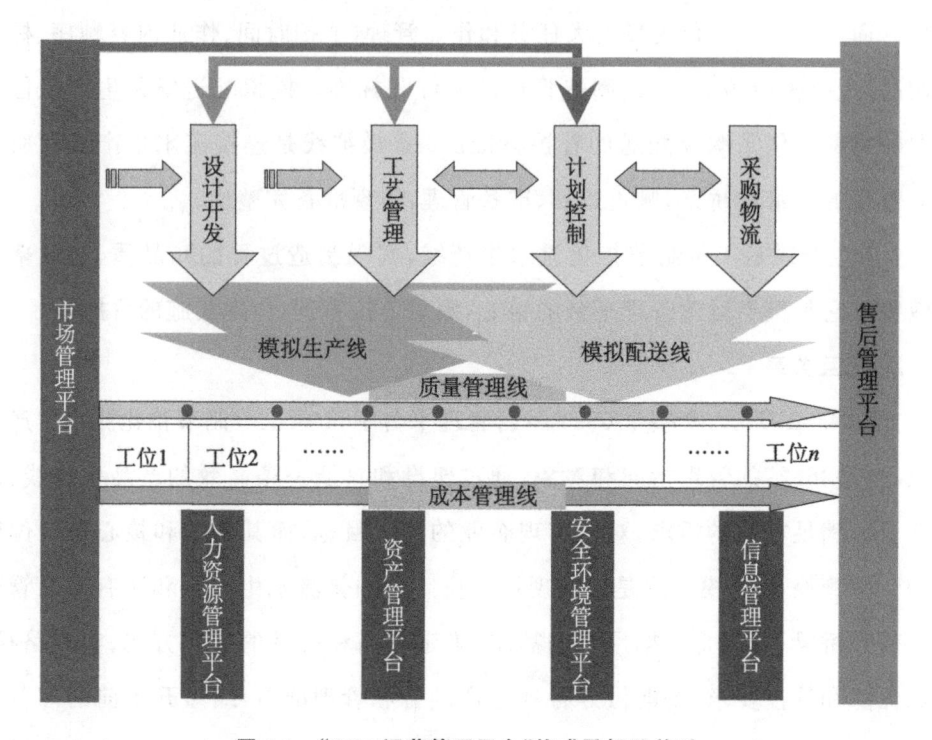

图 4-1 "6621运营管理平台"构成及相互关系

3. 6621运营管理平台的特征

从6621运营管理平台的构成及主要内容可以看出,其具有以下基本特征。

(1) 统领性。运营管理平台是涉及企业运营管理的综合系统,其内容涵盖了与企业生产运营相关的所有专业管理,并有机集合成一个整体,因此,这一平台对企业整个运营管理具有统领作用。

(2) 专业性。平台中的两个6,包括了与企业生产运营关联紧密的12项专业管理,每一项专业管理都有其自身专业管理的特点和要求,是各项专业管理的深化和提升。

(3) 协同性。各管理线和管理平台之间接口要清晰明确,相互协同,关联有序,并能将现有管理平台和第三方管理平台兼容。

(4) 指向性。各管理线和管理平台都有明确的工作指向,即对外指向客户,对内指向工位。

(5)针对性。运营管理平台以项目为载体,以项目管理为主线开展工作。

(6)支撑性。为满足客户需求和保证生产线工位运行提供支撑。

(7)完整性。各管理平台和管理线所包含的要素必须齐全完整。

(8)规范性。各管理要素必须有明确的规范和标准,并加以固化。

(9)共享性。运用信息化手段,实现资源共享。

(10)持续性。6621运营管理平台建设必须不断创新优化,进行持续改善。

第二节　6621运营管理平台的目标和内容

一、建设目标

1. 总体目标

紧紧围绕企业发展战略,以项目为载体,建立流程驱动、高效协同、要素受控、制度保障、节拍准时的运营管理系统,最大限度地为企业创造价值,实现企业快速、健康发展。

流程驱动,就是要建立从市场营销到售后服务的管理主线,拉动各条管理线的输出指向,服务于生产实物流。各管理平台、管理线围绕项目主流程,打破"部门墙"和原有分工局限,进行流程的优化再造,实现流程的高效和准时。在职能部门内部、各职能部门和生产工位的整体运营流程之间相互协同,流程的输入、输出内容规范和标准化,实现流程驱动下的"同步化、同心化、准时化"。

高效协同,各管理平台、管理线围绕以流程为核心的价值链,构筑协同平台,职能部门为生产工位提供更高效、更优质的服务。模拟线建设要提高文件输出质量和推演结果的准确性,同时应用信息系统对生产线运营实时管控,保证生产现场运行有序。以管理要素标准为依据,对现场工位出现的问题,由职能部门协同生产单位开展多种形式的课题攻关,加快现场问题和异常的处置速度。

要素受控,标准工位各项管理要素的标准化,以及与现场工位对接、提供支撑,必须持续提升各项管理对生产线工位的满足程度。在职能管理层面,要以管理制度、管理标准、工作标准等为基准,对管理线、管理平台的输出质量进行管控。在生产线工位层面,要按制度要求对六要素在工位的运行情况进行管控,快速、准确地解决生产线异常。

制度保障,建立覆盖各管理平台、管理线的制度体系,通过要素诊断,对影响生产线运行的主要问题进行梳理,系统优化管理文件。同时建立起职能部门与生产现场工位之间快速、有效的双向信息通道,对生产线运行进行动态管理。

节拍准时,管理平台、管理线要按照流程节点兑现输出,生产线工位要按节拍化要求运行。生产线的物流配送、员工作业等都要准时化、节拍化。

2. 具体目标

6621运营管理平台是一个相互联系的有机系统。在打造6621运营管理平台时就要从总体把握,围绕总体建设目标开展工作。但其每个构成部分又各有特点,因此,在工作中我们应根据不同部分的各自特点,确立各自的具体工作目标。

(1) 6个管理平台建设目标

6个管理平台是基本属性相同的各管理要素或资源的集合,具有相对的稳定性,不会随着产品或项目的变化而产生较大的变化,可以承载不同产品或项目的运行。因此,我们需关注的是平台的宽度和稳固性。其具体的建设目标可列为以下3点。

拓宽平台:把全部管理属性基本相同的管理要素和资源整合到同一管理平台,确保要素完整,以保证其支撑的完整性。

筑高平台:每个管理要素或资源都应该有明确的管理要求,并需要通过制度或流程加以明确或保证,从而提高管理基础水平,使整个运营系统在更高的平台上运行,从而提高运营水平。

高度协同:6个管理平台间应高度协同,实现同步提升,以防止出现平台短板,造成资源浪费,影响整体效率。

(2) 6条管理线建设目标

6条管理线以流程为主,由多个任务要素连接而成,其任务要素相对固定,但其工作内容随产品或项目不同而不同,每个产品或项目的运行都需经过一个完整的流程。因此,其具体建设目标可总结为以下3点。

流程优化:将每条管理线流程进行充分的识别,列出达成流程目的的所有任务要素,并对其进行优化,缩短流程长度,提高流程效率。

流程工位化:将整个管理流程按其工作属性,切分成若干个管理段落,构成相应的管理工位,使整个管理流程成为由若干管理工位组成的管理流水线,按流水线的运行要求管控管理流程,提高管理线的速度和可控性。

工位标准化:明确每个管理工位的输入、输出,工作内容以及时间节拍,对输入、输出的内容及格式进行标准化。通过管理工位的标准化作业提高整个流程的管理效率和管理质量。从而形成高效运转的管理流水线。

(3) 2条模拟线建设目标

模拟生产线和模拟配送线,是连接6条管理线、6个管理平台与现场生产线的纽带和桥梁。主要是将各管理线和管理平台的具体要求,在实物生产前完整、准确地输送到生产现场,提前做好管理准备,以满足现场生产和管理的需要。因此,其具体建设目标为以下4条。

管理要素齐全:模拟线输出的各工位管理要素必须涵盖工位运行和管理所需的全部要素,包括支撑工位运行的资源配备,如人、机、料、法、环、测等六要素,也包括保证工位运行的各项管理规范,如七大任务的相关要求。

管理要求规范:模拟线输出给工位的各项管理要求必须规范,有明确的标准和要求,便于工位的执行和落实。

准备周期缩短:要通过模拟线建设,大大缩短从项目启动到正式量产的时间。

生产异常减少:在模拟线建设阶段,及早暴露和发现准备过程中出现的各种问题,并及时采取相应措施予以解决,使产品投入实物生产过程中出现的各种异常大大减少,一方面缩短试制周期,另一方面可以保证在进入量产阶段能平稳、均衡、高效地组织生产,提高生产节拍兑现率。

(4) 工位制节拍化流水生产线建设的具体目标

工位达标:构成生产线的每个工位都必须符合中国中车标准工位建设的要

求,全面落实七大任务,有效管控六要素。

过程可控:生产线的运行得到有效控制,生产异常能及时发现并得到快速、有效的解决,保证生产平衡有序。

节拍准时:整个生产线能按预定的节拍运行。

二、建设内容

(一) 6个管理平台的主要建设内容

1. 市场管理平台:贯穿于项目执行的全过程,负责市场开拓,对项目关键里程碑进行管控,拉动各条管理线、管理平台项目执行进度,对客户需求的信息进行管理,实时跟踪客户的动态需求,整合相关信息和资源,及时为设计管理线提供客户需求,同时配合成本管理线对项目成本进行过程对标管理。能清楚了解掌握各工位的资源状况和满足客户需求的能力,同时,能根据客户提出的个性需求,及时向设计、工艺反馈相关信息以及可能涉及的相关工位的变化要求,从而保证各工位及生产线能快速满足产品变化的要求。

2. 人力资源管理平台:人力资源管理平台的目标是保证各管理工位和生产工位有适量的、合格的人去完成市场项目。根据各企业战略发展规划,对各条管理线、管理平台的人力短板开展有针对性的资源储备、人才培训;结合年度生产计划,对生产现场人力资源、技能短板开展统筹规划和调配,开展提升培训;确定工位劳动定额,为工位切分、工位能力平衡及劳动负荷平衡提供科学合理的依据。

3. 资产管理平台:资产管理平台以生产工位为载体,为项目执行提供厂房、设备、工装、工卡、量具等方面的支撑,要充分识别各工位所需的全部资产,并明确各类资产的管控要求,由事后管理向自主保全、全面预防管理转变。

4. 安全环境管理平台:安全环境管理平台以生产工位为载体,建立工位作业安全、职业健康安全等隐患点预防、识别、改善、管控平台,构建现场管理、5S管理平台,为生产线的顺利运行提供支撑。同时,对生产条件满足工位生产要求进行识别和管控。加强工位环境管理,及时清运各种废弃物,对污染源进行控制。

5. 售后管理平台：售后管理平台与市场、设计、工艺、生产、质量、成本对接，高效解决客户端出现的问题，建立与企业内部协调的售后问题标准化处理流程，最终目标是为客户提供预防性技术服务。根据产品在使用过程中发生的问题，能及时向设计、工艺反馈相关信息，并能将问题信息直接落实到工位，便于对应工位加强整改和管控。

6. 信息管理平台：与6条管理线、其他5个管理平台和生产流水线进行对接，提供信息技术支持，固化管理流程，提高运营管理效率。

（二）6条管理线主要建设内容

1. 设计开发管理线：输出与生产工位对应的设计图纸、设计BOM；建立产品技术平台，在项目前端支撑市场进行投标和合同谈判，对客户个性化需求快速转化提供支持；在后端及时向工艺、采购、质量、成本等提供技术输出，在生产现场进行密切的技术跟踪验证和服务。同时，要对新产品开发和订单设计流程进行优化，缩短产品开发周期，降低开发成本。加强产品的通用化、模块化、标准化设计，提高产品的可制造性和互换性，为生产的便捷、快速生产创造条件。

2. 工艺管理线：起到承上启下的作用，在前端与设计并行开展工艺策划，对设计输出进行同步审查及可制造性的验证；在后端，与采购、质量、成本、生产进行对接及时提供输出。输出支撑工位制节拍化生产的各项标准，如工艺布局、工艺装备、工艺流程、工序分割、物料分割等。提供工位运行所需的法要素文件。提高装备水平，实现少人化和质量防呆，输出模拟生产线。

3. 计划控制管理线：计划控制管理线不仅是针对产品制造流水线，还是贯穿合同投标签订到产品最终交付全过程的计划管控。编制产品交付计划、工位作业计划等不同层次的控制计划，为确定工位节拍、制定物料需求计划及控制工位运行等提供依据。通过对工位运行的日常监控，拉动异常的及时、快速处置。

4. 采购物流管理线：根据设计开发、工艺管理、计划控制、质量管理线的输出，进行采购、物流策划与管理，围绕"料"的主线，贯通从供应商到生产工位之间的管理流程，确保生产流水线按节拍运行，输出模拟配送线。

5. 质量管理线：贯穿项目执行全过程，分别与设计开发、工艺管理、计划控制、采购物流、成本管理线及相关管理平台进行对接，开展从供应商到生产工位全过程的质量管控策划、质量超前验证、质量过程管理和质量异常拉动及处置。引导员工增强质量意识，如质量要素参与分配。

6. 成本管理线：贯穿项目全过程，对项目成本进行管控，主要与其他管理线进行对接，识别项目在各阶段的标准成本构成要素，开展成本对标管控和异常拉动，确保项目目标收益。成本管控到工位，库存管理到工位，并处理好战略库存与库存浪费的关系。

模拟线建设和工位制节拍化生产线建设的内容，在相关章节中已有详细阐述，本章不再说明。

第三节　6621运营管理平台的方法和步骤

6621运营管理平台的建设，要把握管理主线和管理平台不同的特点、建设目的和内容，采取不同的方法和步骤。由于模拟线建设和工位制节拍化生产线建设的方法和步骤前面已有叙述，这里主要介绍6个管理平台和6条管理线的建设方法和工作步骤。

一、建设思路和方法

（一）6个管理平台建设思路

6个管理平台主要是相关资源和管理要素的集合，因此，在建设过程中，主要应关注以下几个方面：要素完整、要素明确、要素标准、要素接口和要素分工。

要素完整，就是指各管理平台围绕工位进行要素识别，其涵盖的要素必须能充分满足工位正常运行的需要，包括人、机、料、法、环、测六要素和相关的管理要素，如果要素识别和准备不完整，必定会影响到工位的正常运行。

要素明确，就是指对识别的满足工位运行的所有要素，都必须有明确的定义，有具体的指向，避免要素间的混淆造成的管理重复和管理漏洞。

要素标准，是指对每一项要素都应制定并明确相应的管理标准，便于工位实施管控。如对资源类的要素有明确的管理要求，应该达到或维持所需的状态或水平等，对管理要素则有明确的工作要求，尽可能地达成各项管理目标。

要素接口，主要是解决各要素间的相互关系，使各种要素能有机地结合起来，达到最佳的组合，从而最大限度地发挥要素的功能和作用。

要素分工，就是要明确各类要素应该由谁来负责管理，其相应的权利和责任要明确，避免多头管理、重复执法和互相推诿、管理缺位的现象，影响管理效率的提升。

（二）6条管理线建设思路

6条管理线均是以流程为主，对6条管理线的建设应围绕提高流程效率，保证流程高效运转而展开。重点关注：把控管理流程、切分管理工位、关注管理接口、建立管理标准和控制管理节拍。

把控管理流程，要对影响流程运行的所有任务要素进行充分识别，并按各任务间的逻辑关系，明确各任务要素（流程节点）的位置，根据流程目的，合理识别各任务要素的必要性和相互关系，对流程进行再造，以达到最佳的流程效果。

切分管理工位，就是把管理流程当作管理流水线，按其管理属性将构成流程的若干节点切分并组成若干管理工位，确定每个管理工位的管理任务和工作要求。通过工位化管理和强制节拍控制，提高流程效率。

关注管理接口，一是要关注管理流水线上各管理工位间的相互关系，明确上下工位间的接口关系，输入、输出内容和标准，解决管理孤岛问题；二是要关注不同管理流程间的相互协调，明确流程间的接口关系，实现多个流程间的高度协同，解决"部门墙"问题。

建立管理标准，就是要建立每个管理工位的工作标准，使每个管理工位都能规范运作，明确输入输出标准，实现管理工作的规范化、标准化。

控制管理节拍,就是要明确每个管理工位的工作时间,严格控制管理节拍,确保流程效率。具体思路可用图 4-2 表示。

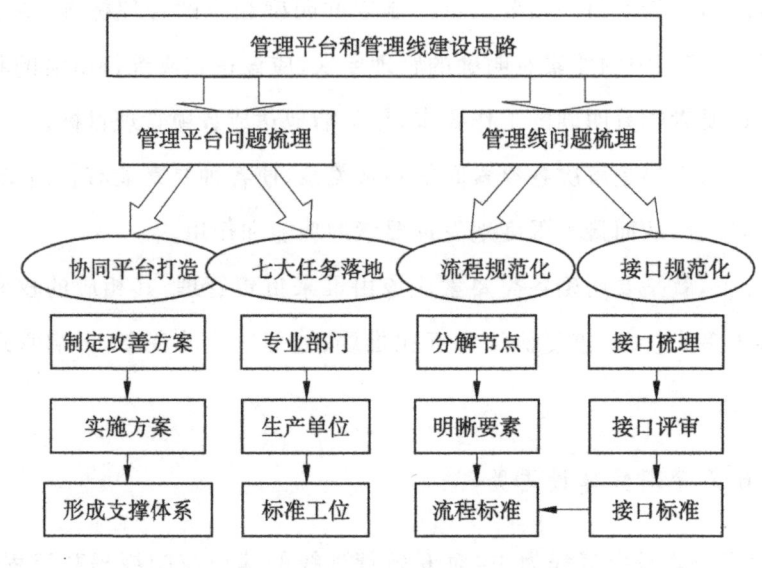

```
                    管理平台和管理线建设思路
                   ↙                      ↘
          管理平台问题梳理              管理线问题梳理
          ↙          ↘                ↙           ↘
      协同平台打造  七大任务落地    流程规范化    接口规范化
          ↓           ↓              ↓            ↓
       制定改善方案   专业部门        分解节点      接口梳理
          ↓           ↓              ↓            ↓
       实施方案      生产单位        明晰要素      接口评审
          ↓           ↓              ↓            ↓
       形成支撑体系  标准工位        流程标准 ←   接口标准
```

图 4-2 管理平台和管理线建设思路图

二、建设工作步骤

6621 运营管理平台建设是一项复杂的系统工程,涉及部门多,时间跨度长,工作环节错综复杂。因此,推进此项工作必须系统策划,统筹安排,并且成立相应的组织,建立必要的工作机制。整个建设工作可分为以下 6 个步骤。

(一)成立组织,建立机制

1. 公司应成立以主要领导挂帅的建设领导小组,成员包括相关的公司级分管领导和部门主要负责人。其主要职责是:负责公司推行 6621 运营管理平台建设工作的规划、决策、组织和领导工作。

2. 设立 6621 运营管理平台建设推进工作组

领导组下设 6621 运营管理平台建设推进工作组,工作组可以设立在职能管理部门,也可设在总经理办公室。作为 6621 运营管理平台建设推进的常设机构,其工作机制主要采用工作计划、工作例会、工作动态、工作检查、工作督办相结合的机制和方法来开展工作,具体职责如下。

(1) 负责制定公司6621运营管理平台建设管理制度,对管理平台建设实施过程进行督促、检查和考核;

(2) 根据公司精益生产规划和总体推进方案,提出年度平台建设工作计划并组织实施;

(3) 负责指导各部门的平台建设推行工作,加强各单位在精益改善方面的沟通与合作,形成联动机制;

(4) 负责涉及平台建设重大改善项目实施过程中的协调工作;

(5) 负责会同人力资源部组织公司层次的管理平台建设培训,指导各部门、各生产单位开展全员精益管理类的培训;

(6) 负责与上级主管部门和咨询公司的沟通、协调。

3. 根据6621运营管理平台的构成,成立相应的专业推进小组。其主要职责如下。

(1) 制定专项推进方案和实施计划,并组织实施;

(2) 负责监控改善方案的实施,并对实施情况进行统计分析,持续完善;

(3) 建立例会制度,检查落实计划执行情况,及时总结分析存在问题,制定应对措施;

(4) 总结工作成果,固化管理标准。

4. 策划制定总体实施方案和具体推进工作计划。各专业推进小组也必须制定相应的专业推进计划,建立相应的工作保障机制。

5. 组织召开启动大会,宣讲建设6621运营管理平台的重要意义,提高认识,统一思想,分配任务,落实责任。如:进行宣誓,签订责任状等。

(二) 导入理念,培训提高

1. 组织培训,导入相关理念,提高认识。深刻领会6621运营管理平台建设的内涵、目的、意义,根据建设推进进程,对相关人员分层培训导入,使其掌握阶段工作重点,工作方法和使用工具。

2. 组织各专业推进工作组定期召开研讨交流会,厘清工作思路,制定各专业组工作计划(包括名单、职责、工作机制等)。

(三)要素识别,现状诊断

这一阶段是整个建设工作的重要一环,如果这一阶段工作做得不扎实细致,会严重影响后续工作的质量,也会影响到整个管理平台的建设质量。在这一阶段,主要需要做好以下工作。

1. 选好项目载体。6621运营管理平台建设是以项目为基础的,只有针对具体项目开展工作,才能有的放矢,促使管理落地,并取得真正实效。

2. 以工位为指向,开展管理要素和任务要素的识别。6621运营管理平台,其最终的落脚点是现场的工位制节拍化生产线和构成生产线的工位,因此,要素识别必须围绕工位展开。"66"是指各专业管理都必须依据模拟线的输出要求和满足工位运行管理的需要,识别出相应的管理要素,并分解成任务要素,确保要素齐全完整。输出要素识别表。

3. 梳理现状。在要素识别的基础上,系统梳理现有的管理制度和流程。6621运营管理平台建设是在现有的管理基础上开展的,是系统的优化和提升,而不是推倒重建。因此,必须根据现有的制度和流程,对照要素识别表,进行全面的系统梳理,查找出哪些管理要素是已有的,哪些是缺失的,哪些是已有但要求不明确的等。输出管理识别表。

4. 诊断管理现状,分析满足程度。查找瓶颈,并分析原因。对管理识别表中的所有要素逐项分析,确定其满足程度,并分析其产生原因,查找管理瓶颈。输出诊断报告,为下一步工作提供方向。

(四)明确方向,构建框架

以诊断结果为导向,制定优化提升计划进行整改,消除因短板造成的管理低效和管理浪费。运用价值流分析等精益工具,以管理流程再造为主线,根据企业

特点搭建基本框架,形成实施方案。具体工作包括:

1. 根据诊断报告,制定整改措施,并组织实施。输出整改措施计划。

2. 6个管理平台重新评估确定应包含多少要素,确保要素完整,并对每项要素的内涵进行定义,做到要素明确。输出要素定义表。

3. 6条管理线重新评估并设计管理流程,并明确流程节点,设立管理工位。输出管理流程图。

(五)整合优化,输出成果

按照6621运营管理平台建设要求,推进部门协同管理,抓好管理要素的整合和管理流程的优化,开展管理工位建设,保障管理效能发挥,输出6个管理平台和6条管理线的标志性成果。具体工作如下。

1. 6个管理平台,制定、完善各要素的管理标准,输出要素标准文件。

2. 6条管理线,明确各流程接口,并制定只涉及本部门内部的接口标准(输入输出标准)。输出流程图、接口标准文件清单和要求。

3. 6个管理平台,梳理与其他专业管理间的协同关系,明确要素分工,规定管控方法并制定相应制度。

4. 6条管理线,梳理与其他部门间的接口,并制定各接口输入输出标准,制定各管理工位工作标准,并初步明确管理工作节拍。输出标准文件。

5. 模拟线建设与管理平台和管理线建设同步推进,不断优化,提高模拟线输出水平。以优化后的6个管理平台和6条管理主线的输出标准,优化完善模拟线的输出标准,形成工作模板,规范各项管理。既作为以后各专业管理的基本要求,又作为现场生产线和工位建设的标准。

6. 根据模拟线输出要求,对现场生产线进行持续改善,提高工位管理水平和生产线运行效率,确保节拍兑现。生产现场工位应将模拟线输出要求,结合各工位实际,设计编制满足本工位管理要求的控制指标、管理表单等,作为日常管理的标准和依据,确保所有的管理要素在工位得到落实。

（六）优化提升，筑高平台

管理平台和管理线建设与模拟线建设协同推进，通过管理平台和管理线的优化，提升模拟线建设水平，不断优化和规范模拟线输出，从而为工位制节拍化生产线建设和提升做好充分的管理准备，实现管理与制造环节的有机融合，不断优化提升"6621运营管理"平台，提高企业的管理运营效能，为企业创造更高的管理价值。具体工作如下。

1. 各专业推进组关注现场验证情况，及时优化提升，并逐步固化，输出成果材料，包括管理手册和管理标准。

2. 持续改善，不断提升，筑高企业运营管理平台。

三、需要关注的问题

1. 正确把握工作原则。构建6621运营管理平台，要注意把握"同心、同步、工位、节拍"的工作原则。同心化作战，即所有管理工作的开展，都要以客户为目标，以生产现场的工位制节拍化生产线为核心；同步化运作，就是要强调各个管理部门在项目开展过程中，各项管理准备工作必须同步，以保证生产线的正常运行；工位制管理，即不仅生产线要以工位为基础，实行工位制管理，各管理条线也要梳理和优化流程，实现管理工位化，进而实现管理标准化；节拍化生产，即工位制节拍化流水生产线的核心是节拍化，这也是整个运营管理系统的核心和目标，一切工作都要围绕实现工位制节拍化生产来进行，不断提高节拍兑现率，实现平稳有序生产。

2. 合理安排工作计划。各专业推进小组要围绕企业总体工作目标和进度要求，结合自身的工作方向，认真制定工作计划，计划要有总体目标和具体目标，长期目标和近期目标，要有具体的工作内容、措施、责任人、完成时间、工具方法、工作机制、工作成果等，要保证计划的合理性、指导性和可操作性。

3. 注重实效扎实推进。在工作推进过程中，务必注重实效，所有的管理方式、管理要求、管理工具都要以服务于生产现场、着力提高生产效率和节拍兑现率、确保生产平稳有序,提高制造水平为出发点和落脚点,扎扎实实开展工作。制定的管理流程、管理标准及各种管理文件,要避免形式主义,要贴近生产和管理实际需要。工作要分阶段实施,有序推进,既要防止急功近利,不切实际,又要防止推诿应付,走过场。

4. 相互合作加强协同。6621运营管理平台是一个系统,各专业管理之间、管理部门与生产单位之间既相互支持,又相互制约。每个专业管理的工作都需要其他专业管理的工作支持,单独专业条线的高效率并不意味着整个系统的高效,甚至是一种浪费,相互平衡的提升,才能保证系统效率的提高。因此,在平台建设推进过程中,各单位、各条线一定要相互合作,加强协同,系统推进。

5. 信息化是基本保障。首先要将所有的工作成果通过信息予以固化,防止工作的随意性;其次是通过信息化,整合现有的 ERP(企业资源计划)等其他信息系统,形成适应工位制节拍化运行的信息化平台,消除目前存在的"信息孤岛"现象。

第五章　模拟线建设：制造与管理的桥梁

以项目为载体的模拟线建设是精益现场拉动职能管理全面提升的纽带，是实现从精益制造到精益管理的桥梁，也是中国中车全面推进精益管理的开创性工作。本章主要介绍模拟线建设的概念及内涵，模拟线建设的主要作用、地位以及开展模拟线建设取得的效果。

第一节　什么是模拟生产线

一、模拟生产线的定义

模拟生产线是指：在项目试制节点前，按照生产工位实际管理要求，与产品平台对标，识别"三新"（新材料、新结构、新工艺）项点，以项目中涉及的"三新"项点为重点，以"三关"（模拟关、验证关、协同作战关）为验证手段，对生产工位"六要素"内容进行模拟推演、评估、验证，推动开工前工位所需资源的准备工作，减少生产异常、缩短试制周期，加快由试制向批量生产转换的时间，最大限度地保证项目试制高效、经济、安全地执行，使批量生产能够尽早进入节拍式生产。

二、模拟生产线的实施背景和意义

在项目的执行过程中，无论在设计、工艺、采购流程本身，还是在各流程的结合处,各类管理流程、信息流存在孤岛及各部门进度与项目计划脱节的现象,大量的问题在实物生产过程中才被发现,造成生产周期滞后及生产成本浪费,进而发生大量的设计变更、工艺变更,批量性的质量问题,最终的结果是合同延期赔偿,无法满足客户的要求,企业市场竞争力下降。

模拟生产线概念的提出,正是为了解决上述问题。模拟生产线是管理流、文件流、信息流向现场实物流转换的衔接点,输出生产线提早进行节拍式生产的管理标准。通过对工位"六要素"内容进行提前模拟仿真运行,提早暴露并解决问题,从而有效验证和规范量产前的各种标准的准备情况,对发生的异常进行有效拉动和处置预防。模拟线就好比是一个滤波器,将项目准备过程中对过程增值无效甚至起反作用的流程过滤掉。一方面,通过模拟线建设,将市场需求、产品设计、工艺标准等信息内容,转化为生产现场执行的管理标准和管控标准;另一方面,通过模拟线对前期管理信息输出成果进行模拟验证,从小问题中发现大隐患,将事后救火变成事前预防。

三、模拟生产线的内涵

模拟生产线是针对管理内容进行的模拟,作为工艺流水线的输出,是在产品试制之前,由工艺部门牵头,按照生产工位实际的管理要求,以项目中涉及的"新材料""新结构"和"新工艺"为重点,将生产工位上的"七大任务"及标准作业管理落实到工位有形的"六要素"管理中,并对工位"六要素"内容进行模拟仿真运行,提前暴露并解决问题,经过现场试制模拟验证,形成模拟生产线,是管理流向实物流转换的衔接点,从而有效验证和规范量产前的各种准备情况,对发生的异常进行有效拉动和处置预防,是生产工位生产运行时各项管理标准的总和。

为了降低产品的设计成本,精益生产所推崇的模块化设计理念在行业内已经大面积实施。在实行模块化设计后,设计工艺部门在试制节点前,会针对本项目产品与已有成熟产品在材料、结构和工艺进行对比,识别"三新"项点,并重点针对这些项点进行模拟线建设,通过"三关"(模拟关、验证关、协同作战关)的过程运行，最大限度地保证项目试制高效、经济、安全地执行；设计、模拟生产工位节拍，推动开工前工位所需资源的准备工作；通过对试制节拍的模拟及验证，减少生产异常、缩短试制周期，使批量生产能够尽早进入节拍式生产。

在项目执行过程中，对试制节点前和试制转量产的过渡期中，按照流程，可以将该项目模拟生产线分为6个阶段，即模拟策划阶段、模拟启动阶段、模拟准备阶段、模拟推演阶段、模拟评估阶段和模拟验证阶段。由于模拟生产线的定位就是产品图纸的实现，所以整个模拟生产线建设的过程应由工艺管理部门牵头组织实施。

四、模拟线建设的四个要素

1. 生产工位要固化

模拟生产线的最终落脚点，是在产出实际产品的生产车间现场，这也符合精益生产的原则和理念。而对于生产制造企业而言，现场作业的组织，工艺工序的实现，都依托于具体产品的实物生产线，按照流水化生产方式的组织形式，又能将实物生产线切分成多个不同的工位。

实质上模拟线最终的指向对象是生产工位，模拟生产线是以生产工位的实际需求为目标，开展对前期管理准备进行模拟仿真运行，最终输出结果直接为生产服务，为生产工位的正常运行保驾护航。所以，模拟生产线的建设既立足于生产工位，又服务于生产工位，其核心的工作是通过对围绕工位运行的各项要素和项点的标准化，实现生产工位管理的标准化，打造符合产品制造需求的标准工位。

2. 工位工序作业内容要固化

工位是作业现场管理的最基本单元，对于生产线上的工位，人们更多的关注产品在生产线上流动时，员工是否能在规定条件下完成各项规定作业内容。因此，有必要将管理作业中涉及的具体内容细分出来，对各项内容的符合性进行规范标准化。形成固化的产品平台，基于此，工位管理标准化的着力点应该是"六要素"和"七大任务"。

所谓"六要素",即是在生产管理中关注的 5M1E:人、机、料、法、环、测 6 项要素,对"六要素"的管理关注各要素在工位开工前的准备情况,是侧重工位运行的作业管理,确保"六要素"在工位的符合性。

而所谓的"七大任务",则是以建成标准工位管理平台为目标,将安全、环境、质量、生产、成本、保全和人事这 7 个相对独立的管理条线,横向形成标准工位运行的协同支持系统,纵向形成分解落实专业管理要求的管理链条。对"七大任务"的管理关注工位运行的支撑条件,属于工位管理的基础性管理,要落实以"七大任务"为主的制度和要求,实现工位现场的过程可控。

建设标准工位,实现工位管理的标准化,要在基础管理和作业管理两个层面重点系统策划,分步实施。应贯彻工位制节拍化流水化生产方式的组织要求,强化"七大任务"在生产工位的落实和过程管控;同时,通过模拟线建设,验证作业管理"六要素"在工位的符合性,并将作业管理"六要素"在工位落实,从而使整个生产过程顺畅。

通过与项目产品平台对标,识别"三新"项点,针对变化的工序进行提前模拟仿真验证,使模拟效率更高,目标更明确,提升项目的执行效率与质量。

3. 生产作业中的作业指导书要标准

企业生产的目标是产出合格的产品,工位中指导作业人员生产的核心文件为作业指导书,因此,输出标准的作业指导书,对现场产出合格产品有着至关重要的作用。所谓标准的作业指导书,就是将作业内容中的各项工艺参数量化、图示化、数字化,将标准落实到作业者的动作上,消除作业中定性的描述,通过图示、颜色、数字标识等方法和工具,更清晰的指导作业过程。模拟生产线建设的过程也是实现这些作业过程的基础,而工位"六要素"和"七大任务"的落脚点也是工位的作业内容,只有作业文件标准才能保证作业标准化。

4. 作业人员要固化

作业人员对作业内容的熟练程度也是制约项目按期交付的一项重要因素,作业人员对作业内容掌握越熟练,生产效率越高,质量也越可靠,因此,在项目执行过程中应强化工位工序的作业人员固化,明确工位工序作业人员的资质、数量、节拍要求，模拟生产线对"人"要素的模拟也只针对"三新"项点中的作业内容，提前对作业者培训，通过理论培训、现场实做培训、模型车制作等方式验证工序中的作业内容，保证项目执行过程能够顺利进行。

通过固化工位、固化工序、输出标准的作业文件、固化作业人员，提升模拟生产线运行的效率，使模拟内容更有针对性、目标更明确，与以往相比可以更快响应市场的变化，产品在投标阶段就可以得到工艺部门向其他部室的输出，成本预算更标准，生产质量与交货期可在投标阶段就得以确定，并可预先设定保障措施，客户满意度会大幅提升。

第二节　如何让模拟生产线运行

一、模拟策划阶段及实施要点

模拟策划阶段是整个项目模拟生产线建设的第一个阶段，是为了实现建设高效运行的模拟生产线的目标，应用精益思想和方法，对项目进行构思、设计、制作模拟生产线实施方案的过程。

在产品项目合同签订后，该项目的模拟线就可以正式开始建立了，而模拟策划实质上就是一个对项目合同的转化过程，在这个过程中，主要是市场部门、工艺部门和设计部门的对接工作。

首先，充分了解客户需求。建设模拟生产线是为了更好地满足客户需求，在策划阶段，要特别重视客户在产品交货期、质量、技术等方面要求，把客户需求和企业研发、生产、管理等方面的要素，作为模拟生产线建设之前的输入要素进行综合考虑，以提高模拟线建设的有效性。因此，市场部门需要根据客户合同要求的交货期、质量、技术等内容编制项目计划。然后，设计部门就可以立刻根据标书、合同、技术规范、设计任务书等已有的资源，组织识别"三新"项点，按设计程序进行产品设计。作为整个项目源头的第一道工序，设计在此刻的工作非常重要，源头设计的精度和成本,直接关系到整个项目的执行效率和成本。我们认为,在模拟策划阶段,应用精益生产的理念和思想,设计需要做好两方面内容。

一是做好设计模块化和简统化工作,设计的模块化和简统化都是为了降低产品设计成本和控制设计风险,为此,需要在之前各产品设计过程中广泛积累的数据和经验支撑基础上,针对新项目中新材料、新结构和新工艺的"三新"项点,进行重点识别,开展针对性的设计工作。

二是做好产品设计满足工位化要求的工作。按工位化要求设计是实现工位化生产的基础和前提,设计部门应遵循精益研发的思想,实现研发流程标准化、研发项目目视化、设计评审标准化,为实现工位化生产做好铺垫。

其次,工艺部门根据设计部门提供的"三新"项点及市场部门提供的项目计划,编制模拟计划。工艺部门要牵头成立相应的组织机构,明确项目组的成员单位、工作进度、工作要求、工作机制,等等,而项目组的人员应有丰富的经验和较强的工作能力。在完成组织机构的建立和模拟计划后,工艺部门要将其发布到各成员单位,为模拟线的下一步工作开展打好基础。

二、模拟启动阶段及实施要点

模拟启动是按照项目计划,由工艺部门组织识别完善"三新"项点,编制试制工艺方案,明确模拟执行计划,确定模拟内容,实质上模拟启动只是整个模拟线建设的一个标志性的节点。在这个节点上,由牵头实施模拟生产线的工艺部门召集项目组成员单位,召开模拟启动的大会,将工位生产所需的"六要素"进行明确,并向所有单位明确各模块的建设任务,尤其是针对产品项目的"三新"项点的模块任务。各单位在此阶段就应该对本单位所涉及的模块任务进行细分和研究,制定相应的推演实施计划。

三、模拟准备阶段及实施要点

模拟准备是通过对模拟生产线实施方案的进一步分解与细化,根据模拟启动中各模块的工作任务,从生产、工艺、管理等方面入手,对模拟生产线所要模拟仿真的具体的项点进行明确与安排的过程,是整个模拟生产线建设最实质性的工作阶段。

从目标角度来说,模拟准备阶段所有开展的工作都是为了实现后期模拟线的推演验证以及对实物生产线的工位化支撑,即要明确本项目的准备项点。生产线工位上开工前六大要素的准备满足情况,是模拟准备阶段所有工作的重点,模拟准备的项点应从六要素的要求中来。因此,需要先分析六要素在工位开工前的要求以及后期工作的要点,从而拉动模拟准备的实施。

"人"要素:对于生产工位而言,"人"要素的准备情况需要重点关注,各工位人员是否配置到位且满足相关项目经历及绩效成绩要求,操作人员的资质是否符合要求,开工前的培训情况,操作人员的实际操作技能水平。因此,相关部门需要按清单配备生产所必需的人员,而人员的数量、工种、资质和技能水平等须满足工序人员配置要求。对于部分特种作业,其从业人员必须经过培训并取得相关证书,其他操作人员在生产前必须完成工序工艺培训,在保证了理论资质符合的前提下,如果必要,可以对员工进行工作试件并检验,只有试件质量符合要求,才能确保具备实际操作技能。

"机"要素:"机"要素的准备主要体现在生产进行时所需要的设备、工艺装备等的到位情况,也就是工序施工所需要的设备和工艺装备是否能得到有效配备,并完成安装、调试和验收等工作。因此,在新的设备投入到生产之前,相关部门要对设备进行验证试验,并出具设备的验证报告,或者对新设备进行试件生产,以试件的合格率确保新设备的状态良好,能满足工艺的要求。同时,工艺装备应按要求出具相应的检测合格报告,应按清单将各类工具配备到生产工位上。

"料"要素:对于"料"要素而言,工序施工时所需要的物料,包括工艺用料的到位情况,是主要的关注点。由于产品的复杂性,所需的物料需按内外部的供应来进行区别对待,而在模拟准备阶段,更多应关注风险系数相对更大的外部采购物料,对外购件的鉴定和入库的情况——如果存在,还需关注其复验的情况。因此,需要先合理分割工序并明确产品物料明细,在实施时关注现场或库房内物料的到位和质量状况,必要时要实施各类检验手段,相关部门要提供鉴定报告、原材料复验清单及报告等。

"法"要素：对于制造过程而言，如何正确、高效的完成产品加工是一个方法论的研究范畴。"法"要素关注工艺性文件的编制以及对工艺合理性的评估，当然，如有必要，还要进行工艺试验和工艺替代措施的评估，这样，才能在试制前形成试制计划。因而，工艺文件内容的完整性，工艺参数、工艺流程、工艺路线和工艺周期的合理性是具体的项点，相关部门要在试制前进行充分的工艺验证策划，提供工序工艺试验的清单和大纲以及试验报告。有工艺试验和替代措施需求的，还需输出试验的结果和对替代措施合理性的评估结果。

"环"要素："环"要素是生产的辅助性要素，却对生产能否安全正常开展起着限定性作用。相关人员需要到现场查看温湿度仪表的有效性，并提供相关记录，并编订现场的生产安全地图，以确保现场环境能满足工艺需求。

"测"要素："测"要素实质上是"法"要素的衍生。相关人员要在生产进行工序检验的策划，制定检验计划、检查记录、检验指导书等相关检验文件，并重点针对检测的设备、工具、量具和样板等的配置情况进行检查，合理设置检验点。同时，对相关的检查人员要进行培训，使之了解检查工序或部件的要求。

以上便是从目标角度，明确了在开工前"六要素"准备的要求，而正如前文所述，模拟生产线的服务对象是实物生产线上的生产工位，再细分下去，就是工位上的"六要素"。

因此，从结果角度来说，模拟准备阶段，就要形成并输出一整套支撑"六要素"完备情况的标准文件的框架，并明确各个单元的模块任务，以便后期进行推演。模拟准备阶段应该根据前期制定的模拟计划，按照不同的产品项目的特性，通过工艺部门进行的工艺方案的策划、设计和评审等工作，开展生产技术的准备工作，并结合工艺试验的结果，开展针对文件的设计工作。在文件设计完成的基础上，开展对人员情况的设计、对装备情况的设计、对物料情况的设计、对安全环境的设计和指向工位的设计。

具体来说，文件设计工作主要是在前期工艺策划方案基础上，重点针对"法""测"要素的设计工作。主要是针对本项目，由各分管工艺师识别分管范围内的关键、特殊、风险工序并报工艺技术分管人员,以关键、特殊、风险工序工艺文件汇总表形式公布,进行潜在失效模式分析(PFMEA);编制作业指导书、工艺规程、工艺流程图、工艺平面布置图等工艺文件以及检验计划、检验作业指导书、质量检验记录等检验文件。

人员设计模块,人力资源部门在工艺定员的基础上,结合各生产单位提报的人员需求,组织对现有人员满足情况进行分析,通过人力资源调配等手段进行人力资源平衡,对未满足资质等岗位需求的人员进行培训。

装备设计模块,根据工艺文件提出的设备、工装(包含物料配送定置)、工量具清单,装备管理部门对既有设备进行符合性分析,由工艺部门组织对工装、工具进行符合性分析,检测部门组织对量具和探伤等设备进行符合性分析。对缺少或不符合的装备,由工艺部门进行相关的设计,进行内部制作或直接由采购管理部门展开外部采购流程,最后交由装备管理部门进行内部配置和管理。

物料设计模块,根据产品图样、工艺文件,由工艺管理部门对本项目产品所需物料的消耗定额进行提报,汇总至生产准备,生产准备根据分工 BOM、材料消耗定额,建立 ERP 系统的产品结构树(制造 BOM);根据长周期外购清单和分工 BOM,由采购部门编制采购计划,由生产管理部门编制负荷计划;同时,生产部门根据工艺流程图、营销合同、采购计划、负荷计划、生产技术准备手册等,制定生产作业计划,生产单位据此提出物料需求计划,制定物料现场定置方案和物流路线需求,再由外部物流部门进行配送方案的明确。关于物流,尤其是物流前期的方案精益化,将在下一节模拟配送线中重点论述。

安环设计模块,安全管理部门根据工艺文件(作业方式)、工艺平面布置图等,对工序危险源进行分析,提出工序危险源清单,提交生产单位和工艺部门,由生产单位制定安全地图、防范措施和安全点检表,而工艺部门负责完善作业指导书中防范措施。同时,对于工序中的特殊过程,需依照企业针对特殊过程的程序文件进行过程分析,提出特殊过程的能力确认表等。

工位建设模块,由于模拟线是以生产工位为实际指向的,所以在模拟线的设计模块中,除对应的"六要素"外,专门增设了一个工位建设模块的过程。工位建设主要是为了实现工位制节拍化流水线生产方式而开展的,在工位建设中,工艺部门需根据客户对产品的节拍要求和产品工艺流程,结合企业内部能力满足情况,合理的切分工位,明确各工位的作业内容,对工位内部的作业流程编制工序推移图,明确工位所需的物料,明确工位 BOM 并导入 ERP 系统进行管控,而生产单位需确定所有物料在各工位的定置等。

以上,我们对模拟线建设的最关键阶段——模拟准备阶段进行了详细的论述,明确了模拟准备阶段所瞄准的生产工位"六要素"的要求,并结合要求开展六个模块的设计,明确了六个模块的准备所需进行的具体工作,以便在后期推演过程中进行模拟和问题改善。

四、模拟推演阶段及实施要点

模拟推演是各单位按照模拟计划及各自负责内容对各工位六要素进行方案实施、点检,通过推移演练,梳理管理思路,发现问题、瓶颈和实施难点的过程。

模拟线启动阶段完成后,开始进入实际操作阶段,由于是一个新项目,虽然经过前期策划阶段的详细规划,在准备阶段也进行了各模块任务的梳理,但在具体推演实施的时候仍然会遇到许多前期未考虑周全的问题。因此,模拟推演是一个不断实施、验证、发现问题并改善的过程,这也符合了著名的"戴明环"(PDCA)理念,通过"PDCA"的管理循环(图 5-1),使整个过程的管理水平得到不断提高。

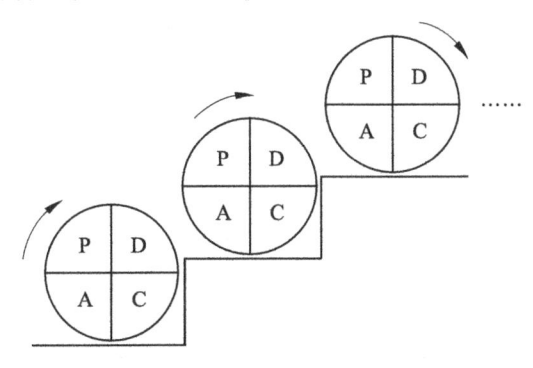

图 5-1 PDCA 循环图

因此，模拟推演实质上是一个过程性的点检工作。按照模拟生产线推演点检的场所可以将模拟推演工作分为两大块实行，即针对管理文件的项目任务点检和针对工位现场满足情况的工位点检。项目任务的点检主要是各管理部门对本部门负责的任务模块进行过程推进和问题暴露处置，而工位点检则由生产单位对管理部门输出给现场工位的过程性准备进行动态及时的点检反馈。

在推演阶段，各单位要明确自身的模拟任务，明确自己部门对模拟生产线的输入要素和输出要素的标准要求，同时，由于一些流程的接口需要两个或多个部门的衔接，这时就需要做好部门间的管理协同。管理协同是模拟推演阶段最需要关注的项点，做好管理协同需要做好两个关键点。

一是节点协同，节点协同主要是指流程相关方在业务流转的时间节点上必须明确。不同的部门在管理流水线上就相当于是多个管理工位，要做到这些管理工位的业务流转的无缝连接，消除流程的时间浪费，必须严格定义好时间节点，并制定一个多方共同认可且必须遵守的规则，同时做好对过程进度的动态跟踪控制，并对点检发现的问题按时间进行及时整改。

二是标准协同，对于在管理流水线内流转的业务流程的输出内容标准必须前后协同，消除因管理孤岛和部室各自为政导致接口标准不统一而产生的返工浪费。具体来说就是统一各部门间流转的管理文件的标准格式、统计口径甚至文件版本，等等。在流程、接口清晰的基础上，建立信息化、可视化的信息管理平台系统是实现模拟推演阶段管理协同的最直接有效的方案。

五、模拟评估阶段及实施要点

模拟评估是针对模拟推演的过程进行总结，对产生的各类问题进行风险评估、分析和整改，为模拟验证做好开工准备的过程。在模拟评估阶段，需要做好两个方面的重点工作。

一是由工艺管理部门组织，召开对模拟准备和推演阶段的问题的总结评估会议，总结模拟准备、模拟推演实施情况，对推演阶段的过程性点检发现的问题进行风险评估,依照重要和紧急的程度落实整改方案,并制定防止再发生的措施和制度。

二是正式开工前 3～7 天,由生产制造单位组织进行总点检,由车间组织工位按照开工点检表明细进行确认、点检,未配齐的项点在备注中进行说明;点检中发现的问题按异常处理程序解决。工位确认配齐后,工位长签字并注明完成日期。这个过程实际上是对整个模拟线建设的结果性的点检,各管理部门在自我的过程性点检和经过评估会议问题整改后,编制本部门的开工点检单,由生产单位进行实地确认,以保证正常试制开工。

在模拟评估阶段结束后,工艺管理部门要根据各部门反馈输出的经过点检和问题整改的"六要素"的管控文件,按照对应的不同工位,形成各工位的管理文件,并在实物试制时优化完善。

六、模拟验证阶段及实施要点

模拟验证是指生产制造单位在模拟线前期建设形成的工位文件和评估报告的基础上,按试制计划进行试制,将试制过程中产生的异常及问题点及时反馈给相关部门,并在问题整改后不断优化工位管理文件,从而为试制转量产打下坚实基础的过程。

在验证阶段,生产制造单位按照试制计划开展试制,及时将试制过程中遇到的异常问题反馈给相关部门,各职能部门按照部门职责对模拟生产线"六要素"项点进行实物验证,试制结束后各部门针对验证过程中的问题进行汇总、归纳、分析,工艺部门组织对模拟生产线进行最终评审和完善。最终,各部门将验证合格的"六要素"标准文件输出给生产流水线,完成模拟生产线向实物生产线的转换。

当然,虽然经过试制验证合格,以"六要素"标准为内容的工位管理标准文件仍然有暂时未暴露的问题,在日后的实物量产阶段,仍然要进行持续的改善。但是,模拟生产线的整个建设,已经最大限度的降低了在实物生产阶段可能出现的各类异常问题点,使问题的暴露和处置都得到了有效的前移,保障了实物量产阶段的过程稳定性。

第三节　什么是模拟配送线

模拟配送线是模拟生产线关于"料"的模拟，以具体项目为依托，针对项目生产所需的物料，按照采购流程，对其市场信息的输入、采购技术信息的输入、质量信息的输入和工艺信息的输入进行固化和明确，并按照项目里程碑计划进行拉动。对物料的订单、首件鉴定、放行、配送进行模拟推演、评估、验证，推动开工前工位所需采购产品的准备工作，提前暴露各类输入异常、缩短试制周期，最大限度地保证项目试制高效、经济、安全地执行。

本节从模拟配送线的定义、建设意义、建设原则、部室职能、建设流程几个角度，对模拟配送线做出详细介绍，并结合某子公司模拟配送线建设成功案例，具体分析建设成果。

一、模拟配送线的概念

模拟配送线指根据制造物料清单、工艺路线、供应商供应能力，按照采购工位配套计划，在模拟生产线建设阶段开展的采购模拟工作。一方面对供应商开展能力和资质验证评价；另一方面对供应商与公司之间的外部物流状况进行模拟，分别验证试制和批量生产时采购计划的满足情况，提前暴露存在的问题，对采购方案和供应计划进行完善以满足生产流水线需求，包括按工位打包采购方案、外部物流方案、第三方物流选取、物流模式等内容。最终形成物料按工位打包配送的管控标准。

二、建立模拟配送线的意义

1. 在"6621运营管理平台"中起转换和支撑作用

在"6621运营管理平台"中，模拟配送线建设一方面在前端沟通采购物流流水线;一方面通过模拟生产线中"料"的要素,与生产现场发生联系。通过将前端管理信息流、图纸流、文件流转换为物料按工位采购打包配送的管控标准,为现场实物流的有效运转提供支撑,是两者之间转换的衔接点。

2. **通过对采购风险的提前识别及管控,确保精益节拍化生产顺利进行**

模拟配送线建设,模拟的重点在于对采购风险的提前识别、提出对策并管控,最终形成物料按工位打包配送的管控标准。模拟配送线主要进行四次模拟推演,包括订单推演、首件鉴定推演、放行推演和配送推演。

在订单推演阶段,验证技术要求是否已经明确、订单是否已经发出以及供方初步回馈的供货计划是否满足生产节拍需求,侧重于采购输入的风险管控。在首件鉴定推演阶段,验证首鉴计划是否已经执行、首鉴结果是否能满足生产节拍需求,侧重于供方生产过程的风险管控。在放行及配送推演阶段,验证放行及入库的时间节点、批次交付计划及物流运输方式是否能满足生产节拍需求,侧重于实物到达生产现场这一过程的风险管控。

通过四轮风险管控,将风险控制在可控范围之内,提前为精益生产理顺节拍,保证生产现场的顺利进行。

三、模拟配送线建设原则

1. **节点明确原则**

输入项目生产日期,能迅速得到采购部门与其他职能部门的接口工作节点日期,进行同心圆运转。

2. **异常拉动原则**

关键时间节点得不到满足时,通过异常管理系统拉动,及时提示各职能部室存在的风险项点和需要解决的问题,对风险进行超前处理解决。

3. **目视化原则**

以各生产工位中的工序为最小单元,基于工艺流水线的制造物料清单输出,建立物料采购目视化管理地图。

四、模拟配送线相关职能部室及职责

模拟配送线相关职能部室职责见表5-1。

表 5-1 模拟配送线相关职能部室职责

模拟配送线建设部门	主要职责
采购部门	采购部门是模拟配送线建设的牵头部门,负责模拟配送线工作组织、管理与评价;负责策划、组织各职能部门针对现场工位实际配套需求,在项目试制前开展模拟配送线的仿真推演工作,在试制过程中跟踪和开展模拟验证工作;负责收集整理并发布模拟过程中的异常问题,拉动和组织相关部门对异常问题进行分析并解决,跟踪、评价问题的关闭情况。负责根据各单位工作所需周期,组织制定《模拟配送线控制计划》,明确各项工作开始及完成时间;负责组织招标,下发订单,签署采购合同,组织物料供应;负责组织供应商确定物料制造周期、运输周期
质量管理部门	质量管理部门负责在模拟配送线实施过程中,提前向设计、工艺部门提出首件鉴定、入库检查等检查依据需求或提出异议;负责提前向采购部门传递产品首件鉴定项点要求,以便供方提前准备;负责首件鉴定计划节点的落实;负责供应商批次放行质量的检查,放行批次计划与需求计划的兑现情况核实;负责到货复验
设计部门	负责采购技术文件的提供和技术条款的澄清;负责明确首件鉴定、产品入库检查的技术依据和范围,负责产品鉴定、入库检查过程中技术相关问题的澄清;负责输出长线件、采购件技术条件(协议)和对应工位出图
工艺部门	负责工位采购物料清单的提供;负责组焊件技术规范的提供和技术条款的澄清;负责明确组焊件首件鉴定、产品入库检查的技术依据和范围,负责产品鉴定、入库检查过程中技术相关问题的澄清;负责输出物料定额、物料配台明细、技术条件(协议),负责确定储运一体化范围、确认运输包装
生产计划管理部门	负责提前编制项目试生产计划和批量生产计划,输出生产推移计划
物流管理部门	负责输出物料需求计划;负责组织物料接收、入库及配送,按照工位点检物料到位情况;负责向相关职能部室反馈物流配送中存在的工位物料异常

第四节 如何模拟配送线运行

一、模拟配送线主要操作流程（六大步骤）

（一）模拟策划

项目启动后，采购部门根据项目交付时间和生产计划安排，结合各单位工作所需周期，组织制定模拟配送线控制计划（见表5-2），明确各项工作开始及完成时间。

表 5-2　模拟配送线控制计划

序号	计划推演时间	部门	输入	输入时间节点	是否满足采购需求	异常拉动记录
1	1. 订单推演 （××××-××-××） 2. 首鉴推演 （××××-××-××） 3. 放行推演 （××××-××-××） 4. 配送推演 （××××-××-××）	市场部门	1. 项目合同			
2		市场部门	2. 项目里程碑计划			
3		设计部门	1. 采购技术文件			
4		设计部门	2. 设计三新识别清单			
5		设计部门	3. 关键及重要零部件清单			
6		工艺部门	1. 工位物料清单			
7		工艺部门	2. 工艺三新识别清单			
8		质量部门	1. 首件鉴定计划			
9		质量部门	2. 批次放行计划			
10		制造部门	1. 项目生产计划			

（二）模拟启动

采购部门组织各职能部门召开模拟启动会或者以通知形式明确模拟线控制计划、模拟内容、采购实施计划等内容；其他部门根据模拟配送线项目计划，搭建本部门模拟配送线建设组织架构参与模拟配送线建设。

(三)模拟准备

采购部门按照项目计划,编制采购工作计划,并输出给相关部门,相关部门根据采购工作计划完成各自工作,并按时向采购部门输出(见表5-3)。

表5-3 模拟准备输入输出表

部门	输入文件	工作内容	输出文件	接收单位
采购部门	1. 项目主合同 2. 预生产计划 3. 产品特性分级表 4. 首件鉴定建议表	1. 编制采购计划 2. 组织开展采购风险识别 3. 组织供货商确定首件鉴定、检查时间	1. 采购计划 2. 模拟配送线项目风险评估表 3. 依据《首件鉴定建议表》明确首鉴节点时间表	各部门
市场部门	项目主合同	结合产品采购周期,对项目交付计划风险进行评估	1. U类件清单 2. 备品备件清单 3. 项目交付协调会议纪要	各部门
制造部门	项目进度计划	编制生产计划	生产计划	各部门
设计部门	1. 项目主合同技术方案 2. 供方技术方案	1. 编制采购技术规范、图纸 2. 对供方技术方案进行评价 3. 编制《产品特性分级表》《首件鉴定建议表》	1. 采购技术协议 2. 图纸 3.《产品特性分级表》 4.《首件鉴定建议表》	采购部门 质量部门 工艺部门

在模拟准备阶段,各部门需提前对项目进行风险识别,并输出模拟配送线项目风险评估表(见表5-4)。

表5-4 模拟配送线项目风险评估表

序号	风险分类	风险代码	风险项点	识别部门	协助部门	管控阶段
1	市场风险	01	市场需求波动的风险	市场部门	/	全部阶段
2	市场风险	02	支付能力的风险	市场部门	财务部门	全部阶段
3	市场风险	03	汇率波动的风险	财务部门	市场部门	全部阶段
4	法律风险	04	危险品购买	法律与审计事务部	/	全部阶段
5	法律风险	05	合同文本	法律与审计事务部	/	全部阶段

续表

序号	风险分类	风险代码	风险项点	识别部门	协助部门	管控阶段
6	技术风险	06	设计周期不能保证,最终影响产品采购周期	设计部门	/	模拟策划
7		07	对"三新"产品因周期较紧无法进行产品验证而引起的设计变更对项目进度造成影响		/	模拟策划
8		08	根据项目主合同需提供的采购产品试验报告因周期或成本无法满足		/	模拟策划
9		09	因周期不足无法进行工艺转化造成工位物料清单输出不满足生产进度要求	工艺部门	/	模拟准备
10	品质风险	10	供方质量保证能力的风险	质量部门	工艺部门 设计部门 采购部门	模拟准备
11	配套风险	12	物流方式及环境的风险	采购部门	/	模拟准备
12		13	供方产能能否满足生产需求的风险		/	
13		14	政治风险(进口件由于政治原因,报关受阻等)		/	

（四）模拟推演

模拟推演是各单位按照模拟计划及各自负责内容对采购过程所要模拟的内容进行方案实施、点检,通过推移演练,提前发现风险。模拟推演由采购部门牵头,主要组织设计部门、工艺部门、质量部门、生产部门、市场部门以及供应商进行,包括订单推演、首件鉴定推演、放行推演和配送推演,采购部门根据具体情况及项目里程碑计划或项目急缓程度单独或合并实施四项推演工作。具体操作步骤如下。

1. 采购工程师对各自分管物料进行沙盘推演和评述,包括技术要求是否全部澄清、采购订单是否已经下发、供应商交付计划是否满足生产需要、首鉴计划是否能够按时执行、工艺物料清单是否已经接收、放行入库能否按时完成。

2. 对于质量部门、设计部门、工艺部门、生产部门、市场部门未能按时给予的输入和存在的问题,模拟推演会上将督促各部门提交完成的具体时间计划和解决问题的方案。

3. 采购部门收集本次评审会重点问题,编写跟踪项目模拟推演评估表和模拟推演会会议纪要,并定期跟踪问题落实关闭情况;在下次模拟推演开始时,先针对上一次模拟评估时暴露出的异常项点的处置结果进行跟踪。

4. 在试制结束后采购部门向制造部门、物流管理部门、生产车间等单位传递批量项目模拟配送线管控表。

(1) 订单转化生产交付计划推演

产品设计要求澄清后,采购人员下发采购订单,产品采购工位开始进行模拟策划,要求供方及时消化订单,并在一周时间内反馈产品的投产计划。综合计划工位根据产品采购工位汇总的供方生产投产计划编制重点件的批次交付计划,并进行重点监控。重点核实技术部门的技术澄清、生产部门排产计划是否已经明确,供方反馈的交付计划能否满足公司生产需要。

(2) FAI(首件鉴定)计划实现推演

质量部门首鉴计划下发后,即由产品采购工位牵头提前进行供方首检资料的准备策划,从质量部门获取和明确相关的首检项点并传递供方,编制FAI计划监控表,在正式FAI计划实施之前一周前左右开始模拟推演。重点核实FAI计划的相关条件是否完全具备,以此评估FAI计划是否可按照既定时间进行或提前,监控FAI计划的如期完成。

(3) 放行工位及安全库存推演

产品跟踪工位将重点件产品的批次交付计划传递至质量部门,质量部门根据批次交付计划模拟准备重点件的批次放行计划。经过质量部门放行的物料被模拟为供方产品的安全库存,该库存必须满足主机厂批次入库的需求数量。重点在于采购部门根据产品的批次放行计划编制产品批次放行监控计划,及时监控物料的放行信息与生产需求的匹配关系,并与质量部门放行工位人员做好沟通。

(4) 配送推演

在物料发货之前,产品跟踪工位即要求供方提前填报重点件的物流配送信息,并模拟策划编制重点件配送物流信息监控表,通过第一批次的物流方式、配送路线模拟推演每批次物流配送的周期和相关的信息,作为后续产品物流配送的要求,固化物流周期节点。重点梳理工艺物料清单,采购部按照物料清单、三日计划和库房仓储条件及时办理入库手续。

（五）模拟评估

采购部门组织各职能部门召开模拟推演会,对模拟过程中发现的问题进行风险评估,并在会议现场落实整改方案,针对异常问题,各部门根据项目评审中的内容进行整改。

模拟评估阶段的关键在于对所识别出的风险项点,是否做出了有效应对和管控,其中应包括:所有风险项点会产生的损失,所有风险项点的应对方案。其中举证的材料应是正式的、具有法律效力的文件或者权威渠道发布的消息。

（1）订单转化生产交付计划模拟评估

根据订单转化生产交付计划模拟推演涉及的部门进行各部门工作推演结果举证。

表 5-5　订单转化生产交付计划模拟评估输入输出

部门	输入内容	工作内容	输出文件	接收单位
市场部门	模拟计划	1. 对项目里程碑计划的时间节点是否能够提供可执行的采购节拍进行复核举证	项目模拟推演评估表	项目所有部门
生产部门	模拟计划	2. 市场部门应对市场需求波动的风险进行举证,并对客户需求进行举证	项目模拟推演评估表	
设计部门	模拟计划	3. 采购部门应对交付能力的风险进行举证,包括交付方式、物流渠道等	项目模拟推演评估表	
采购部门	模拟计划	4. 采购部门应对大额物料的市场价格波动风险进行举证,包括:市场供需关系,原材料价格波动,政治因素(如有)等进行举证	1. 项目模拟推演评估表 2. 采购配套节点计划	

(2) FAI 计划实现模拟评估

FAI 计划工作流程所需要的输入资料、涉及部门对各自部门内部门推演输出的结果进行举证。

表 5-6　FAI 计划模拟评估输入输出

部门	输入内容	工作内容	输出文件	接收单位
质量部门	模拟计划	1. 首鉴计划所规定的鉴定时间是否满足生产计划进行举证 2. 首鉴检查项点，供方是否准备充分、满足条件迎接首件鉴定	首鉴检查项点清单	采购部门
采购部门	模拟计划			

(3) 放行以及配送模拟评估

表 5-7　放行及入库模拟评估输入输出

部门	输入内容	工作内容	输出文件	接收单位
质量部门	模拟计划	对具有质量控制风险的供应商（含新增供方，新物料）进行放行工位建设情况及放行计划举证	放行计划	采购部门 制造部门
采购部门	模拟计划	对关键物料和长途物料的物流运输风险进行举证，以保证满足配套需求	产品到货计划	制造部门
制造部门	模拟计划	1. 生产计划的变更进行评审 2. 产品采购周期的复合型进行确认	1. 生产计划 2. 三日计划	项目所有部门

（六）模拟验证

生产计划管理部门按照试制计划组织生产制造单位开展试制工作，及时将试制过程中遇到的物料配套异常问题反馈给采购部门、工艺部门、设计部门、质量管理部门；工艺部门对工位物料清单及时完善和修正；质量管理部门对试制生产过程中出现的质量问题进行管理，并跟踪责任单位制定对策的落实情况，在批量生产前杜绝重复出现较大质量问题。

试制结束后采购部门根据工艺部门评审修订后并重新发布的工艺物料清单、

试制质量问题整改记录,形成正式的模拟配送线并进行发布,并向生产计划管理部门传递批量采购配套计划。采购部门及时收集项目运行过程中发生的试制异常和批量生产异常,逐条进行分析,项目结束后对模拟配送线的运行情况进行总结,并提出后续改善方案建议,不断完善模拟配送线的建设。

表 5-8　模拟验证输入输出

部门	输入	工作内容	输出文件	接收单位
质量部门	生产试制计划	1. 放行工位建设情况及放行计划进行验证 2. 对供方体系建设情况进行评价	1. 模拟推演问题表 2. 放行检验作业指导书	采购部门 制造部门 质量部门
采购部门	生产试制计划	1. 对现场试制进行跟踪,及时组织解决与模拟配送线相关的异常 2. 试制结束后,采购部门对模拟配送线各阶段建设工作情况进行总结,并将异常问题及处理结果汇总整理,输出给模拟生产线	1. 模拟推演问题表 2. 模拟配送线(修订)	制造部门 工艺部门 质量部门
工艺部门	生产试制计划	对采购件所用到的新工艺和物料分工进行验证,并根据模拟验证结果,对物料清单和技术协议进行升级	1. 模拟推演问题表 2. 物料清单	采购部门
制造部门	生产试制计划	按照生产试制计划组织生产车间进行试制	模拟推演问题表	采购部门
设计部门	生产试制计划	对新结构、新材料进行验证,并根据模拟验证结果,对设计图纸进行修订升级	1. 模拟推演问题表 2. 采购技术规范(修订) 3. 图纸(修订)	采购部门 工艺部门

第五节　模拟线建设的效果

两条模拟线的建设深化,在项目执行过程中发挥着越来越重要的作用,实现了项目执行方式的转变,初步形成了同心圆作战模式;实现了异常管控方式的转变,由事后验证向事前模拟进行转变,提升项目执行的能力,保障项目高效、安全、经济地执行。下面以中车某子公司的两条模拟线建设案例为例,阐述建设模拟线的效果。

子公司从选取试点项目逐步探索、研究模拟线建设的流程、方法,经过数个项目的摸索、试用,逐步成型,标准化,并由试点项目试用向公司所有执行项目进行推广。

1. 项目执行方式的转变,同心圆作战模式初步形成

两条模拟线建设,分别以工艺部门和采购部门牵头,改变原有的一盘散沙式的项目准备方式,将两条模拟线执行过程中各要素管理部门进行有机整合,形成以工位为圆心的同心圆作战方式。

表5-9 由传统工艺准备向模拟生产线建设转变

对比项点	模拟生产线建设	传统工艺准备
目标	高效、经济安全有序的开展生产	高效、经济安全有序的开展生产
对象	现场工位"六要素"管理标准	工艺条件
方法	部门协同作战,通过"三新"识别、"三关"把控,系统准备	完全由工艺部门执行,单纯计划准备
工具	以工位为最小单位,工序为最小单元的管理框	—
效果	异常在前端得到控制,减少生产异常发生	异常控制不住,在生产过程中才能暴露出来

表5-10 由传统物资准备向模拟配送线转变

对比项点	模拟配送线建设	传统物资准备
目标	高效、经济安全有序的开展生产	高效、经济安全有序的开展生产
对象	一系列以项目执行计划为主线的,物料采购、配送、到货标准	物料
方法	部门协同作战,通过"三新"识别、"三关"把控,系统准备	完全由采购部门执行,单纯计划准备,被动受设计、工艺、生产制约较多
工具	以工位为最小单位,工序为最小单元的管理框	—
效果	异常在前端得到控制,减少生产异常发生	异常控制不住,在生产过程中才能暴露出来

2. 异常管控方式的转变,由事后验证向事前模拟转变,项目生产中异常数量持续降低。以地铁产品平台项目举例说明,统计了自2010年至2014年执行地铁

项目中的异常数据,具体项目启动年份见图 5-2,这些项目的所属产品平台是相似的。由于 2014 年启动项目目前已经完成生产的只有苏州 2 号线增购项目,为保证数据严谨性,2014 年后数据未统计列入。

2010—2014年各项目异常数(条)

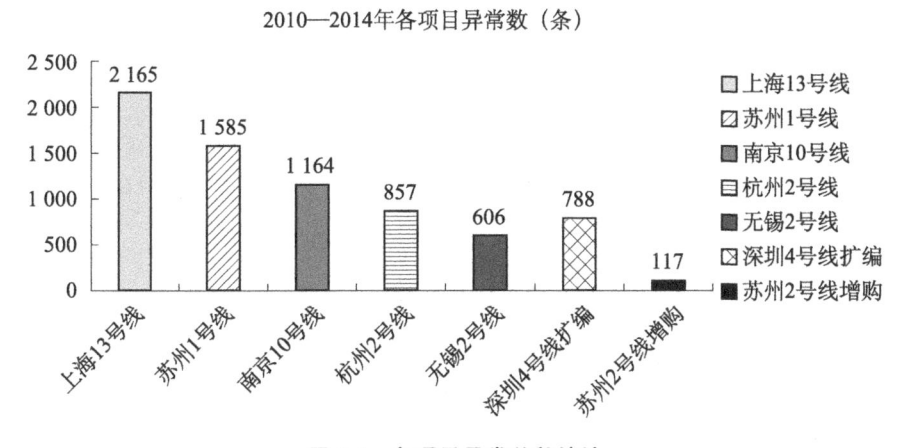

项目	异常数
上海13号线	2 165
苏州1号线	1 585
南京10号线	1 164
杭州2号线	857
无锡2号线	606
深圳4号线扩编	788
苏州2号线增购	117

图 5-2　各项目异常总数统计

从图中可以看出,自建立两条模拟线后,项目异常数量呈现明显的下降趋势,为了更清楚的表现两条模拟线建设对项目执行效果影响,引入"辆均异常数"指标,即项目中平均每辆车发生了多少条异常,用该项目发生异常数量除以该项目生产车辆数表示,得到如图 5-3 所示。从图中也可以明显看出,辆均异常从导入两条模拟线建设后,明显下降,从 15 条左右,下降到南京 10 号线的 9 条,然后逐步下降。

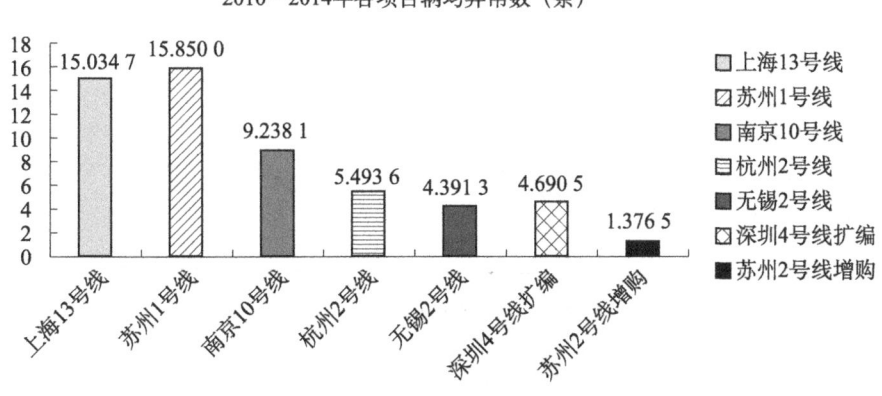

2010—2014年各项目辆均异常数(条)

项目	辆均异常
上海13号线	15.034 7
苏州1号线	15.850 0
南京10号线	9.238 1
杭州2号线	5.493 6
无锡2号线	4.391 3
深圳4号线扩编	4.690 5
苏州2号线增购	1.376 5

图 5-3　各项目辆均异常

同样，选取同一时期，相同平台的项目，对首列车试制周期进行分析，可以发现，模拟线建设后项目试制周期持续缩短。

2010—2013年同平台项目试制周期（天）

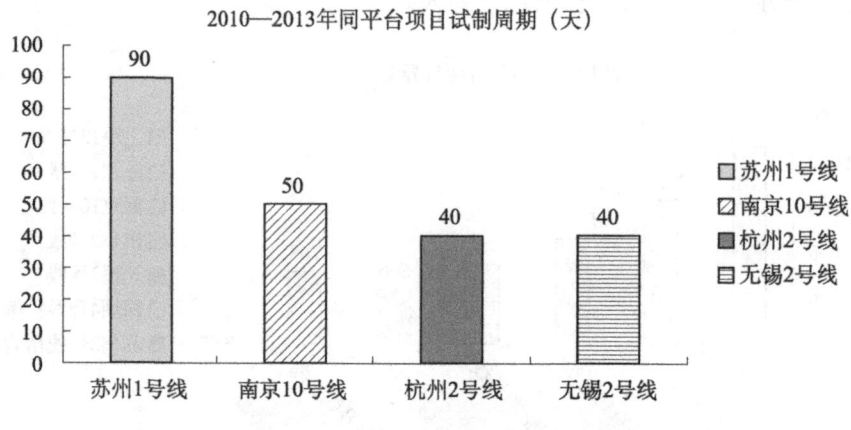

- 苏州1号线：90
- 南京10号线：50
- 杭州2号线：40
- 无锡2号线：40

图 5-4　同平台项目首列车试制周期

在模拟线建设取得良好效果的同时，也应认识到，两条模拟线建设只能在项目执行过程中对异常起到控制的作用，并不能消灭异常的产生，而且两条模拟线建设对异常的控制水平，也由项目执行团队的水平所决定的。为了更明显的表明两条模拟线建设带来的改变，对各项目中由工艺（包括工位"六要素"标准失效）和设计源头所导致的异常进行统计，如图 5-5 和图 5-6 所示。

2010—2014年各项目辆均工艺异常数（条）

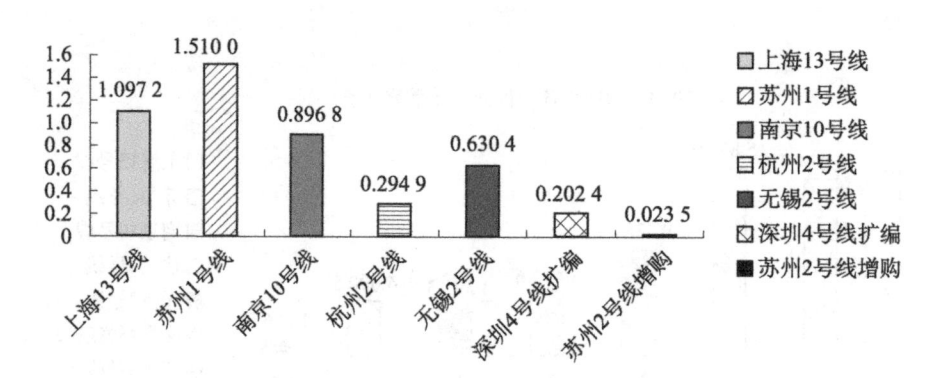

- 上海13号线：1.097 2
- 苏州1号线：1.510 0
- 南京10号线：0.896 8
- 杭州2号线：0.294 9
- 无锡2号线：0.630 4
- 深圳4号线扩编：0.202 4
- 苏州2号线增购：0.023 5

图 5-5　工艺问题导致异常

2010—2014年项目辆均设计异常数（条）

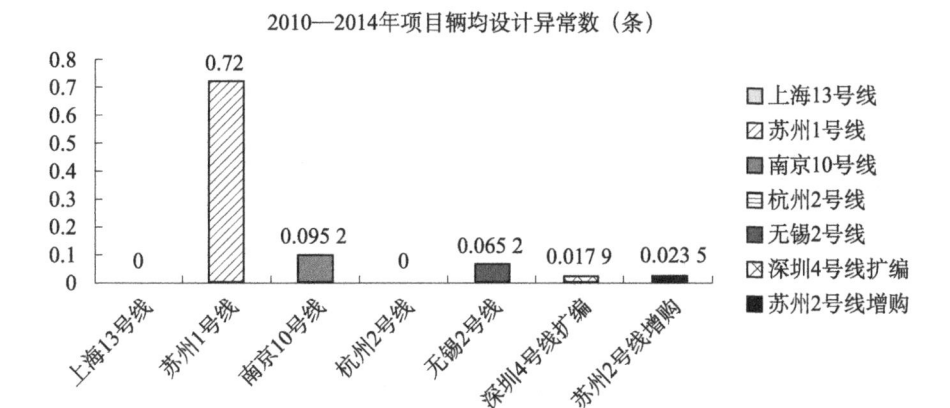

图 5-6　设计源头问题导致异常

可以看到由于工艺类问题导致的异常在开展模拟线建设后呈现明显下降趋势，而处于项目执行前端的设计类异常则并没有显现出这样的趋势，说明两条模拟线建设只能起到控制异常，但不能消灭异常，想要对异常进行全面控制，使异常数量进一步降低，必须从项目执行全局的角度，提升整个项目执行团队的水平，而其中关键就在于开展人才育成，通过对项目执行团队技能的培训，促进整个团队转变观念，提升整体项目执行能力。

第六章　六大管理平台：构建标准管理基石

本章所述的管理平台，是指"6621运营管理平台"中的6个专业管理平台，即市场管理平台、人力资源管理平台、资产管理平台、安全环境管理平台、售后管理平台和信息管理平台。这六项专业管理是以要素管理为主，主要是保证要素的齐全、管理标准明确，其内容相对固定，不会随着项目的变化而产生大的变化，所以将之归类为管理平台，主要是对各项目的正常运营起支撑保证作用，管理平台建设愈是稳固，其支撑和保证作用愈强。本章结合精益改善工具的应用和平台建设的要求，系统介绍六个管理平台建设的基本要求和方法。

第一节　市场管理平台

市场管理平台是企业市场人员及各相关部门为获取项目订单、保障项目执行、维护企业市场形象、提高企业市场地位、提升客户满意度所做的系统工作。为规范企业市场活动、加强市场管理，通过推进市场工作平台化，以培育良好市场形象，增强公司行业竞争力，保证市场占有率，提升顾客满意度。市场部门是市场工作的主体部门，牵头负责市场工作的策划、实施；负责市场调研和开拓，收集并掌握市场信息，建立良好的市场关系；建立健全客户档案；提出目标市场策略建议；组织技术交流，介绍公司的产品更新情况、技术发展趋势；掌握竞争对手信息；协助投标与合同签订；协调解决公司和客户方之间相关问题等。

根据项目进展的常规顺序，市场管理平台将市场工作分为3个阶段。

第一阶段：市场培育阶段；

第二阶段：市场开拓阶段；

第三阶段：市场巩固阶段。

一、市场培育阶段

市场人员通过地方政府主管单位、网络、专业期刊、驻外分公司、业主、设计院、业内专家、招标代理、牵引供货厂、咨询单位等及时获取项目基本信息，并及时和政府主管部门、业主单位建立联系，了解城市轨道交通项目的政府主管单位以及线网规划、时间计划、车辆制式、业主公司组织构架、轨道交通线网规划报批进展、预可研文件报批进展、建设规划报批进展、工可文件报批进展、项目建设模式、竞争对手活动等信息，并及时逐级汇报。

在收集到城市轨道交通各项规划信息、可研信息、车辆制式以及项目具体需求、业主要求等信息后，需及时向技术部门输入，技术部门在接收以上信息后及时准备技术方案，每项需求信息接收后一个月内，由市场部门组织、技术部门及相关业务部门配合完成技术交流或相关技术方案的提交；涉及投融资的项目，需经国家发改委审批的项目，在项目建设规划批复后，即进入市场开拓工位，需由市一级发改委批复的项目，在项目预可研批复后即进入市场开拓工位，由市场部门牵头组织投融资方案交流、谈判。

二、市场开拓阶段

市场人员应进一步细化工作内容，详细了解业主组织架构以及主要人员关系，与业主核心人员建立良好的关系；应全面把握和项目相关的设计、咨询单位、招标代理等单位，并进行高频次拜访，建立稳固的合作关系；应深入了解项目背景、业主需求、项目推进中的难点、技术、商务需求信息。市场人员通过口头或电话、短信、邮件等渠道将以上信息及时向上一级管理人员汇报，并将以上信息向公司领导做书面汇报。

在市场工作过程中，需要对业主疑问以及技术、商务信息进行深入说明的，需将需求及时输入，技术部门和相关业务部门，技术部门和相关业务部门在收到相关信息后，需及时准备方案。在收到需求后由市场部门牵头组织，技术部门或相关业务部门协同，与业主完成技术交流。须紧密跟踪招标程序的确定和招标文件的编制进展。通过和业主及招标代理机构的交流，引导招标程序的设计和招标文件的编制；在招标文件启动编制到形成终稿，市场人员及时获取招标文件信息，并反馈给技术部门及相关业务部门，并通过技术交流等方式，将我方意见体现在招标文件终稿中。

涉及投融资的项目，市场人员应组织相关业务部门和业主充分交流，于项目建设规划批复后或预可研文件批复后，完成项目建议书，申请立项。

在这个阶段，市场人员需紧密掌握市场竞争态势，密切跟踪竞争对手在该市场区域的活动情况及业主的态度，明确主要竞争对手及其优劣势，汇总成详细资料，报请领导确定是否为公司重点市场项目。

市场人员需要主动和业主公司高层领导建立良好的沟通关系，组织策划公司领导和业主高层间的良性互动和沟通；主动做好政府关系工作，积极拜访政府主管部门、政府分管领导等，邀请并陪同政府领导、主管部门、业主公司领导来公司考察，组织策划集团公司、我公司领导和政府领导间的会面交流；了解政府及业主需求，促成政府及业主和公司形成合作意向，并签订合作协议。

重点项目进入投标阶段时，市场人员需综合分析项目各项信息，列明竞争对手并分析各方优势和劣势，提出投标策略建议，特别针对企业竞标劣势提出工作建议并实施。招标文件发布后，应及时购买招标文件，获取招标文件相关资料、信息，协助问题解答，配合完成投标文件编制，并完成投标工作，获取招标结果。获得中标信息后，应协助完成合同谈判工作，完成合同签字。

三、市场巩固阶段

市场人员需促成公司高层领导与客户高层、市政府领导的不定期会面，以了解并解决项目执行中存在的问题,处理好和政府、业主的关系;每半年针对业主进行一次满意度调查,编制完成客户满意度调查报告,并报送公司领导审阅;不定期的组织进行技术交流,介绍公司的产品更新情况、技术发展趋势等;与客户方人员保持良好的沟通,实时掌握客户方人员变动情况以及竞争对手的工作情况。在此阶段,市场人员还需要协助项目执行过程中的收款工作。

在贯穿以上3个阶段的市场工作中,市场人员需要不断搜集市场信息,完善市场信息平台建设,为市场工作有效、有目标的开展提供足够的数据和信息支撑。需完成有关市场重大事项的收集,实时更新并于每月底发布;需不断搜集完善各城市既有项目的各项信息,并在信息平台填写完成市场项目信息;须及时搜集地铁公司、设计院、专家、招标代理、牵引厂家等单位的组织机构、人事或人员变化信息;须及时搜集分管区域/城市项目的牵引和车辆开标信息;每月度编制重点项目进展报告,报公司领导;需在每月工作计划中详细列明走访计划并实施。

除以上管理要求的工作任务以外,市场人员还需主动和业主、咨询单位、设计单位、代理机构、政府机构等保持紧密的沟通,以便及时获取市场信息,同时保持良好的市场关系,维护公司的市场形象。

第二节 人力资源管理平台

一、人力资源管理平台的作用

人力资源管理平台的建设目标是保证各管理工位和生产工位有适量的、合格的人去完成市场项目。根据公司战略发展规划,对各条管理线、管理平台的人力短板开展有针对性的资源储备、培训;结合年度生产计划,进行劳动力平衡及人员调配,对岗位技能短板实施有效培训;确定工位劳动定额,为工位切分、工位能力平衡及劳动负荷平衡提供科学合理的依据。

（一）人力资源管理平台的作用

人力资源管理平台以打造高效的工位制节拍化流水线为核心，以人员配置和人才培养为主要手段，通过制定人力资源规划，提供劳动力平衡分析下的人力资源合理配置；通过推行精益育人理念，融合先进的人才培养技术，确保各条流水线、各个平台、各个部门所有人员的配置、能力持续保证和不断提升，构建与中国中车战略高度统一的人力资源管理体系。

（二）人力资源管理平台的目标

一个宗旨：为6条流水线和其他5个平台提供人力资源全面支持服务；两个协同：一是与6条流水线和其他5个平台的协同，二是内部管理工位协同；三项资源：主要提供人才资源、培训资源、分配资源；四个到位：人力资源配置到位、员工能力保持到位、绩效管理到位、薪酬激励到位。

下面从人员配置和人才育成两个方面介绍人力资源平台。

二、人员配置

（一）人员配置的内涵

人员配置的实质是通过人职匹配活动完成管理能力、研发能力和生产能力的搭配和构建。

首先，通过采用更具倾向性和针对性的测评工具，帮助员工认识自我、发掘自我，完成个人认知形成、个人定位确立、个人规划明晰的职位提升路径，激发人才发展内部动力；其次，通过优化职位概要和发展概要帮助组织设置战略引导、结构合理、符合未来业务发展趋势的组织单元，成功打造人才驱动型组织构架，建立健全人才发展平台，营造良好的人才发展外部环境；最后，通过人员和组织的匹配，保证达成普通员工适岗—核心员工胜任—继任员工充足的组织能力建设目标，通过提升组织整体胜任力水平促进形成绩效卓越的组织，并最终实现员工企业共同发展的终极目标。

(二) 人才配置原则

1. 人岗匹配。人才发展周期与相应的职位层级相匹配，即发展越成熟的员工越接近战略贡献度高的核心职位。

2. 与发展通道匹配。人才发展周期与相应的职业发展通道能力等级相匹配，即发展越成熟的员工越接近职业发展通道能力的顶层。战略人才重点配置职位通道区域选择模型，见图 6-1。

层	级	专业管理	市场营销	研发技术	工艺技术	支持技术	技能操作
专家	L1	成熟期	成熟期	成熟期	成熟期	成熟期	成熟期
	L2						
主任	L3						
	L4						
	L5						
师	L6	成长期	成长期	成长期	成长期	成长期	成长期
	L7						
	L8						
员	L9	萌芽期	萌芽期	萌芽期	萌芽期	萌芽期	萌芽期
	L10						

图 6-1 战略人才重点配置职位通道区域选择模型

(三) 人员配置形式

人员配置是从组织的战略和人力资源规划出发，对人员进行安排的一系列活动。人员配置既包含通过招聘、甄选程序选择候选人、考察候选人并最终做出录用决策的活动，也包含为了解决组织内部适岗率低的核心矛盾，通过职位调整手段对组织内部人力资本储备和存量进行动态调节的行为。

通常人员配置的形式包括招聘、轮岗、留任、晋升、退出、继任计划等形式。人员配置形式,见表 6-1。

表 6-1　人员配置形式

项目	招聘	轮岗	留任	晋升	退出	继任
地位作用	起点基础	横向调节	继续保持	基本路径	解构	缓冲带
操作对象	公司外部人才	符合轮换职位要求的人才	绩效合格人才	公司内部所有人才	与现职匹配度低或绩效考核不合格人员	高潜力人才
配置方式	校园招聘社会招聘	职能深度发展职能广度拓展跨职能发展	维持原职位	单通道晋升跨通道晋升	自然减员职位退出	继任计划后备人才管理计划高潜力人才加速计划

(四) 技管人员配置

对于管理线、管理平台的人员配置,由所在单位提出岗位人员配置意见,人力资源部根据人力资源年度计划实施人员的招聘、轮岗、留任、晋升、退出等措施,一方面是形成基本的人力资源储备和存量;另一方面是基于适岗度而形成人力资源储备和存量的动态调节机制。

(五) 生产线人员配置

为了进一步加强劳动定额管理工作,努力推进劳动定额标准化管理,建立了基于产品平台的生产流水线标准定额定员管理模式。在此基础上,运用工位制节拍化劳动定额,建立基于产品平台的生产流水线标准人员配置。

1. 编制《工位制流水线标准定员配置方案》。随着精益生产方式的深入推进,生产流水线的生产工序和劳动方式相对固定,因此单纯依靠缩短劳动时间来提高生产效率,能够提升的空间非常有限。因此在总产量不变的前提下,有效提高生产效率的方法之一就是改善人力资源配置。《工位制流水线标准定员配置》主要是在全面理顺工位制节拍化劳动定额的基础上,坚持以产定员的原则,根据公司年度生产任务特点,对生产工艺、设备、工种岗位设置、劳动定额定员设置和完成情况以及岗位基本情况进行全面调查;利用工序推移图和山积图进行有效作业时间测定,消除瓶颈工序,根据劳动宽放时间及定员定额计算公式,计算出各工位工序理论定员数量值;对计算得出的生产流水线工位定员数据与各生产单位进行讨论评审,并进行必要调整,确定出各工位合理的劳动定员标准。通过编制《工位制流水线标准定员配置》,对生产线上的人力资源进行合理配置与调整,不仅可以做到劳动定额编制合理、节约用工成本、提高生产线效率,并且可以减少员工对单一工序的倦怠感,充分发挥员工的个人技能。

2. 推行标准工位人员动态管理。基于产品平台的生产流水线标准人员配置打破传统班组定员制度,推行工位定员制度,建立人力资源部—车间—工区—工位四级人员动态管理模式,制定了《标准工位人员动态管理规定》,对各生产单位工区内人员工位调整、跨工区人员工位调整、组织架构调整后人员工位调整以及工作岗位调整人员工位调整等做出了具体报备审批流程规定,明确员工调动需符合的条件,并在工位看板上设置《工位人员标准配置表》《工位人员动态管理图》《工位人员异动情况记录表》,通过以上3张表单实现工位作业人员的出勤情况和流动状态进行目视化管理的要求,以达到实时掌握工位员工动态的目的。同时,建立了生产线人员异动点检机制,定期对各单位人员异动情况进行点检,点检结果与车间领导、职能人员绩效挂钩。

通过推行标准工位人员动态管理,各条生产流水线人员调整严格履行岗位调整流程,在车型品种转换时进行适时适度的人员调整,做到人员的流动合理有序可控。

三、人才育成

人是企业最重要的资源,只有人的不断成长才能做到企业真正进步,企业经营的不是产品而是人。在制造产品的同时制造人才是精益推行的核心思想。精益持续推进的背后必然有一套完善的育人系统做支撑,"尊重人性,以人为本"的人才育成体系在中车精益之路上发挥着巨大的作用,它是中国中车工作方法产生的源泉,创造利润的原点。

（一）人才育成体系的特点

1. **逐级育人原则**。高层重视人才的培育工作，在公司内建立逐级育人的机制，将培养下属作为管理者的责任。公司各部门、车间正职的培训由公司组织，高管授课；副职由系统和正职负责培训，主管负责下属培养；七大任务职能部室负责本系统内的培训。

2. **科学的培养理念**。采用3E-721培养模式和阶段性的培养计划帮助员工不断提升能力水平，完成个人能力发展路径。人才育成的重要思路是使人拥有无限的能力；人不逼急了，智慧就出不来（每一个员工都有无限潜能）；人不亲身体验就学不到；教别人的时候，对自己也是一种学习；给他空间和任务，他才能成长。基于任职资格/胜任力的战略人才培养模式见图6-2。

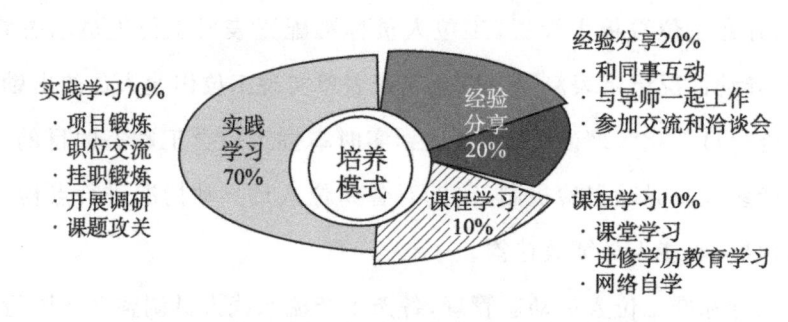

图6-2 基于任职资格/胜任力的战略人才培养模式

3. **培训模式创新**。运用精益理念，借鉴丰田道场培训形式，建立一种与企业战略与精益推进密切联系的高效培训模式，开展精益道场建设和培训，助推公司精益变革。

（二）建立以精益道场为载体的育人体系

1. 道场建设目标

精益培训道场首先从"生产制造平台"入手，以生产现场工位管理为基础，以提升现场管理者的管理能力为需求，建设精益管理道场，借助道场培养"懂精益的现场管理者"，从而打造标准化的工区工位。这也是道场建设的宗旨。

2. 道场的定位

对精益管理道场培训的定位：一是通过道场培训传递公司精益推进思想、理念和工具，使全员统一形成共识，为全员参与的精益变革奠定基础；二是精益道场作为培训实施体系的重要构成，重点做好精益管理理念、管理标准以及工具方法的培训，作为公司管理规范、管理创新的支持平台；三是道场培训对现场的精益推进与改善起引领作用，沿着精益改善—道场培训—现场推广的流程，使公司各工位的管理走向标准化、同步化；四是体现道场的本源功能——育人，将道场作为人才育成的基地，运用道场，提升一线的工位长、工区长和基层管理者的能力素养，为员工的职业生涯发展奠定基础。

3. 道场培训目标

围绕道场的定位，通过道场培训，达成 4 个目标：

（1）通过对中层管理人员、技管人员和工区长，工位长培训，为公司快速发展提供优秀的管理人才团队；

（2）通过道场培训，传递更深更广的精益内涵，提高员工队伍素质，深化员工管理能力，增强企业发展后劲；

（3）完善以培训道场为主导，以部室培训工作室和车间技能实训基地为主体的精益育人体系；

（4）通过道场内训师培养，培育七大任务优秀管理人才。

4. 道场建设情况

（1）模块布局

根据精益三期"深化工位管理、打造精益企业"目标，围绕精益现场七大任务管理，对职能部室、生产车间和工区长、工位长的培训需求，重点设置安全（含 5S、职业健康）、品质、TPM 设备自主保全、成本管理、生产物流、标准作业六大模块。

（2）课程设置

除六大模块对应的精益管理课程外，为突出道场体验感悟式培训的特点，以中国传统文化为基础，设置了《精益文化导入》课程。《精益文化导入》课程包括：《弟子规》《礼仪规范》《员工日常行为规范》《员工职业首先规范》等。每次培训开班必听班歌《跪羊曲》和《感恩歌》。通过对儒家思想以及企业文化的解读,使学员在道场培训中沐浴企业文化,共同参与企业精益文化的建设。精益道场课程框架见表6-2。

表 6-2 精益道场课程框架

序号	模块名称	课程名称	培训内容
1	文化模块	精益文化导入	企业文化礼仪、行为规范、职业道德、传统文化
2	安全模块	精益安全管理	精益安全管理理念、标准化工位管理表单
3	品质模块	精益品质管理	精益品质管理理念、标准化工位管理表单
4	TPM模块	精益 TPM 管理	精益 TPM 管理理念、标准化工位管理表单
5	生产物流模块	精益生产物流管理	精益生产物流管理理念、标准化工位管理表单

(3) 课程开发和内训师培养

管理道场课程的开发,紧扣精益推进目标,重点围绕深化工位管理,打造标准工位的具体需求,以七大任务部门在工位管理落地为主线进行。随着精益推进的深入,课件即时进行再开发和再升级,以满足道场引领现场的目的。根据需要目前开发的课件主要包括:工位长职责、工位安全管理、5S 管理、生产管理、物流配送管理、品质管理、设备保全、成本管理、标准作业导入、标准作业流水线、成本递减—沙盘演练等。同时还开发了企业文化礼仪课程,结合中国传统文化对学员进行企业文化和礼仪的培训。

按照道场 6 个培训模块,分别从相关职能部门选拔业务骨干作为各模块的内训师备选人员,组织备选人员参加道场前期的设计和建设,同时参与管理工具的研讨和培训课件的开发工作,使其对道场的培训理念和相关模块的培训内容有较深的认知。同时对其进行师德师范、课堂呈现技巧、PPT 制作等相关内容的规范系统培训,然后逐个试讲、点评,从空台登场要求,到静声起音等细节,对内训师一一进行指导。目前虽有新老内训师的更替,但培训的效果一直能够保证,部分老师已受到多方好评,成了道场的金牌讲师,很受欢迎。

5. 道场培训管理

道场培训采取的是以过程为导向的管理模式,通过引导、启发,使学员达到自觉遵守规则,自我管理的目的,即达到"入虚室,如有人"的境界。从学员入场开始即设置了"五道序":阅读入场流程图;签到;穿营服、挂胸牌并正容、了解正行规;放置手机;找到自己对应的座位。"五道序"设置的目的:一是让学员建立一种遵守规则的意识;二是在老师的引导下使学员有序而轻松地了解规则,穿好营服,平复心情,从内心到外在不经意间进入状态,为后续的课程学习做好铺垫;三是以特训营的形式将学员组成了红、黄两队进行管理,助教自始至终利用课间两分钟,从考勤、纪律和士气3个方面对两队的表现进行点评,最后评出优胜队。此环节的设计,既挖掘了学员的自律潜能,培养了团队意识,又使两队在友好比赛中协助了管理。整个课程呈现出轻松、有序、高昂的气氛,很好地为"学、做、悟"的培训主题做了烘托。

（三）精益管理道场培训特色

道场是现场的前置,是精益生产、创新、改善推广的起点,是标准化的源头。道场的建设、培训与管理都要考虑与现场管理的一致性、延续性、引领性。从道场氛围营造、道场布置、道场管理及课程设置无不围绕上述思想而展开,归结起来道场特色主要体现在以下几个方面。

1. 氛围特色

引入中国传统文化的精华来营造道场氛围,使之与企业文化、精益文化在此高度融合,用文化助推精益走向深入。

2. 管理特色

道场管理与其他培训的区别可用"理念、规则、标准"六个字来概括。在道场培训全过程中让学员通过体验规则、共识规则,养成遵守规则、按标准做事的理念和习惯,传递一种以过程为导向的思维方式和管理方法,养成关注细节、遵守规则、执行标准的良好行为。

3. 教学特色

精益道场培训是一种体验感悟式培训,注重"学、做、悟",它融合了情景模拟、角色演练、案例研讨、感悟分享等多种培训教学法,通过学员在培训活动中的参与,来获得个人的体验,并通过团队成员的共同交流、分享,从而提升认识的一种培训方式。

总之,精益道场模式是在系统梳理管理内容、管理标准和管理工具方法基础上,形成培训内容,设置培训案例和模拟现场作业的环境,通过环境文化的感染、规范细节的训练、内训师的传授和学员动手操作、角色演练,让学员在掌握精益管理知识基础上,体悟文化之道、管理之道、践行之道。

(四)精益道场培训取得的成效

精益是现代企业的灵魂,道场培训为公司精益管理提供强力支撑,在公司持续、快速、健康的发展中发挥了不可替代的作用。

1. 员工"学精益、讲精益、用精益"的氛围日渐形成

通过精益道场培训和转训,全员完成了精益思想的导入,认识到精益是公司获得竞争实力的法宝,形成全员参与精益管理的良好氛围,为公司精益生产提供了强力的支撑。以某子公司为例,从2011年4月管理道场建设至今,已组织各类培训班54期,1 197人次,转训894人次。参训人员包括:中层领导、中层助理(助理、后备、工区(位)长、大学生工区长助理)、精益专职、新入职大学生等。

2. 有效提高生产现场的管理水平

借助精益的理念和工具,公司的管理不断得到改善,生产流程更顺畅了,现场变得更整洁了,员工的士气提高了。以某子公司为例,实现了由日产4辆新造客车到日产14辆新造客车的飞跃。2011年7月初到9月30日,公司用3个月顺利完成1 007辆新造客车的战绩。员工感叹道:"如果没有精益理念,没有精益生产体系的指引,要高质量、快速度完成这么大批量的任务,在过去根本是不可想象的。"

3. 道场培训的机制完全建立,加快了公司的人才培育

精益道场培训实现了七大任务的表单化管理,产生了精益管理、研发、工艺三大道场的课程体系。精益培训道场逐步成为企业切磋精益管理的重要场所,培训道场和现场紧密相连,学员带着问题学习,在培训中拓展提升,使道场培训管理者以及架设企业管理与生产现场桥梁的功能得到较好体现。一批又一批的学员从这里结业,道场已逐步成为提升企业管理水平的"黄埔军校"。

4. **培养了企业宝贵的师资力量**

精益培训师是精益理念的传播者,参加培训的人员回单位后又进行转训,成长为内训师,强有力推进了企业管理提升,为全员培训奠定了基础。

第三节 安全环境管理平台

安全环境管理平台作为 6 个管理平台之一,其主要作用是给予工位制节拍化生产线以安全、环境方面的管理支撑。其主要内容,包括作业安全、职业健康、现场作业环境等。

安全环境管理平台是以同心圆作战、同步化实施、前期预防、全程管控为理念,以工位为核心和载体,以现场整理整顿为基础,强化工位现场(5S)管理,职业健康安全管理。通过安全隐患点识别、管控、改善,为生产线的顺利运行提供支撑,保障员工作业安全。

安全环境管理平台的管理支撑,通过建设精益安全工位来实现,精益安全工位是在安全管理平台的基本理念基础上,结合多年来职业健康安全管理的经验,适应工位制节拍化生产的需求而提出的。

一、精益安全工位的概念

精益安全工位是在工位建立的基础上,将安全技术、管理标准、作业规范通过各类目视化文件落实到工位,同时,明确各级管理者及员工的管理职责、管控范围、管控流程,实现现场安全管理常态化。

精益安全工位的特点:以工艺优化为源头,以安全工位建设为核心,以责任落实为导向,以专业管理为支撑。通过生产区域的分割、作业工位的切分、管理要素的分解、工作机制的建立、管理流程的优化,实现精益安全工位管理制度化、制度标准化、标准表单化、表单信息化、基础安全管理常态化。

精益安全工位建设是安全管理"分级管理、分线负责"原则落实到现场的方法和手段，可以将源头控制、全员参与、过程管控、持续改善的理念和要求具体到"动作"，是安全管理提升工作的有效抓手，是促进全流程安全管理的基础，是最终实现安全常态化管理的保障。

实施精益安全工位的目的：

——建立工位安全管理持续改进机制；

——建立工位安全事故的有效预防机制；

——提高工位本质安全度；

——实现精益安全工位管理制度化，制度标准化，标准表单化，表单信息化；

——实现基础安全管理常态化；

——实现零违章、零隐患、零事故。

二、精益安全工位的建设步骤

实施精益安全工位建设是以危险源管控为核心，应用精益理念和工具，优化工艺布局，通过危险源识别、控制措施制定、安全培训教育、作业行为控制、安全点检、目视化表单、异常情况处置及信息统计分析等措施、手段，将基层安全管理各项要求落实到每个工位，构建精益安全工位管理模式。

精益安全工位建设的实施分为"九大步骤"：成立推进组织，编制推进计划；优化工艺布局，提高本质安全度；优化人员配置，规范员工作业行为；合理划分工位，细化管理单元；识别工位危险源，制定有效的管控措施；编制工位安全管理表单，实现动态管理；选择试点推进，逐步推广；完善安全异常（隐患）处置流程，建立防止再发机制；组织开展验收评价，建立评价改善机制。

（一）组织、计划

1. 成立组织

根据中国中车精益安全工位建设实施方案要求，结合本单位实际情况，建立以工艺、精益、安全、设备等部门共同参与的推进组织。

（1）领导小组：领导小组一般由公司分管生产、安全、精益的领导担任组长，精益推进部门、工艺部门、设备部门、安全管理部门、生产管理部门、人力资源部门等部门的一把手担任领导小组组员。

（2）实施小组：实施小组建议采用项目制，用项目管理的方式具体推动。项目组要包括安全、精益、工艺、设备、生产、人力方面的人员。

2. 明确职责

领导小组职责：主要负责工艺流程优化、精益安全工位推进、精益安全管理提升整体方案的策划，并组织实施；负责相关资源配置及有关重大事项的决策等。

实施小组职责：根据策划方案，负责制定生产线的具体工作计划，积极推进各项活动；负责落实相关工作要求，积极沟通和协调解决推进过程中的各项事项，确保取得实效。

各部门的职责如下。

工艺部门：负责工艺的划分和各工位之间的工序优化。负责编制各类工艺文件。

人力资源部门：负责配置工位生产人员和制定培训计划，并根据培训计划组织实施。

设备管理部门：负责对设备进行安全性分析与优化，将安全技术、管理要求落实到设备设施技术条件制定、招标、安装、验收全过程；负责推进 TPM 管理，制定常态化的 TPM 管理机制和评价标准，负责日常运行的检查督促。

安全环境管理部门：负责组织对工序危险源进行辨识、分析，组织编制安全地图，制定相关制度、流程；负责对日常运行的检查督促。

精益推进部门：负责目视化管理板的总体设计，精益工具的导入，并对工艺划分、工艺优化，各类表单、流程的合理性进行统筹把关。

3. 制定计划

职责明确后，根据职责分工，编制推进计划，明确工作内容、完成时间、责任单位及输出结果。

（二）工艺流程优化、本质安全度

精益安全工位作为建立在精益生产平台基础上的安全管理模式，不是简单的对原有现场的一种表单化、可视化管理，而是按照工位制节拍化生产的方式，在对工艺流程进行梳理、分析的基础上，对工艺过程进行改造，对工艺布局进行优化，达到安全生产标准化的要求，提高生产过程的本质安全度。

1. 工艺流程优化

（1）优化试点生产线，实现节拍化生产。工艺技术部门进行生产线优化，合理调整工艺布局，优化工艺流程，形成节拍化生产流水线。

（2）优化物流配送方案，实施物料配送制。物流配送部门编制物流配送方案，推动配送模块化，实现定时、定点、定容、定量的配送制，以降低中间在制量为目标，减少现场物料的储备和积压，保持现场物流畅通，提高物料周转率，改善安全生产环境。

2. 提高本质安全度

在工艺设计、工艺流程优化、精益生产线和物流配送线建设的同时，提升设备设施的本质安全水平，可以从以下3方面入手。

（1）设计阶段：采用技术措施来消除危险，将危险区完全封闭，使人不可能接触或接近危险区，或者在危险区域设计安全连锁装置，当操作者违规进入危险区域或违规操作时，安全连锁装置可使设备自动停机。采用安全装置，实现机械化和自动化等，都是设计阶段应该采用的安全措施。

（2）过程控制：推进TPM管理机制建设，建立有计划的维护保养和预防性维修制度，通过设备设施计划性维护保养、状态点巡检、技术状态鉴定等措施，及时发现、解决设备设施异常，保证设备设施始终处于可靠状态和安全装置的完好性，实现设备设施的本质安全。

（3）管理措施：指导设备的安全使用，向用户及操作人员提供有关设备危险性的资料、安全操作规程、维修安全手册等技术文件；加强对操作人员的教育和培训，提高工人发现危险和处理紧急情况的能力。

实现本质安全化的基本途径有：从根本上消除发生事故的条件（即消除物的不安全状态，如替代法、降低固有危险法、被动防护法等）；设备能自动防止操作失误和设备故障，即避免人操作失误或设备自身故障所引起的事故，如：连锁法、自动控制法、保险法；通过时空措施防止物不安全状态和人不安全行为的交叉，如：密闭法、隔离法、避让法等；通过人—机—环境系统的优化配置，使系统处于最安全状态。

（三）工位、单元

合理地划分工位对精益安全工位的推进非常重要，直接关系到推进工作的可行性和效果。关于标准工位的建设，前文已经讲过，这里不再赘述，需要提出的一点是，从安全管理角度出发，工位的切分要符合以下几个条件：

（1）定作业区域：工位作业区域固定，有明确的区域界线，有固定的设备设施。

（2）定作业内容：根据工艺划分，区域内的员工作业内容基本固定，员工接触的危险源基本固定。

（3）定作业人员：区域内作业人员基本固定，并形成有效的组织。

作业人员在固定的区域内，进行固定的作业，其所接触的危险源基本固定，有利于员工熟悉和掌握，在发生变化时，能及时、有效地反馈、处置；同时，有利于形成有效的组织监控，提高异常（隐患）处置速度，使各级组织掌握安全动态，实现常态化管理。

（四）5S、危险源

1. 开展 5S 活动

（1）5S 的基本概念

5S 是对生产现场人员、机器、材料、方法等生产要素进行有效管理的一种方法。即整理（SEIRI）、整顿（SEITON）、清扫（SEISO）、清洁（SETKETSU）、素养（SHITSUKE）五个单词，因其日语的罗马拼音均以"S"开头，因此简称为"5S"。

整理：区分要与不要的东西，现场除了要用的东西以外，一切都不放置。区分要与不要的标准是："现使用价值"而不是"原购买价值"。整理的目的是将"空间"腾出来，提高生产效率。

整顿：要的东西依规定定位、定量摆放整齐，分门别类，定点定位，明确标识。

清扫：清除工作现场内的脏污，彻底根除污染的发生源。通过消除"脏污"，保持现场干干净净、明明亮亮。

清洁：将上面3S实施的做法制度化、规范化、习惯化，维持其成果。通过制度化来维持成果，并显现"异常"之所在。

素养：人人依规定行事，从心态上养成良好的习惯，提升"人的品质"，成为对任何工作都讲究认真的人。

（2）5S推行要领及实施方法

1）推行要领：

a. 整理的推行要领：

工作场所（范围）全面检查，包括看到的和看不到的，制定"要"与"不要"的判定标准。对不要的物品进行清除，对要的物品调查使用频率，决定日常用量；每日自我检查。

整理阶段应重点关注并消除以下现场浪费：空间的浪费、使用棚架或柜子的浪费、零件或产品变旧而不能使用的浪费、放置处变得窄小、连不要的东西也要管理的浪费、库存管理或盘点所花费时间的浪费等。

b. 整顿的推行要领：

前一步骤整理的工作要落实，需要的物品明确放置场所，摆放整齐、有条不紊。划线定位，对相关场所和物品进行标识；制定废弃物处理办法。

通过整顿，使任何人都能立即取出所需要的东西，同时确保物品使用后能够很容易恢复到原位，且没有恢复或误放置能马上知道。

c. 清扫的推行要领：

建立清扫责任区（室内、室外），开始全公司的大清扫、将每个地方都清洗干净，调查污染源，对污染源予以杜绝或隔离；建立清扫基准，作为规范进行点检。

清扫最关键的工作就是点检,通过清扫基准的制定,明确责任分解,落实点检工作,确保整理整顿效果。

d. 清洁的推行要领:

落实前 3S 的工作,制定目视管理及看板管理的基准;制定 5S 实施办法,制定稽核奖惩制度,加强执行。领导带头,带动全员重视参与 5S 活动。

清洁是一个将前 3 个 S 不断标准化的过程,通过各类制度和办法的制定,将前面 3 个 S 的工作不断推进,为形成全员素养打好基础。

e. 素养的推行要领:

制定服装、臂章、工作帽等识别标准,制定礼仪守则。教育训练,推动各种激励活动。

素养不是一朝一夕能形成的,它更多的是一种企业文化,需要在前面 4 个 S 的基础上不断推进完善,形成企业潜移默化的文化。

2) 实施方法:

a. 红牌作战

在 5S 活动推行过程中,红牌检查是重要的工具之一。

5S 推行委员会和各部门的推进工作组在现场巡回检查时,依据一定的基础判断出违反 5S 规则的情形及不符合的项目,在其上面贴上红牌,并填写相关内容,由责任部门按期整改,将处理结果向相关部门(如精益办)汇总上报。

红牌作战的对象:经整理后不要的物品;需要改善的事、地、物;有油污、不清洁的设备;卫生死角等。

红牌样式如图 6-3 所示。

b. 目视化

目视化是指用直观的方法揭示管理状况和作业方法,让全体员工一目了然、一看就明白的一种管理方式。员工可以很容易就看出工作的进展状况是否正常,并且做出相应的判断和决策。

为了更好的了解当前的状态,按照水平从低到高我们将目视化管理分为 3 个层次:

一是初级水平,物品摆放整齐,相关的标识类信息还不明确;

5S 管理红牌问题票				
部门		红牌编号		
责任区		责任人		
贴牌日期		完成日期		
问题描述				
对策描述				
部门确认		精益办确认		
精益生产推进办公室				

图 6-3　红牌样式

二是中级水平,实施三定管理,物品的数量等标识明确;

三是高级水平,明确了物品数量、状态等信息,同时对异常的处置提出了相应的指示。

目视化管理的 3 种状态,为我们提升现场目视化水平指出了具体的改进方向。

在目视化管理方法中,应用最广泛的当属颜色管理,运用人们对颜色的反应与联想能力,将企业内的管理活动和管理实物披上一层有色的外衣,使任何管理方法都利用红、黄、绿、白等几种颜色来管理,达到每一个人对问题都有一目了然的认识。

一般而言,关于彩色有以下使用规则:

红色:表示禁止、防火、危险、警戒、不良品;

黄色:表示注意、等待、待确认、暂定位;

蓝色:表示诱导、指示;

绿色:表示安全、通畅、许可、合格品;

白色:作为辅助色,用于文字箭头记号。

为了能够将一些管理信息、管理要求更加直观、有效地传递给所有人员,特别是在安全管理方面,在颜色的搭配使用时需要遵循一些规则(《安全色》GB 2893—2008)。

c. 定置管理

定置管理是通过研究分析人、物、场所等的状况以及它们之间的关系,从而进行整理整顿,使每一项物品都必须放置在一个特定的、正确的地方,即在需要的时候随时取用。任何物品的缺失、增加或其他异常能直接地察觉到。

一般需要定置管理的有:工厂的各个区域、设备设施、工装夹具、工量器具、人员的定点作业、文件资料的定置,等等,定置是实现高效作业的基础。

d. 形迹管理

形迹管理是物品摆放的一种方法,就是把物品的投影形状在放置它的板、墙上,用笔画出来,或用刀刻出来,然后把物品放在上面。好处是,任何人都能一目了然地知道,什么物品应该放在什么地方、怎么放,什么物品不见了。

e. 看板管理

看板管理是把管理的项点,通过各类管理看板显示出来,使管理状况众人皆知的管理方法。看板管理是一流现场管理的重要组成部分,是给客户信心及在企业内部营造竞争氛围,提高管理透明度的非常重要的手段。

5S管理是精益安全工位推行的重要基础之一,通过5S管理的推行,一是可以使现场所有物品达到有序、可控的状态,便于危险源的识别,同时也减少了因无序状态造成的危险;二是通过标准和规范的建立,使员工养成良好作业习惯;三是为员工创造良好的作业环境。5S管理是精益管理的基础工具之一,是提升现场管理的基础,也是推行精益安全工位的基础。

2. 危险源辨识

充分辨识本工位生产系统中存在的危险源,明确管控对象,制定相应的管控措施。在此基础上,建立工位目视化管理板,编制工位安全管理表单。

工位危险源辨识是精益安全工位建设工作的关键,为了提高危险源辨识效果,危险源辨识工作应在企业安委会领导下进行,由安全管理部门牵头,工艺、装备、生产管理及作业员工等有关人员组成专业评估小组,评估人员应经过专业培训,并与其能力相适应。

危险源的辨识应从物的不安全状态、人的不安全行为、环境的不安全因素及管理缺陷等4方面入手,按照工艺流程的各阶段、区域地理位置或部门、班组,按照设备、设施,按照作业任务相结合的方式,确定辨识范围和对象。将其划分为粗细适当的具体工序,针对工序人员的具体活动、设备设施、作业环境和能源资源的输入输出,分别辨识出设备设施的不安全状态、人的不安全行为、作业环境、突发事件、相关方等各种类型的危险源。辨识要充分考虑覆盖过去、现在和将来三种时态,正常、异常和紧急三种状态,机械能、化学能、电能、热能、放射能、生物能、人机工程(生理、心理)七种类型,不仅要考虑本单位的人员、设施和活动,同时要考虑相关方活动带来的危险源。

危险源辨识应当是动态更新的。发生以下情况时,及时更新危险源:当法律、法规发生重大变更或修改时;发生重大生产安全事故后;新、扩、改项目或产品结构调整以及生产工艺、设备发生重大改变时;相关方对本公司产品、活动及服务中产生的危险源进行投诉时;发生其他需要进行危险源更新的变化时;工位人、机、法、环发生变化时。

3. 风险评价

危险源辨识完成以后,应当组织专家组对所有危险源进行风险评价,制定有效的管控措施,并根据评价结果,分级管理,挂牌管理。风险评价最常用的方法是非判断法和作业条件风险性评价法(即 LEC 法)相结合的方法。

(1) 是非判断法

通常来说,凡具备以下条件的均判定为重大风险,不符合相关法律、法规及其他要求的,或相关措施有助于提高员工安全意识的;潜在的或直接观察到可能导致重大人员伤害或财产损失、事故危险的;曾发生过事故或未遂事故,且未采取有效防范措施的;有相关方抱怨或迫切要求的。

(2) 作业条件风险评价法,即 LEC 法

指事故发生的可能性(L)、暴露于危险环境的频繁程度(E)、事故产生的后果

(C)三个因素指标值之乘积($D=LEC$)来评价系统人员伤亡风险的方法。

4. 危险源控制

危险源控制手段应通过技术措施（设计、建设、运行、维护、检查、检验等）、组织措施（职责明确、防护器具配备、作业要求、应急保障等）和教育措施，对其进行严格控制和管理。按照消除、替代、工程控制措施、标志、警告和（或）管理控制措施、个体防护装备的顺序降低风险。

（五）编制工位安全管理表，实施动态管理

工位安全管理表单是整体安全管理在工位落实的具体体现，建议工位设置三张安全管理表单，分别是：工位安全地图、安全日历及隐患整改记录、安全点检表。综合考虑工位七大任务在现场管理表单的数量和工位填写工作量，表单的设置应综合考虑工作量与管控效果。

1. 工位安全地图

依据海因里希法则，要防止事故的发生必须控制物的不安全状态和人的不安全行为。

（1）包含的内容：现场定置；管控点（危险源）分布；管控点（危险源）对应的伤害类别；管控点（危险源）对应的防范措施。

（2）编制方法：绘制工位定置图（如图2-4所示）；由工位长（班组长）组织工位员工进行充分的危险源识别，确定危险源对应的伤害类别，同时制定相应的管控措施；将辨识出的危险源在定置图相应位置标出，不同伤害对应不同色彩（颜色管理），形成安全定置图；将危险源与管控措施制成表格，与安全定置图放入同一张纸，形成工位安全管理标准——工位安全定置图与防范要点。

2. 安全点检表

（1）包含的内容：现场危险源实际状态是否正常；各级管理者过程点检控制情况。

（2）编制方法：以月为单位编制；点检项点对应"工位安全定置图与防范要点"中识别的危险源；确定各项点点检时间，建议按作业前、作业中、作业后划分，作业中、作业后点检的项点在作业完成后记录;明确各级管理者点检频次,并留出签字栏。

3.《安全日历及隐患整改记录》

安全日历是国际通用的安全管理方式,主要通过每日安全管理和安全目标管理促进企业管理的每一个层级人员,提高安全操作和管理的意识,也是目标管理的一种直接体现。安全日历放在工位管理板日常使用,工位长负责每日的安全填写,当出现轻微安全事故时在安全日历相应的日期涂上黄色,当出现重大安全事故时在安全日历相应的日期涂上红色,没有任何伤害时涂上绿色。安全管理在企业内部应该放在第一位,目标达成必须是全员参与。

(1) 包含的内容:每日安全状态;现场安全隐患整改情况。

(2) 编制方法:绘制安全日历,根据公司安全隐患整改流程绘制。

通过三张表单的运用,使工位安全管理标准在现场目视化,促进现场安全异常的快速解决,实现PDCA循环的过程管控,形成安全信息记录和收集的平台。工位安全管理表单内容、编制方法及示例见附件,各单位可根据自身实际进行设计。除此之外,还应当将工位安全操作规程、设备安全操作规程等作业指导书一并梳理和编制。努力实现标准化作业。

(六)规范作业行为,提高员工安全素养

据统计,事故80%以上是由人的不安全行为造成的。相对于"机",人具有主观能动性,能够完成复杂的操作,但是也具有更大的不确定性。通过分析人的特性,要对人的作业行为进行有效管理,必须在做好合理配置的基础上,坚持"疏""堵"并举,建立起一套岗位作业标准化标准,长期不懈地治理"三违"。总的来讲,可以从以下三个方面入手。

1. 规范作业动作标准

工艺技术部门在组织制定工位作业要领书或作业指导书时,要进行预先危险性分析,识别作业安全风险,制定安全防范对策,规范作业动作。作业动作应包括主动作和辅助动作,主动作应明确怎样正确操作,操作的流程与要点,注意的事项

与要求。辅助动作应包括人员资质、操作技能、培训、点检、交接班、现场管理等要求。

2. 合理配置作业人员

在为工位配置人员时,要充分考虑员工生理、心理和操作技能等因素,把合适的人分配到合适的工位。例如,恐高的人不要安排到行车操作、高处维修等岗位,尽量不要安排有职业损害的员工到有相应职业病危害的工位。

3. **提高员工安全素养**

通过安全知识学习、培训、宣讲、危险预知训练(KYT)等安全方法和手段,提高员工掌握安全知识技能的水平,提高员工安全意识,培养员工良好的作业习惯,逐步提高员工安全素养。

(七)选择试点推进、推广

基础资料准备完成后,建议在正式运行前,进行试运行工作。通过试运行及早发现不足,进行调整和优化。

试运行的启动:开展试运行动员,并对工位员工进行培训,编写填写示例,形成良好的氛围。

试运行的监控:在试运行阶段,项目组成员应当分工进行监督和指导,及时收集问题,并对表单和制度进行调整。在试运行阶段,应当定期召开项目组会议,加强信息的沟通,对遇到的问题及时解决。

(八)完善流程

安全异常(隐患)处置流程,是指从工位发现问题,到反馈、分析、解决问题的流程。处置流程重点是两个方面,一是处置要快,在工位反映出问题后,能在最短时间内进行处置,消除隐患。二是职责要明确,就是说在问题出现后,能在第一时间找到解决人,谁判断、谁上报、谁制定措施、谁处置解决、谁验证,都要明确。

安全信息统计分析系统,是指对各类安全信息进行统计、分析,从整体上把握本单位(区域)内安全隐患、事故的分布情况,找出高频次项、重大(点)安全隐患、事故等主要矛盾，有针对性地从人、物、环、管等方面，制定整体改善计划，实现安全管理的提升。

三、精益安全工位实施要点

（一）思想

精益安全工位是一种全新的、更为先进的管理模式，对安全管理提出了更高的要求，需要各级管理者高度重视，通过宣贯和实践，促进各级各类员工思想的转变，真正领会精益安全工位管理模式的理念，主动将精益安全工位理念融入本公司、本部门、本岗位工作中去。

（二）全员

1. 形成全员参与氛围

通过不断的培训和生产方式的持续推进，让更多的操作者、班组（工位）长、生产、管理人员理解和掌握精益安全工位管理方式，以危险源管控为核心，逐步在企业内部全面贯彻精益安全工位管理的理念，形成氛围，全员参与，改善提高。

2. 培育精益安全文化

实施全员改善活动，引导员工发现危险源并消除，通过不断地改善，实现本质安全度的提升，减少风险、提高安全标准化作业水平，从而营造全员参与，人人都是"安全员"，最终形成员工自我管理，自我提升的安全文化。

（三）危险源

1. 正确认识危险源

安全管理的核心是危险源。危险源存在于确定的系统中，不同的系统范围，危险源的区域也不同。因此，分析危险源应按系统的不同层次来进行。一般来说，危险源可能存在事故隐患，也可能不存在事故隐患，对于存在事故隐患的危险源一定要及时加以整改，否则随时都可能导致事故。

2. 建立危险源的日常管控机制

在充分辨识工位生产系统中危险源的基础上，制定有效的管控措施，并让员工熟悉自己工作范围内存在的危险源及其控制措施。相关人员按照《安全定置图及防范要点》和安全点检表，对相应工位危险源的状态进行点检，对一些作业过程中的动态危险源，加强过程管控，各级检查发现的异常情况要及时制定有效的整改预防措施，消除隐患，预防类似问题的重复发生。

为了保证危险源的管控效果，可以建立健全三级巡查机制，开展公司每月、部门每周、班组每班的三级巡查，下一级的巡查情况作为上一级的巡查内容，一级管一级，一级控一级。可以通过安全生产合理化建议提案等活动（具体活动开展示例见附件），发动全体员工，消除生产过程中的安全隐患。

另外，为了保证危险源辨识的充分性，实现危险源的动态管理，及时将各类安全检查、事故处理、生产过程中发现的危险源更新到点检表中。

（四）本质安全

只要隐患存在，事故就有可能发生。所以优化工艺布局，提高生产过程中的本质安全度是精益安全管理与原有安全管理模式的根本区别，是中国中车安全管理水平的又一根本提升，有利于从根本上发现和消除安全隐患，预防事故的发生。

第四节 资产管理平台

一、资产管理平台的概念和目的

（一）资产管理平台的概念

资产管理平台是以标准工位为载体，为项目执行提供设备、厂房动能管线等方面的支撑，由事后管理向自主保全、全面预防管理转变，并通过整合、优化现有资源，打通资产管理的关键流程，对项目执行过程提供点对点的支撑、服务和持续改善的管理平台。

（二）资产管理平台的目的

作为制造型企业，标准工位是精益管理实施的核心，那么作为六大支撑平台的资产管理平台必须以现场工位的需求为核心，通过强化工作机制，改善基础管理活动，消除资产管理活动中的各项浪费，建立适应企业自身发展的标准化的资产管理模式，并通过全员参与的形式保持设备与工艺装备的最佳状态，达到零故障、零不良、零灾害、零浪费的目标。

二、资产管理平台的建设与应用

（一）组织建设和理念导入

在项目管理中，组织决定了管理的资源、目标和责任，那么在资产管理平台建设中应首要建立各级推进组织，明确各级组织及成员的职能、权限。资产管理平台建设重点以推进TPM为主，推进组织按照职能的区别分为决策层、指导层、实施层三个层面。

1. 决策层由公司领导及专业管理部门组成，例如，公司的设备管理委员会，主要负责目标设定、资源调配、重要管理活动决策等工作。

2. 指导层由资产的归口管理部门和设备员担当，例如公司的资产管理部门和车间的设备员，主要负责方案策划、标准制定、培训指导、检查监督及项目评估验收的组织等工作。

3. 实施层由各生产车间的专项推进小组组成，主要成员为操作者、工位长、工区长等，主要负责计划方案、培训计划的实施，以及基础数据统计、问题反馈和自主改善等工作。

TPM推进工作，是全员参与的管理活动，上至公司领导，下至一线操作者，通过各级组织的划分和责任的确立，以目标为导向建立责任机制，提高效率、降低成本，高效高质的响应现场需求。另外，TPM推进是一项系统的工程，不仅需要全员责任、意识、能力的提升,更需要理念的灌输和引导。尤其在初期和推进过程中,要运用培训、宣传、讲座、参观、会议和成果展现等方式进行 TPM 工作的理念导入,让全员逐步认识 TPM 推进工作的意义和作用,激发全员的参与意识和热情。理念的导入应加强以下 3 方面:

(1) 领导层的理念导入。领导层一方面指的是公司级领导;另一方面指的是实施和管理 TPM 推进工作的部门、车间等中层领导。观念转变是推进工作的关键,而各层级领导掌握着大量资源,领导层对推进工作的支持程度和推进力度对整个系统工作起着决定性作用。

(2) 指导层的理念导入。指导层指的是 TPM 推进工作的核心成员,例如,资产管理部门内部的 TPM 推进小组成员。指导层承担着推进工作的策划组织、流程设计、检查考核及改善等核心管理工作,他们是整个 TPM 推进工作的核心力量,需要加强理念、工作、方法等导入,同时也需要加强资源的支持。

(3) 实施层的理念导入。实施层指的是操作者和基层管理者,例如设备操作人员、工位长、工区长等,TPM 推进工作要通过实施层落实在现场工位,并以现场工位为载体输出推进成果。实施层不仅人数众多,在学历和接受新管理理念上存在较大差距,所以他们的意识转变对工作的开展尤为重要。

(二)制度建立和流程梳理

TPM 推进工作不仅需要理念的导入,也需要制度的保障和流程的支撑。推进工作的出发点和落脚点是满足现场工位的需求,通过降低设备故障率而提高生产效率,这就需要企业根据自身的管理现状和资源,进行资产管理相关的制度和流程的梳理和优化,通过制度明确各层级的责任和义务,通过流程明确管理动作的输入、输出和接口,使得推进工作分工明确,职责、流程清晰。在这个过程中,不是单纯的新增或删减制度、流程,而是根据管理需求,从生产现场实际出发,梳理制度和流程要简要可行,即可行性要高。通过开展对标准工位的实践工作,TPM 推进工作对生产现场管理动作主要体现在以下 4 张表单。

1. 设备清扫、润滑点检标准

设备管理人员结合现场实际,整理应该遵守的事项,编制清扫、润滑、点检基准书，并研讨局部覆盖方法及清扫、润滑、点检困难部位的对策，点检基准书的编制要求图示化高、可操作性好。设备点检过程中涉及清扫润滑点检基准以及点检表，点检围绕三个原则进行：开始作业时，以润滑点检为中心；设备运转期间，以"五感"点检为中心；作业结束时，以停止点检的清扫点检为重点。设备清扫、润滑点检基准表的编制步骤如下（如图6-4所示）：

第一步：绘制设备简单图形并标出清扫、润滑、点检部位（可以以照片表示）；

第二步：再次审视设备简单图形；对清扫、润滑、检点项目的部位，确定其作业方法、时间、判定标准、用具及处置方法、作业周期、作业人员等内容，并以图片和标识等目视化；

第三步：确认所制定的标准在实际中是否切实可行，并得到有效执行，持续完善标准。

2. 设备点检卡

原则上要求点检项点、内容尽量精简，一般点检工作需控制在10分钟之内，点检项目按照现场检查的顺序编制，要明确点检的部位、判断标准、点检周期等内容，并明确点检规范，常用判断项点用符号表示，留有操作者记录、车间点检记录、公司检查记录栏，按要求签字确认。

3. 设备故障报修\维修记录单和设备故障对应流程及修复确认单

主要包含：设备基本信息、故障发生时间、故障响应时间、开始修理时间、故障原因分析、故障修复时间、修复确认审批等信息，是设备故障维修流程的固化，同时为后期故障统计与分析提供依据。

制度和流程梳理可围绕现场需求和新增的管理动作，重点放在如何保证现场表单执行到位，即保证确定的人员在确定的时间按照标准做恰当的记录等工作。例如为保证《设备清扫、润滑点检标准》的有效执行，可制定《设备保全表单管理办法》《设备清扫、润滑、点检检查考核细则》等，明确检查内容和考核细则；为保证《设备故障报修\维修记录单》和《设备故障对应流程及修复确认单》的执行，可制定《设备故障停机统计表周报管理办法》等。为了使得各项制度和流程更清晰，可绘制TPM推进工作的总体流程图，涵盖所有关键管理动作，如《现场支持系统流

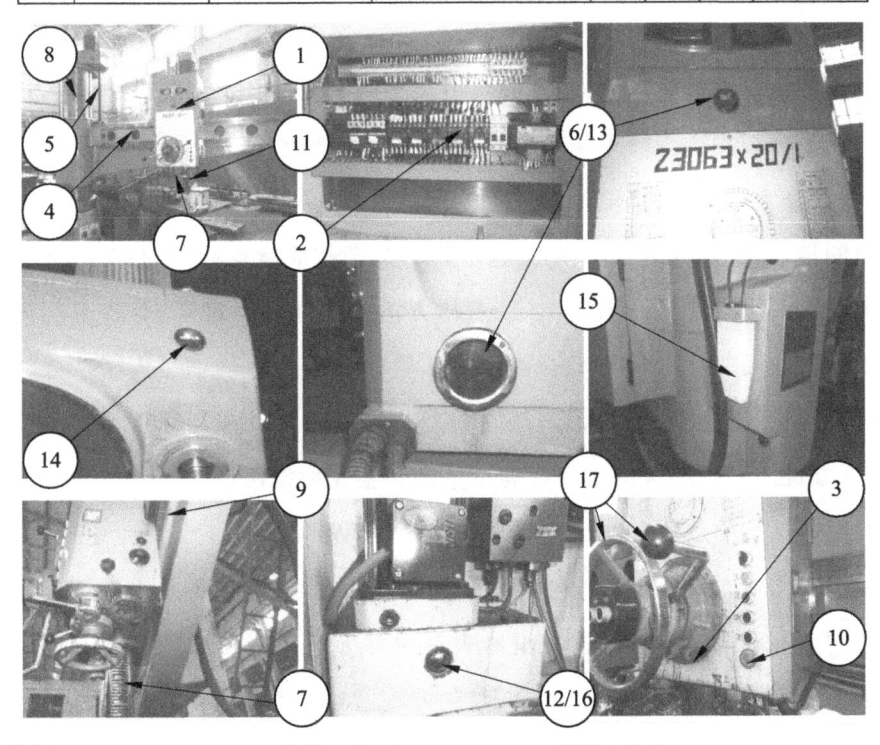

\multicolumn{9}{c	}{摇臂钻床清扫、润滑、点检标准　　　　　　　　　文件编号：浦资产 8007.1—2016}
\multicolumn{2}{c	}{清扫部位}	清扫标准	清扫方法	清扫工具	\multicolumn{3}{c	}{清扫周期}	责任人
序号	项目				日	周	月	
1	本体	无油污、无陈灰	擦拭	毛刷、棉纱	√			操作者
2	电气箱(柜)内部	无陈灰、无杂物	擦拭	毛刷、棉纱			中旬	操作者和专业人员
\multicolumn{2}{c	}{润滑部位}	油脂类型	润滑方法	润滑工具	加油量	\multicolumn{2}{c	}{润滑周期}	责任人
序号	项目					日	周	月	
3	微调蜗杆	46号机械油	注入	油枪	润滑良好	1			操作者
4	摇臂导轨	46号机械油	涂抹	毛刷	润滑良好	1			操作者
5	摇臂升降丝杆	46号机械油	涂抹	毛刷	润滑良好	1			操作者
6	变速箱	46号机械油	注入	漏斗过滤器	接近上限			每年6月	操作者
7	钻杆	46号机械油	涂抹	毛刷	润滑良好	1			操作者
8	立柱	46号机械油	注入	注油器	润滑良好	1			操作者
9	齿条	46号机械油	涂抹	毛刷	润滑良好	1			操作者
\multicolumn{2}{c	}{点检部位}	点检标准	\multicolumn{2}{c	}{点检方法}	\multicolumn{3}{c	}{点检周期}	责任人
					工作前	工作中	工作后	
10	按钮、急停按钮	完好	\multicolumn{2}{c	}{试车}	√			
11	机床灯	完好	\multicolumn{2}{c	}{目视}	√	√		操作者
12	夹紧泵油位窗	接近上限	\multicolumn{2}{c	}{目视}	√			操作者
13	变速箱油位窗	接近上限	\multicolumn{2}{c	}{目视}	√			操作者
14	升降机构油位窗	接近上限	\multicolumn{2}{c	}{目视}	√			操作者
15	立柱润滑油箱	接近上限	\multicolumn{2}{c	}{目视}	√			操作者
16	夹紧机构	有效夹紧	\multicolumn{2}{c	}{试车}	√	√		操作者
17	操纵手柄（轮）	完整、操纵灵活	\multicolumn{2}{c	}{目视、手动}	√	√		操作者
18	设备传动系统	运转正常	\multicolumn{2}{c	}{目视、听}	√			操作者

编制：×××　　　　审核：×××　　　　批准：×××

图 6-4　设备清扫、润滑点检标准

程图》，其涵盖从操作者到管理部门各层级人员，并以现场问题为切入点，包含问题的诊断、对策、验证、评价和归档等步骤，通过现场支撑的管理流程角度将关键步骤进行梳理。

制度和流程是根据生产现场的需求而梳理完善的，在推进过程中不是一成不变的，而是要根据实际资源和需求的变化而调整，以适应整个精益系统的要求。

（三）点检与实施

1. 培训

TPM主要是从传统的维修模式向预防式保全模式转变，是将管理起点前移。培训是导入TPM理念、工具、方法的重要途径，当制度、流程确定后，需要做多类型多层次的培训保障TPM推进工作能顺利实施。从培训类型上，可分为理论培训和技能培训。理论培训主要包含TPM理念、制度流程讲解、工具方法论等；技能培训主要包含点检技能培训（如起重器清扫润滑点检、电焊机清扫润滑点检、锻压剪冲设备清扫润滑点检等专项培训）、点检检查培训、统计分析培训等。从培训层次上，可分为操作者、工位长、工区长、设备员、车间领导及管理部门等多层次培训对象的培训，操作者主要培训点检标准制定、清扫润滑点检能力；车间管理者主要培训清扫润滑点检标准制作、督察点检方法及统计方法培训；管理部门即指导层主要进行全面的TPM策划、分解、实施、检查及改善等培训。为了增强培训效果，培训可通过讲座PPT、培训道场、操作现场进行。其中，利用道场中的保全模块，可全方位的对各层次员工进行理论培训和实作模拟培训。

2. 作业人员的点检

通过对作业人员进行系统性理论和实践操作的培训，主要是设备清扫润滑点检方法的培训和故障报修流程及报修表单填写等培训，并经过考核认证，使操作人员熟悉整台设备所有点检项点及细则，并在实际点检工作中按照既定的《设备清扫、润滑点检标准》的要求，在工作前、工作中、工作后对设备进行点检并正确填写《设备点检卡》。对于点检中发现的故障，操作者要按照报修流程进行报修。在点检过程中，要重点关注润滑点检项点、限位安全项点、报警警示项点等，保障设备安全可靠。

3. 车间的点检督察

作业人员自主点检实施后,生产车间设备员、工位长、工区长及车间领导按照有关办法及流程,定期对操作者点检实施情况进行复检,主要检查操作者是否定期点检、是否错检漏检、润滑是否到位、表单填写是否规范、清扫是否到位等。通过抽查现场设备并对该设备进行点检,检查后在《设备点检卡》上签署意见和签名,以此来督查自主保全情况,及时发现问题,并进行现场整改。

4. 公司级的点检督导

TPM归口管理部门依据有关办法,成立TPM点检专项检查组,定期对各车间生产设备、房建屋、节能情况进行公司级检查督导,检查主要内容为操作者自主点检的执行情况以及车间管理人员对点检工作的督察情况,同时检查《设备故障报修\维修记录单》《设备故障对应流程及修复确认单》(以下简称维修表单)填写情况,即检查故障报修与设备清扫、润滑点检的一致性。TPM专项检查组把检查结果以图片化的通报形式在全公司分发(《TPM简报》),通报中不仅详细记录检查的设备状态、设备点检情况、表单记录情况等,对于不符合标准的点检项点,还要在通报中进行披露、评价,同时要求责任单位在限定时间内进行整改,整改后将资料反馈给专项检查组,以备下次检查。《TPM简报》是TPM推进工作的核心资料,是TPM理念推广、自主保全检查问题统计、先进标杆评比、考核表彰的主要载体和管理工具。

5. 维修作业点检

当在自主保全点检中发现设备故障,责任人要按照既定流程进行故障申报、审核并正确填写故障报修表单,在故障修理完成后,经责任人确认并填写确认单。设备维修表单相当于设备的病历卡,为开展设备故障统计工作提供数据基础,也为后期开展深层次的数据分析和高频次分析等改善研究工作提供实际依据。维修作业点检的检查要点为故障报修及修复确认流程的记录、审核、确认及数据整理的完整性或准确性,同时要检查故障发生时间与设备清扫润滑点检记录的关联性,即把设备清扫、润滑点检工作与故障维修工作结合起来点检与管理。

6. 自主点检改善

经过系统培训和实践，操作者、车间管理人员已对设备性能状况、TPM推进工作流程有了较深层次的理解，具有发现问题、自主解决问题的能力，更使得保全工作成为一种习惯。一方面车间人员不再一味地应付专项工作组的公司级检查，他们自主地开展定期或不定期的自主点检，及时发现问题、提出对策、现场整改。有经验的操作者或设备员还可对设备进行小的加装改造。另一方面，他们从操作角度重新审视原有清扫、润滑点检标准和相关制度流程，提出合理化建议并在实际操作中加以修正。这些改善提高逐步让员工理解"产品品质是由正常的设备生产出来的"，明白设备与品质的关系，同时形成自己的设备自己维护的观念，使操作者从保全工作的执行者成为积极参与者，有的甚至成为设备维护专家，他们的经验可以在公司内部分享学习，他们的方法可以在同类设备中快速复制，同时启发别的员工进行自主保全及改善提升。

7. 对标准工位的支撑

现场设备异常的迅速处理和解决是资产平台对生产工位的有力支撑。一方面在组织和制度上规定了特定的异常处置人员（即资产平台支撑人员），做到车间、工位、设备与资产部门支撑人员的一对一对应，在异常发生时能第一时间获得资产部门的支撑和资源。另一方面，资产管理部门从横向和纵向两个维度对部室管理人员进行划分，使得他们在日常管理工作中按照既定的维度进行区域化和专业化的支撑管理工作。例如，有的管理者负责某个车间，这就是横向的管理维度；有的管理者负责电焊机，这就是纵向的管理维度。负责不同维度的人员结合TPM推进工作要求和现场工位的支撑需求，开展培训、点检、督察、指导和改善提高等活动，推动保全工作有效开展。

三、改善与推广

（一）数据统计分析与应用

设备故障数据统计分析，是从传统保全模式向预防性保全模式转变的重要分析工具。TPM保全工作虽然可以极大地降低故障率,但是不能完全消除故障的发生,那么我们就有必要摸清设备故障规律,在故障发生前及时地进行预防性修理,不仅可以保障生产,还可以合理控制备品备件库存,降低维护成本。设备故障统计分析就是这个突破口,保全工作中的维修表单提供了故障发生时间、故障修复时间和故障类型等信息的输出,这就是为什么一再强调维修表单有效记录的重要性。最常用的统计方法是故障分类统计法,按照经验把故障分为5类:A类——自然磨损;B类——操作、保养不当造成的磨损;C类——设计问题;D类——零、部件质量问题;E类——其他原因,可以用此方法根据车间范围、设备类型、时间范围及故障类型等维度分类统计故障时间,另外不同企业可根据自身经验和特点重新进行故障分类。

设备故障高频次分析是在设备故障统计分析基础上的应用,作为基础数据的设备故障统计数据,设备管理人员可以通过数据比对和标准参照等方式,选取特定的对象进行高频次故障分析,研究课题的选择可以根据时间、空间、范围的不同而选取不同对象进行分析,最重要的是做好故障原因分析、改善措施的实施和完成情况记录。每一个高频次分析对策相当于一个故障改善研究课题,好的对策方案可在公司内部交流推广。

预防性维修的关键是提前预测,这就要求我们摸清设备故障命脉并掌握故障发生规律,设备故障统计分析基础工作已为发现冰山下深层故障规律提供了依据,TPM推进工作就是把设备故障及隐患提前暴露和消除,逐步向预防性保全模式转变,然而通过持之以恒的保全工作,设备故障率及维修费用已达到一个瓶颈,为了进一步降低设备故障和备件库存,提高计划维修的效率和效益,可以通过设备故障数据深层分析的方式,摸索大量数据中潜在的可充分利用的规律。设备完好率、设备可动率、设备故障时间统计等都是已普遍应用的数据统计分析的方式。改善是无止境的,TPM推进工作也需引进新的分析工具,公司应用MTBF(平均故障间隔时间)和MTTR(平均故障修复时间)的分析工具,来分析关键、瓶颈设备的故障类型和规律,并可通过制作故障推移图,图示化地展示出MTBF和MTTR的走势(见表6-4和图6-5)。通过数据分析、比对,可以合理地推测易损件消耗规律,从而控制备品备件的种类和库存,利用故障规律也可以有效地安排计划修理的时间和项点,即在故障将要发生前或是在零件达到极限前及时地进行维护和保养。

表 6-4　MTBF、MTTR 统计表

015－5 立式车床(按 20 天,7 小时/天)

月份	操作时间(h)	停机时间(h)	停机次数	MTBF	MTTR
3	135	5	2	67.5	2.5
4	122	18	3	40.7	6
5	138	2	1	138	2
6	136	4	1	136	4
7	133	7	3	44.3	2.3
8	138	2	1	138	2
10	129	11	3	43	3.7
11	138	2	1	138	2
				93.2	2.8

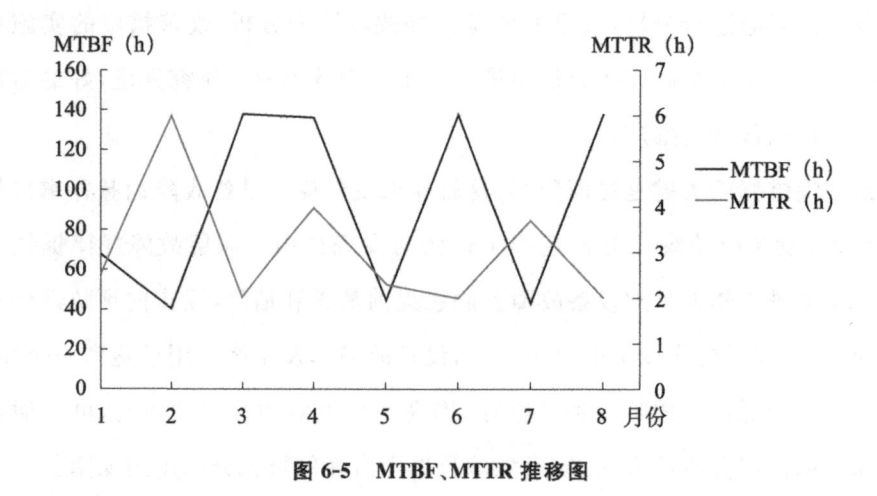

图 6-5　MTBF、MTTR 推移图

(二) TPM 推进改善体系的建立

TPM 推进工作过程就是设备管理向预防性管理转变的改善过程,然而大家经常被一个问题困扰,那就是 TPM 推进的改善成果很难维持和巩固,若是缺少公司级检查的监督和考核,总是会有"回潮"现象发生。精益管理是一个不断改善的过程，资产管理平台自然也不例外，我们试图建立一个标准化的日常改善维持系统，包括维持系统和改善系统。一方面通过建立标准化的点检表单、制度流程，把 TPM 推进的关键管理动作固化；另一方面通过激励、考核巩固推进成果，同时开展多层次的全员改善项目，不断检查、修正标准并优化提升，使管理水平不但提升，逐步形成标准化的、可复制的 TPM 推进改善体系。

（三）设备状态智能管理

工业 4.0 已提出基于信息物理技术的解决方案（见图 6-6），这就对设备设施的可靠性提出了更高要求，那么如何更快速、准确、高效地实现这个目标呢？TPM 推进工作的开展已将复杂的设备管理动作简单化，通过实践和流程优化，已将简单化的管理动作流程化，现在已具备了明确的输入、输出和标准的数据接口，那么就具备了把相关工作转变为信息化的条件（见图 6-7）。设备状态智能管理是集合设备台账管理、设备即时状态监测、设备故障申报、统计、分析等功能的信息化管理工具。利用信息化工具，不仅可以对设备运行状态及故障进行实时监测，还可将庞大的统计工作高效化、准确化，为进一步提出改善对策提供输入。

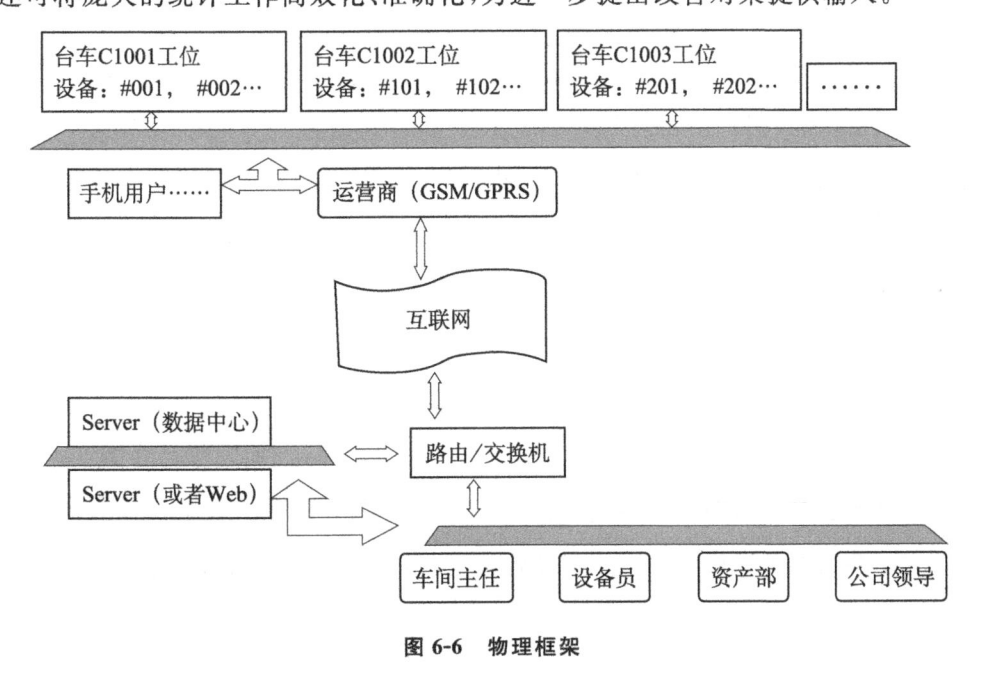

图 6-6　物理框架

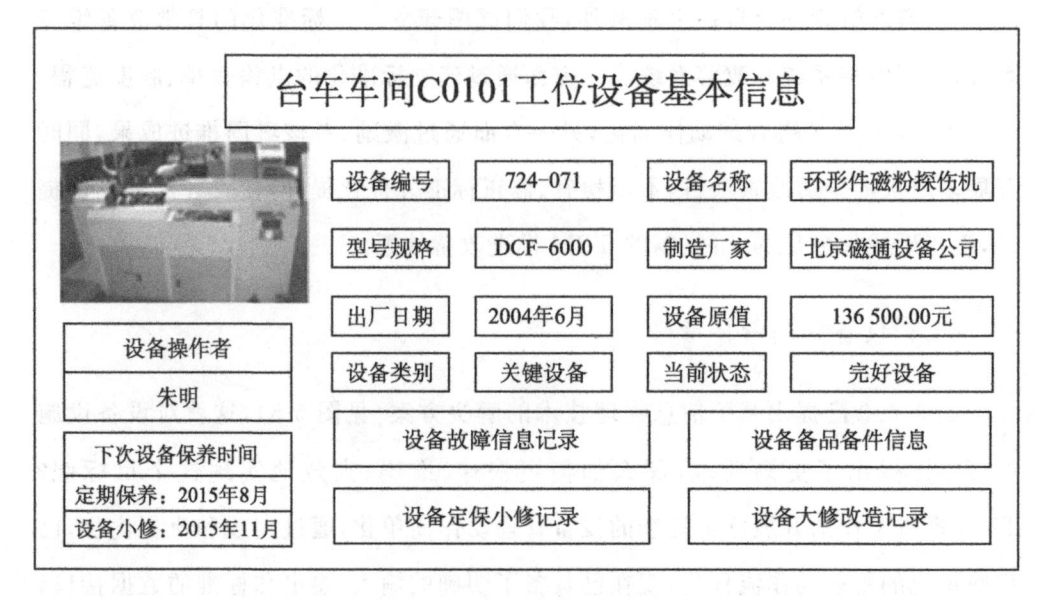

图 6-7　车间设备基本信息查询

第五节　售后服务管理平台

在轨道客车制造行业中，由于轨道车辆产品具有科技含量高、集成技术复杂等特点，同时用户对产品的安全性、舒适性、运行稳定性等方面也有非常高的要求，给产品从设计制造直至售后服务各个环节都带来巨大的挑战。特别是售后服务工作作为制造链条的末端，服务链条的发端，是企业与用户最紧密贴近的系统，是联接企业与用户的纽带和桥梁，既要向用户兑现服务条款，提供增值服务，又要向企业内部传递产品运营信息，驱动企业内部管理和技术的持续改善。"中国制造 2025"加快了轨道交通技术进步和转型升级，轨道客车行业由制造型企业向研发、制造服务型企业转型，这种转型势必打破以往对售后服务工作的功能定位，对售后服务平台提出更高的建设需求。本节将着重介绍在轨道客车行业新的发展机遇期对售后服务工作的功能定位及建设售后服务管理平台的基本内容。

一、售后服务工作的基本功能定位

产品是服务的载体,服务是产品的本质,售后服务工作是以企业销售产品为载体,向用户输出产品技术服务、管理服务、营销服务,以提升用户的产品体验,降低使用、维护成本,增强用户满意度,维护企业信誉,提升品牌形象。广义上讲,售后服务工作就是第一时间解决在用户端发生的产品技术、质量问题。但在企业战略转型的关键时期,作为构建运营管理平台的重要组成部分,售后服务工作不仅要及时传递产品运营信息,协调解决用户现场问题,还应具体解读用户需求、分析产品运维数据的能力,以保证高效准确地传递优质信息,同时注重知识信息提取,拉动企业内部在产品技术平台、生产组织方式、模块化服务设计、综合成本分析等多方面地不断完善,推进企业的战略转型。

二、售后服务管理平台与其他主要业务系统的接口关系

（一）与设计管理线的主要接口

1. 通过积累车载数据、预警数据、故障报警数据,建立产品数据模型,便于设计部门对车辆性能和运用品质进行深入分析,可以推动产品技术平台开发、优化既有产品、提高新产品研发效率和提升产品质量。

2. 向设计部门输出故障维修记录、故障统计信息,开发可靠性和百万公里故障统计功能,可在系统中设定指标,自动预警,便于设计部门分析整车、系统、部件的可靠性和提升统计分析效率。

3. 提供企业外车组的履历信息,辅助设计部门排查疑难故障,提升故障诊断效率和诊断质量。

4. 提供技术通知改造、普查的进展及结果,便于设计部门跟踪技术改造的落实情况和改造效果,提升设计部门对普查、技术改造效果的管控能力。

5. 通过集中管理用户反馈问题、需求,降低信息衰减,提高信息反馈的效率

和质量，便于设计部门统计季节性、地域性的频发、高发故障，为高效分析故障原因提供数据依据，帮助设计部门改进产品，以适应不同用户的需求，为未来产品标准化、模块化设计提供信息反馈渠道。

6. 通过对故障、运营时间、运营里程、修成结果数据的积累，可以进行多维度分析，为设计部门优化修程修制、降低维修成本提供数据依据。

（二）与工艺管理线的主要接口

1. 通过对工艺技术资料，如作业指导书、维修手册等进行细致化版本管理，使企业生产、运维、检修工艺步骤标准化，使维修标准统一化。

2. 在作业指导文件中明确作业工具、时间、人员资质、环境要求等重要事项。

3. 通过对工具、工时等工艺要素进行定额管理，提升企业整体工艺水平。

（三）与质量管理线的主要接口

1. 提供故障数据及统计信息，便于质量部门分析故障原因，提高分析效率。

2. 提供结构化的维修记录及质量记录卡片、履历配置信息，提高运用质量信息的可追溯性，提升质量记录查阅的效率和可追溯性，便于质量部门对动车组进行全寿命周期品质管控。

3. 反馈监控普查进展及结果，便于质量部门对产品出现的质量问题进行更全面的分析。

4. 反馈惯性问题、源头质量问题，便于质量部门对多发性质量问题、用户反馈的源头质量问题进行跟踪，实现管理过程透明化，从而提升质量问题解决的效果。

（四）与采购物流管理线的主要接口

1. 提供运营时间、运营里程、更换件频率，便于采购部门统计各车型阶段性配件消耗，使采购计划更贴近实际，降低企业仓储成本，提高采购效率。

2. 反馈供应商质量问题，便于对供应商质量问题进行整改、问责，为供应商前端过程管理提供依据,在物流采购策划阶段就有据可依。

(五)与市场管理平台的主要接口

1. 提供运营时间、运营里程、更换件频率、维修有效工时等数据,便于市场营销部门统计维修成本,为投标报价、商务谈判及各项业务工作提供支持,也为市场二次营销(维保服务营销)提供数据基础,也便于市场营销部门统计各车型阶段性配件消耗,为用户提供合理化的配件储备建议。

2. 通过对用户需求进行管理、输出,缩短市场营销部门与用户之间的距离,便于跟踪客户的动态需求,整合相关信息和资源,提升企业对市场需求的响应能力,把握市场机遇,开拓商机。

3. 为市场部门从事跨国经营提供对外服务平台,支撑企业集团化和国际化发展战略。

(六)与工位制节拍化生产线的主要接口

1. 提供车载监控数据、故障数据,验证生产线工作质量,反馈作业质量问题,提升工位制节拍化生产线作业质量;促进车辆调试技术的不断优化,未来部分实验可在企业外进行调试、验证,压缩调试时间,提高产品准时交付率。

2. 反馈更换件记录与履历配置信息,为检修部门优化配件使用提供数据基础,部分新换件经过检查、确认状态完好可继续使用,提升检修部门的成本控制能力。

三、售后服务管理平台建设的目的与意义

创新是企业的生命力,用户需求是创新的原动力。

首先,通过构建以工作流与信息网络为基础的售后服务管理平台,进一步理顺售后服务业务架构、夯实基础管理,全面支撑运营监控管理和维修过程管理两大核心业务,不断优化管理体系,提高服务质量、服务效率、工作透明度,确保对内

部用户、外部用户的信息传递通畅。在提升自身管理水平、作业质量的同时,能够准确、及时地将用户需求、建议反馈给设计、工艺、质量等系统,高效解决客户端出现的问题,最终为用户提供预防性技术服务。

其次,售后服务管理平台建设离不开数据融合、跟踪、预警。通过建立数据化、自动化、信息化、智能化的信息管控平台,加强数据质量管理,提升经营决策水平,充分利用信息网络服务于产品的研发、设计、生产、运维、检修各个阶段。业务功能设计紧密围绕数据集成、数据采集、数据融合,利用信息编码技术串联初始设计数据和再生业务数据,自动跟踪关键数据,指标化预警,将问题信息反馈至"6621运营管理平台"各专业系统,督促相关工位提前做好技术准备和管理准备,达到量化管理,提高决策质量的目标。数据存储设计按照功能特性以混合方式存储,产品运营性能数据以时间序列方式存储,产品维修保养数据以关系型方式存储,将积累的数据按照生产要素输出至"6621运营管理平台"各专业系统,进行知识提炼,将数据转化为资产,提高各系统技术水平和企业经营管理能力,优化研发效能和管理成本,提升产品品质,为未来修程修制改革、降低用户使用成本和拓宽产品市场提供数据支撑。

最后,售后服务平台建设依赖于工位制、节拍化的集成工作平台和同心化、同步化的协同工作理念。通过明确部门间的管理要素、工作节拍、信息接口,形成跨部门的管理线、工作流、信息流,搭建分层、分布式的聚合结构,使产品的性能设计和质量管理贯穿于产品全寿命周期,通过售后服务平台的桥梁延伸到客户端,向不同地域、不同人群、不同需求的客户输出个性化的车型产品与服务,形成以客户为中心的企业氛围和功能架构,同心作战,同步运作,为未来行业内部深度合作优化、企业开拓国际市场、从事跨国经营服务奠定坚实的基础。

四、建设基本步骤和方法

(一)识别售后服务工作主要任务

结合"6621运营管理平台"建设和企业发展转型对售后服务工作的全新定

位,未来的售后服务工作主要任务包括:

1. 完善售后服务运维模式

以国际现代化动车组售后运维模式为标杆,借鉴动车组运维阶段的信息管理、质量跟踪方法,对售后业务信息进行结构化拆解、分类,以信息编码串联业务数据,同时通过将流程化的作业步骤、信息传递节点、信息过程时效性、结构化表单固化到信息平台中,形成标准化工作流,借助服务调度进行信息传递、闭环监管,提高管理的透明度和管理者的决策效率,达到维修结果透明,管理过程可视,实现全流程进行管理优化,达到信息质量和业务流程同步提升的效果。

2. 建立售后服务结构化知识库

结构化故障字典、典型故障案例、作业指导书等技术文件,通过科学编码对技术文件建立索引,技术人员可在移动终端进行快速查询,提升技术诊断的准确性,提高检修效率和检修质量。业务信息以点选或标准化填报方式录入系统,通过数据积累,逐步建立故障现象、故障原因、维修手段之间的统计逻辑,形成专家知识库。

3. 建立售后服务标准化维修模式

建立售后检修任务的工位制节拍化工作流程,通过系统的功能帮助和数据支持,对人员、物料、仓库进行细化管理。将故障维修、定检、技术通知改造、监控普查等业务按照管理要素和资源消耗横向整合,将报工结果与车辆履历、物流返修等业务按照信息流水线进行纵向关联,实现提升维修效率、减少物资挤压,降低维修服务成本的目的。

(二)调整售后服务业务架构

按照已识别出的售后服务工作主要职能优化业务架构,通过编制职能项下的工作分解,全面细化售后服务工作的各管理要素及具体业务活动,将售后服务工作划分为3个部分:运营监控管理、维修过程管理、辅助业务管理。

运营监控管理包含远程监控、数据分析、远程技术支援、远程客户服务业务。运营监控管理是集中优势技术资源,通过收集动车组远程传输数据、列车网络控制系统下载数据、人工录入故障，经过分析了解动车组真实的运营状态，对突发的异常情况进行远程指挥和技术支援，远程指导服务用户，确保动车组运营安全。

维修过程管理包含任务调度、故障修、计划修、技术改造、质量监控、问题跟踪、现场技术支援业务。维修过程管理是密集型的劳动任务管理，通过编排作业计划，派发到各个工位，对动车组运营故障进行维修处理，定期"体检"诊断车组健康状态、分析是否具备上线运营能力；通过技术改造升级产品功能、提升产品安全性；跟踪用户提出的以及内部检查发现的各类技术、质量、服务问题，对出现的质量安全问题进行监控普查；根据维保服务承诺和用户需求进行现场技术指导。

辅助业务管理包含构型管理、物流管理、信息管理、项目管理、用户服务管理、综合管理业务。辅助业务管理为售后核心业务提供后勤保障服务，通过建立构型档案跟踪车辆履历、配置的动态信息；通过建立总部—区域物流网络，及时向客户端供给配件；通过安全网络传递动车组相关的技术信息、运维信息以及部门的运营管理信息，发送到工位终端协助工作；通过项目协调，调动企业内部资源，支持现场服务；收集用户评价信息，对供应商服务质量、各类对接会议内容、满意度调查结果进行跟踪激励；对部门运营涉及的人事、劳资、成本、安全、设备资产等进行综合管理，控制成本，提高机构的运行效率和稳定性。

售后辅助业务不是售后系统特有的独立业务，通过与"6621运营管理平台"其他管理线和管理平台间建立接口关系，接收前端的技术知识和管理决策，辅助售后服务管理平台完成内部业务，再将售后服务管理平台处理的运维信息、用户需求、异常问题以及前端工作的效果反馈给相关管理系统，实现与各管理线和管理平台的协同改善。

（三）优化售后服务组织体系

1. 整合管理层级，构建区域化服务网络

随着服务区域不断扩大，售后服务网络逐渐形成，"服务部—服务站"组织模式已经无法满足现有需求。为了整合售后服务现场资源,充分发挥现场技术、管理能力,及时决策、解决用户现场个性化需求,缩短客户响应时间,需要围绕客户形成区域化的组织构架,这一组织架构要覆盖热点区域。

如图 6-8 所示,售后服务体系组织架构管理由总部和服务网络两部分组成,总部分为技术支援部、综合保障部。服务网络采用区域化管理,各区域下设中心支持管理和各服务站。总部与服务网络之间技术共享、信息直达,管理分层,构建快速机动化、管控系统化、权责一体化的管理体系。

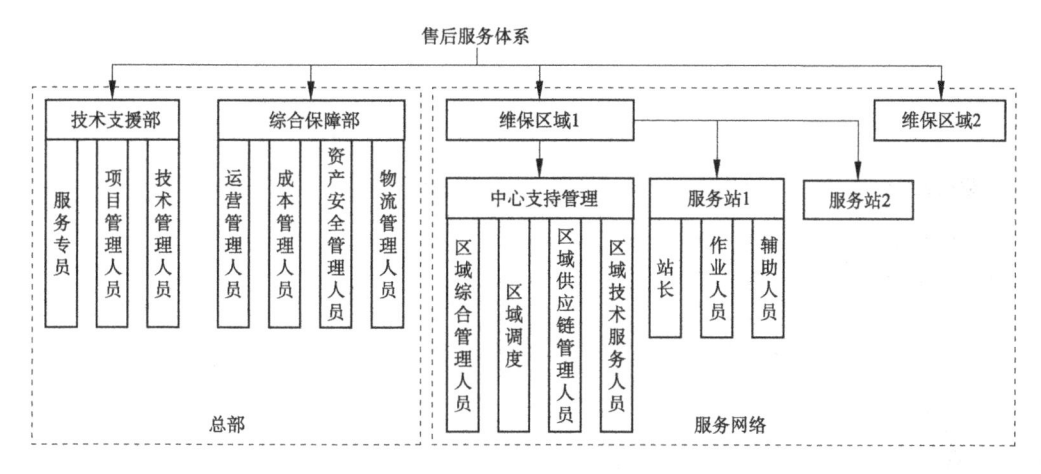

图 6-8 售后服务体系

2. 细化岗位设计,建立工位制业务流工作模式

(1) 技术支援部由服务专员、项目管理人员、技术管理人员组成。服务专员主要从事车载数据监控与分析、远程技术支援、远程客户服务、运维信息管理。项目管理人员主要从事项目问题跟踪、项目协调、项目技术改造、项目质量问题普查。技术管理人员主要从事技术问题跟踪、技术协调、技术资产管理。

(2) 综合保障部由运营管理人员、成本管理人员、资产安全管理人员、物流管理人员组成。运营管理人员主要从事部门运营信息管理、人事管理、后勤管理、定额管理、风险管理。成本管理人员主要从事项目预算、项目成本归结、项目费用报销出纳、劳资管理。资产安全管理人员主要从事作业安全管理、设备资产管理、工作场地安全防火管理。物流管理人员主要从事物料筹备、发运管理、物料动态信息跟踪。

（3）中心支持管理由区域综合管理人员、区域调度、区域供应链管理人员、区域技术服务人员组成。区域综合管理人员主要从事区域内客户对接、客户关系管理、产品质量问题管理、区域运营指标控制以及综合事务管理。区域调度主要从事区域内运维信息跟踪、资源调配、客户协调。区域供应链管理人员主要从事区域内物料、工具、设备的储备、调拨、供应管理。区域技术服务人员主要从事区域内的技术服务，主要解决突发性、疑难技术问题。

（4）服务站由站长、作业人员、辅助人员（属地合同工）组成。站长主要从事驻点的人员管理、作业管理、客户协调、质量安全管控、用户需求管理、运维信息上报，指导一般性技术问题。作业人员主要按照指导文件从事故障诊断维修、数据下载、技术支援、质量监控确认，组织技术改造、定检。辅助人员按照指导文件从事技术改造、定检，工具物料收发、领用、搬运等劳动工作。

3. 团队建设与人才培养

企业由制造型企业向服务型企业转型，售后服务不能只是处理故障的"救火队"，需要育成一支管理先进、业务精通、技术过硬的队伍。

（1）针对未来产品＋技术的服务营销模式，开展不同层级的工位制建设，即管理工位（信息管理能力、协调跟踪能力、质量管控能力）、技术工位（诊断技术、服务技术、成本分析技术）、作业工位（维修技术、其他熟练工种）。在此基础上，培养"多技能型"的技术工人、"多车型、多系统技术型"的技术人员、懂技术又懂管理的"复合型"技术管理人员和对各系统技术全面掌握的系统专家。

（2）针对售后服务长期出差和 24 小时工作制的特殊性，采取售后人员轮换制和属地化用工等方式保证售后团队的稳定，售后服务工作直接面对用户、接触车组，更清楚车组的整体状态和用户需求，通过搭建"售后大学"学习体系，建立轮换制度，要求青年领导干部和技术人员到售后学习、锻炼，让售后服务现场成为企业培养复合型人才的基地。实施属地化用工和业务外包等模式，建立一套可执行、可复制的属地化用工机制和管理模式，以满足企业售后服务工作的需求。

（四）完善业务流程

针对售后服务工作分解中列出的管理要素逐项识别所需工作流程，对照现有流程目录分析流程的新建或升级需求，制定流程编制计划，明确流程功能、责任人、完成时间等内容，并持续跟进流程编制进展。

在售后服务业务流程编制过程中，必须实现运用维保业务"从产品交付才开始"到"从项目启动就介入"的思路转变，实现由单一的"售后服务"到"售后售前相结合"的理念转变。

1. 在新造产品方面：将售后项目管理工作前移到投标节点，强调运用维保业务的"产品售后运用改进需求"功能，即在产品设计阶段，充分分析、整合、吸收投入运营产品的缺陷和不足，在新产品的设计、验证阶段把问题解决，不允许问题重复发生在新产品上，从源头提高车组品质，提升产品竞争力。

2. 在车组高级修方面：强调运用维保业务"故障清单及未改造项目"功能，即通过分析、整合、吸收成熟产品在线运营发生的问题和缺陷，利用高级修阶段进行整改和完善，提升高级修对于车组全寿命周期运用的维保意义，使成熟产品更加稳定。

3. 售后要建立从投标及方案设计到产品试验交接，再到质保、高级修全寿命周期售后服务的端对端完整业务链。

4. 进一步明确售后服务业务中"项目管理、现场服务管理、技术管理、物流管理"等核心业务的功能及职责。

5. 进一步明确各阶段主体业务流程中售后服务业务与其他业务部门工作秩序和职责分工。强调质量部门负责牵头组织分析"重大、惯性质量问题"的功能；强调设计部门负责牵头组织分析、制定"源头质量问题解决方案"的功能。

6. 必须建立并完善与管理思路、管理理念高度协调的管理制度和考核评价体系。

（五）建立售后服务信息化支撑平台

1. 建设目标

通过建设售后服务信息化支撑平台，实现以工作流形式开展业务运作，保证信息数据积累，在记录业务执行过程、提高工作效率的同时，也提高了信息的准确性、及时性、闭环率，通过统计逻辑驱动专家逻辑，更好地指导管理和技术服务，实现高度集成化、自动化、智能化的运维模式，为用户提供优质、高效、便捷的服务。

2. 建设原则

（1）"六统一"原则：系统建设坚持"统一领导、统一规划、统一资源、统一标准、统一投入、统一管理"的"六统一"原则，充分调研与分析信息资源整合对象，对业务需求、管理体系、系统架构、资源配置等关键内容统一标准。

（2）先进适用性原则：采用成熟的互联网技术，最大限度地适应信息技术和铁路信息化发展需要。通过设计原则进行规范性约束，新建与既有系统合理过渡的方法，使系统建设保持良好的连续性。

（3）信息共享原则：凡是不涉及信息泄露安全的数据，原则上不允许设禁封锁，实行开放共享，分级控制。在实现资源共享时，采用先进适用的安全保护技术、灵活高效的权限配置管理方案，确保既有与新建系统的安全管理。

（4）新旧系统合理整合原则：对既有系统进行数据整理和对接，与新建系统后台数据定期同步，实现无缝衔接，达到两套系统高效互补的应用效果。

（5）可扩展性原则：系统架构采用层次化松耦合体系，应用软件采用模块化结构，确保较好的可维护性和可移植性；系统应用功能采用参数定义方式，流程处理采用可定置流程管理，提供良好的可配置性；数据存储格式采用信息编码体系，充分考虑未来功能扩展需求；系统接口采用总线开放式访问接口，提供良好的可扩展性。

3. 总体建设思路

通过利用动车组远程传输数据、列车网络控制系统下载数据、人工录入故障数据,实现全车型车组信息监控、数据分析、应急指挥、故障处理、故障统计、问题跟踪、履历管理、可靠性分析、基础数据管理、售后管理,并通过移动终端实现故障数据结构化录入、故障信息接收、故障应急处理指导、车地信息交互、技术资料查询、故障处理等功能,达到可对动车组运营故障快速诊断、决策、处置,提高售后工作效率、工作质量,降低维修服务成本的基本目标。

通过对故障数据、质量问题、用户需求进行细致的平台化管理,提升售后输入输出信息反馈效率和反馈质量,以信息管理驱动业务流程,调动企业各专业管理系统,高效解决客户端出现的问题。

未来可以对积累的大数据(运用数据、检修数据)进行智能分析,为深度掌握服务技术、服务成本分析、优化修程修制以及动车组全寿命周期品质管理提供数据支撑。

4. 主要实施步骤

(1) 总体业务设计,数据表单、管理流程、操作界面三个维度优化;

(2) 业务调研,管理方法、规则研究,与其他系统接口设计;

(3) 详细业务设计与优化,需求分析,原型设计;

(4) 功能模块规划,架构设计,总体方案,技术路径;

(5) 技术资料结构化,报表报告结构化、关联化;

(6) 制定故障模式、构型管理体系标准,数据结构设计,编码设计;

(7) 试用培训,调整优化。

5. 售后服务信息化支撑平台建设情况

(1) 业务设计

如图 6-9 所示,业务架构以售后数据台账、车组相关技术资料为基础数据,以售后业务流程规范为工作标准,结合电子邮箱、短信发布平台、视频会议软件等工具,开发以车组源数据、再生数据为基础,以故障管控工作为中心,以信息流主导的车组运用、维护、检修数据管理系统,作为系统中的一部分,未来与铁路总企业的 TIMS 系统对接。

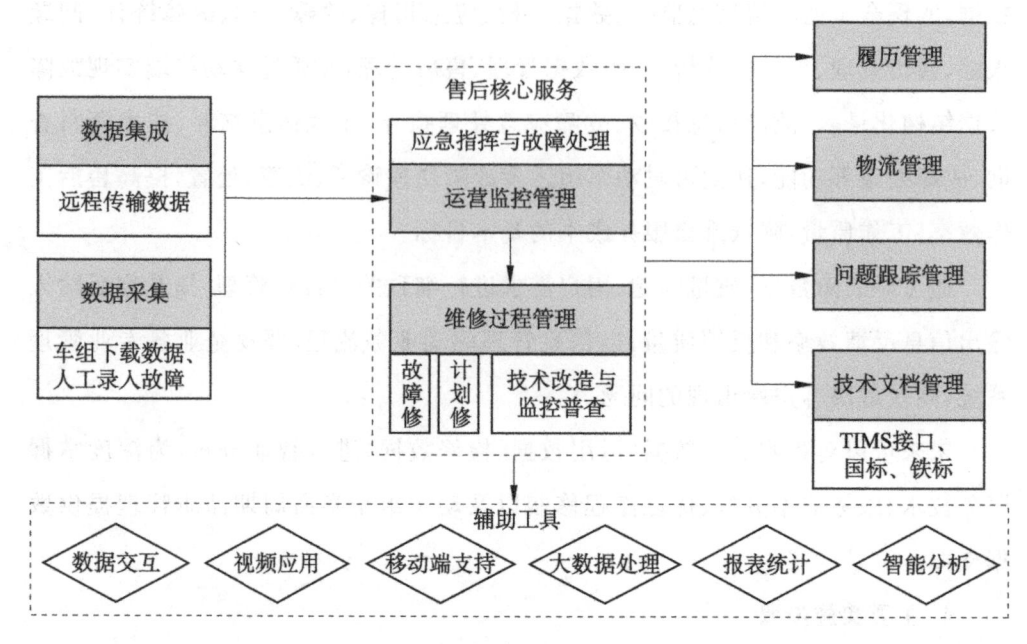

图 6-9 业务架构设计

(2) 功能设计

系统共包含 10 大模块，含车组信息、故障预警、数据分析、问题跟踪、应急指挥、故障处理、基础数据、可靠性分析、履历管理、售后模块。如图 6-10 所示。

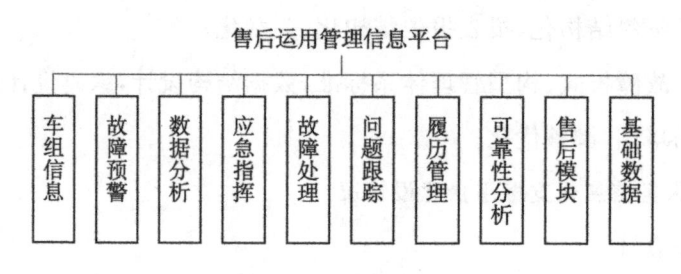

图 6-10 功能设计

车组信息：可实现车组状态、故障信息、人工录入故障、离线数据管理、车组监控日志、全图状态监控等功能。

故障预警：对远程数据、历史数据进行分析和处理，按照故障预警规则给出远程故障预警。对车组下载数据进行分析，按照隐性故障规则给出隐性故障预警提示。依据实时采集的数据信息，实现突变预警、趋势预警以及模型预警功能。

数据分析：实现参数统计分析和故障统计分析等功能。对车组、系统及关键部件的故障、运营里程、运营时间等数据，按日、周、月、季度、年度等时间维度，按服务站、配属局、运行线路、车型、车组、系统、关键部件进行分类统计、查询及对比，生成报表。同时给出修程预警信息。

应急指挥：集成车组基础资料，利用远程数据、专家知识系统、视频会议等方式进行故障诊断，推送应急预案，实现远程实时指挥。系统将应急处理过程进行记录，并将处理建议发至服务站继续跟踪处理。

故障处理：实现故障数据、技术加改、隐患普查任务自动派发到各服务站，作业完成后进行工单回填。支持历史故障查询和统计。

问题跟踪：对车组出现的各类故障、技术通知、监控普查等问题进行全过程跟踪。实现自动监控、提醒以及闭环管理。

履历管理：履历数据、配置数据、维修 BOM、维修手册等部件履历，高级修故障、关键部件寿命周期及检修周期等。

可靠性分析：根据故障数据信息，进行车型、车组、系统、关键部件的按时间及不同供应商进行统计、分析，系统自动计算百万公里故障数及平均无故障时间，并按规定数据格式发送至 RAMS 分析软件进行详细分析。

售后模块：在线运行的所有车组状态信息、故障信息、预警信息、运行交路等信息进行集中展示、监控，故障信息、异常数据自动提醒。实现技术通知、信息发布、物流管理、移动终端等功能（如图 6-11 所示）。

| 监控指挥中心 | 扫码枪操作 | 条码管理 |

图 6-11　售后模块

基础数据：实现车组维护、故障资料、基础设置、规则设置、交流维护等信息管理的功能。

智能移动终端：实现车组电子手册、标准化作业流程、故障数据录入、故障短信接收、车地信息交互、故障字典查询、故障案例查询、应急处理指导等功能。

6. 创新点与关键技术

（1）数据监控预警技术。利用先进的内存计算、数据检索、模型分析等技术对车载数据进行预警，提前预知故障的发生，运用较低的维修成本及早解决故障。

（2）地理信息技术。通过地图展示动车组运行交路、运行位置、运行状态、故障状态、检修站点、人员动态信息，为数据可视化监控、管理提供技术服务。

（3）信息编码技术。通过对业务数据进行分类、拆解、编码，形成标准字典，逐步完善编码体系，利用编码逻辑来串联业务数据，为实现数据逻辑预警、分析提供支撑。

（4）检修任务编排技术。系统结合人员资质、检修计划（出入库、供断电时间）、故障信息、工具情况给出日工作计划模型，通过科学编排检修任务，提高人员利用率和作业质量。

（5）故障诊断技术。对技术资料进行结构化拆解，在业务数据多次累计后，系统自动给出规范化建议，为故障诊断维修、快速检索提供数据信息，保证录入信息的准确性，从而提高工作效率和作业质量。

（6）质量分析技术。系统对故障信息和更换件信息定期自动按照车型、车组、关键部件、供应商等维度进行同统计，设定标准自动预警，及早发现惯性质量问题，通过平台对质量问题进行跟踪、关闭，避免同类故障再次发生。

（7）条码技术。利用二维码、条形码对物料信息、人员身份信息、文档信息进行联网管理和定位，通过条码打印机打印条码，手持终端配合扫码识别，来实现人员、物料、文档的系统管理。

（8）工作流引擎技术。通过开发工作流引擎和服务调度，实现各业务节点间的数据交换、服务共享、时间监控，在系统中配置作业流程和管理节点，实现快速按需调整、重组、新建操作,以适应业务部门的管理变化。

(9) 维修成本管理技术。系统记录动车组检修中的人员资质、有效工时、配件更换信息、物料运输成本,可实时统计动车组维修成本,为降低维修成本、库存成本,提高配件、资金周转率提供数据基础。

(六) 售后服务平台的持续改进

1. 建立统一的服务门户

服务门户作为企业与用户的接口,对双方的信息交流、服务质量都至关重要,多头领导、信息重复反馈、冗长的流程都将降低服务品质。前台统一信息输出接口,后台明确任务分工主导,建立信息跟踪机制,及时解决客户问题,提升客户满意度。

2. 主导需求分析与产品原型优化

未来的售后服务系统应具备需求分析能力,将用户的需求提炼成有价值的设计素材、工艺方法,提出产品原型优化建议,将信息反馈至各专业系统,跟踪相应的技术改造或工位整改状态,落实用户需求。

3. 建立数据中心

存储产品运维数据,成立专家小组进行数据分析,指导修程修制,优化和提取技术知识。

4. 模块化服务设计

对运营信息进行深入分析,建立可复制、可移植的模块化维修服务单元,使服务产品化、成本报价可视化。

5. 优化供应链、成本和服务模式

建立区块链的服务网络体系,以适应未来国际化、市场化的商业模式,将研发技术、工艺方法、生产车间、采购供应、运营维修各环节要素资产化,知识产权化,劳动成本化,以最小服务单元为成本中心,从事用户服务与成本结算。

6. 建立客户合作模式

随着企业业务范围将继续扩大,运用维保业务所接触和面对的用户范围也将

随之扩大。通过对过去运维服务经验的总结和梳理，建立能够满足不同用户的个性化运维服务机制，提高运维服务对产品的支撑力，同时尝试与客户共同开发更多合作模式。

第六节　信息化平台建设

企业的产品研发、经营管理、生产制造涉及大量的数据和信息处理，这些数据和信息已经无法用传统的纸质报表手段或简单的电子表格手段进行有效地处理，特别是在企业推行精益生产和精益管理过程中，对业务数据处理的及时性和准确性有着严格的要求，处理的业务数据也从简单的单表形式转向跨业务的多表形式，且存在大量的多业务数据相互关联。因此，有必要利用信息化技术，结合企业精益管理特点建立信息化平台，确保业务数据管理和业务信息处理准确、高效。业务产生的结果是数据和有更多含义的信息，通过对企业产品自身所含信息的归类分析，形成描述产品平台的产品结构树，优化业务工作内容，推进精益管理，并将产品结构树这一携带从产品研发设计到生产制造的所有业务环节数据的信息载体，全面融合到信息化平台中，提升信息化平台的功能和作用。

一、信息化平台的作用

（一）加快信息传递

信息化平台管理着大量的产品结构树，产品结构树中包含大量的从产品设计到制造阶段的静态属性信息和动态过程信息。一个完整的产品结构树至少有各类 BOM、文档、设计图纸、三维模型、检查记录等信息，这些信息在设计研发部门、业务部门、生产部门之间被建立、加工、使用。如果设计研发部门在进行产品设计时，生成的 BOM 信息，通过传统的电子文件形式传递给业务部门进行零部件采购和安排生产计划,然后生产部门进行生产,整个周期内的产品结构树信息不断被加工、补充、削减,各个业务之间不能及时掌握上游业务处理完成自身所属的产品结构树信息时间,导致产品结构树信息处理不及时,且处理结果不能实时传递。为了提高效率,借用信息化手段,通过定制开发的计算机软件,实现产品结构树的选配和工序包内容的创建、利用及快速传递(如图6-12所示)。

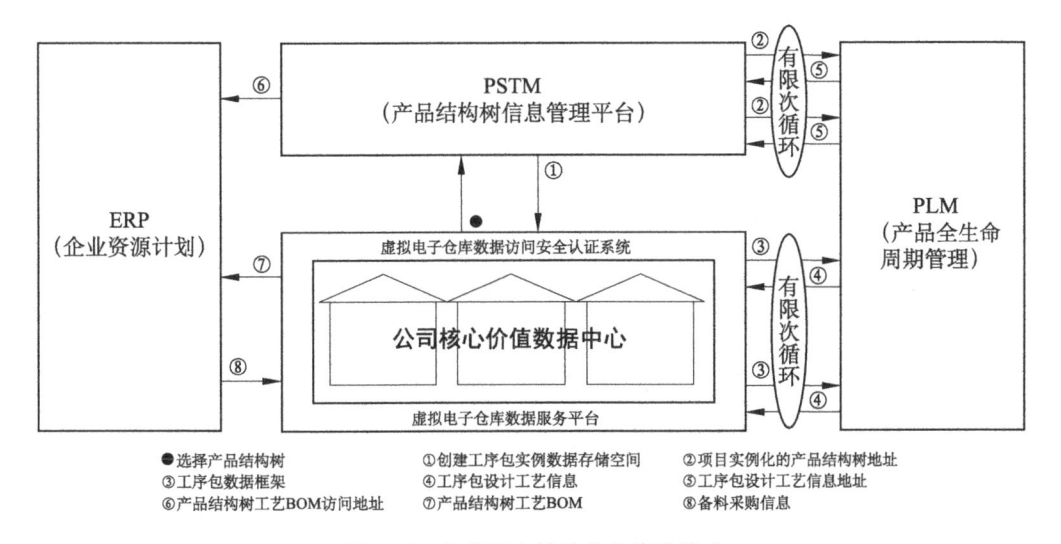

图 6-12 信息化支撑的信息传递模式

(二)固化管理动作

产品结构树已规范了产品的设计管理、业务管理和生产管理的内容、节拍和输出结果,明确了设计阶段应完成哪些任务、工艺阶段应完成哪些任务、采购阶段应完成哪些任务、物流阶段应完成哪些任务、制造阶段应完成哪些任务、质量检查阶段应完成哪些任务等,这些任务的完成都有一个较为明确的业务流程作为支撑。我们可以针对这些业务流程进行梳理,找出流程关键节点和关键节点处理的产品结构树内部的信息,采用表格形式,通过业务流程信息系统,辅助时间节拍和定制表格形式的数据填充界面,使得业务活动和业务操作准时化、规范化,从而达到固化管理动作的目的(如图6-13所示)。

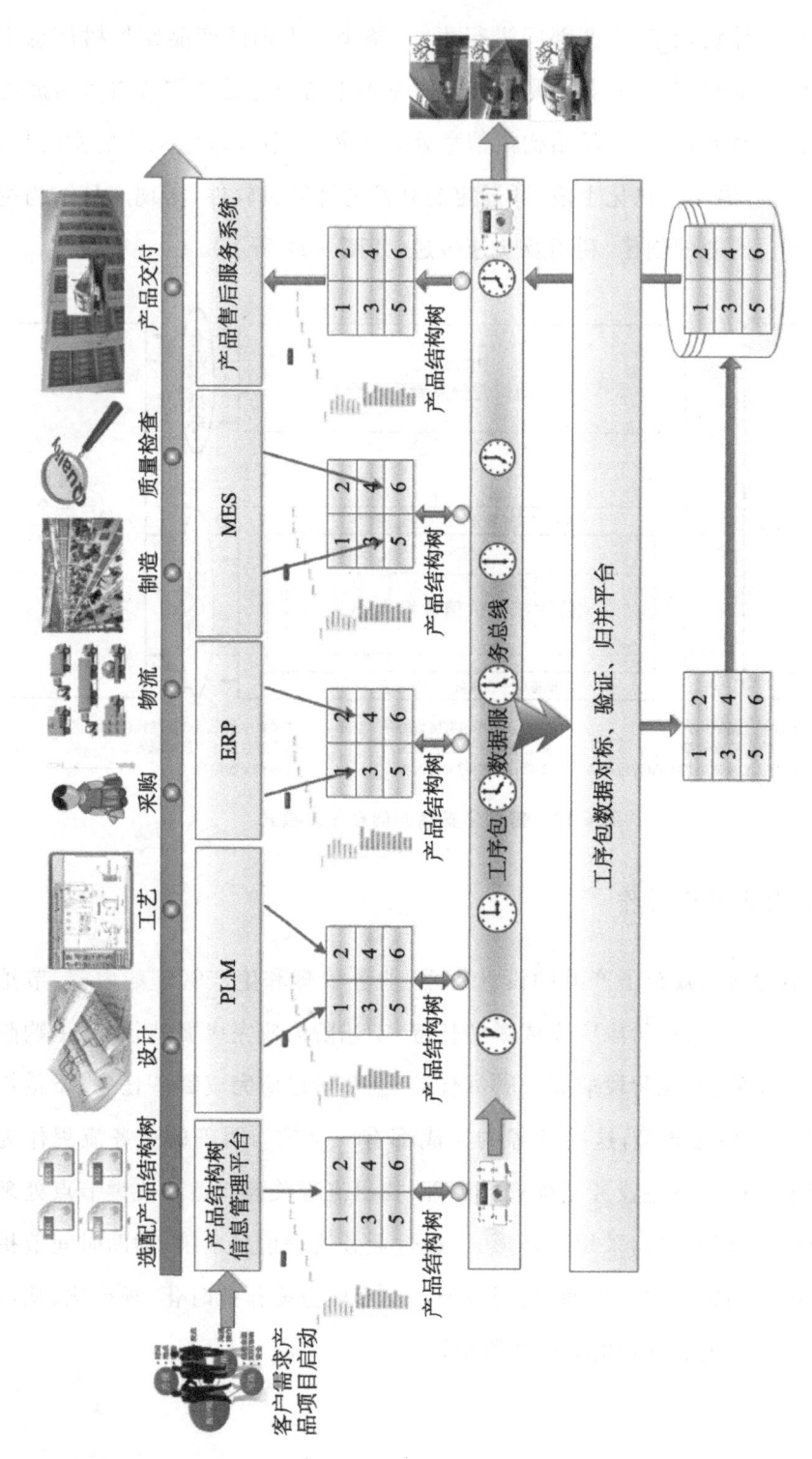

图 6-13　管理动作固化方法

（三）简化作业操作

产品结构树涉及设计、工艺、采购、物流、制造、质量、成本、作业人员、作业现场、作业设备等，作业面广，作业内容交叉复杂。设计阶段产生的 BOM 信息，会在产品制造中用，而制造时作业结果反过来影响设计 BOM 信息构成，类似情形常常出现在多个作业操作中。如何简化作业操作的复杂度，应该要采用信息化手段。我们可以构建一个完善的信息交互平台和业务相关的虚拟电子仓库系统，业务处理的主要作业操作都在平台上进行，形成多个虚拟的网上操作业务平台，平台操作的数据相互之间共享，平台的操作方法精简、便捷。当在进行产品结构树某个信息建立的同时，另一个作业可以在前面已建立的信息基础上进行，消除了信息的重复建立，从而简化了作业操作（如图 6-14 所示）。

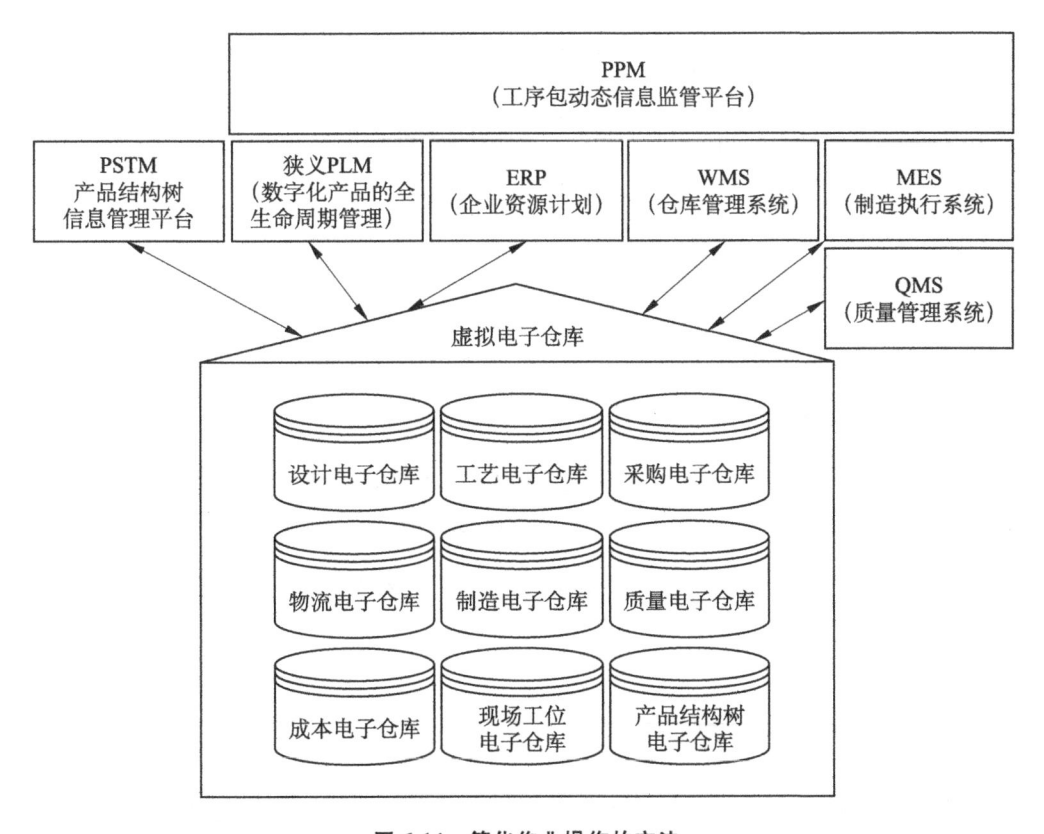

图 6-14 简化作业操作的方法

二、信息化平台的主要数据架构

（一）数据描述规范

信息化平台的主要数据是以产品结构树为模型进行组织起来的，产品结构树是信息化平台中各个信息系统处理的核心数据对象，这个核心数据对象，需要有一个规范的数据描述。数据描述规范应该方便业务过程中的所有对象的状况可以用数据记录下来，应该便于数据的存储和加工处理，应该便于被转换为企业运转和决策利用的信息。产品结构树不但包括常规的文本、数字，还包括文档、图纸、三维模型、视频等多媒体信息，同时还包括各类信息之间的关联关系。因此，产品结构树的数据描述采用 XML 格式，数据描述内容分片段，每个片段对应一类业务，业务范围至少有设计、工艺、采购、物流、制造、质量、成本，片段内容包含的电子文件采用地址引用方式。产品结构树的主要数据是工序包，工序包的数据描述必须包含地址码，且有一组地址码描述片段。

（二）产品结构树的数据格式

产品结构树在信息化平台中以 XML 格式进行存储和加工，产品结构树中的数据存在父子关系，为了充分满足业务数据与信息系统的弱关联性，产品结构树的数据不仅包含关系表模式的数据记录方式，还包含涉及产品结构树的引用文档。产品结构树采用数据分层包裹形式的数据格式，增加了数据的聚集性和关联性，其最外层是产品功能结构树总体描述层，里面依次为系统层、布置层和工序包层。

（三）工序包的数据格式

工序包在信息化平台中以 XML 格式进行存储和加工，工序包包含基本信息部分、扩展信息部分、物联码信息部分、设计信息部分、工艺信息部分、采购信息部分、物流信息部分、制造信息部分、质量信息部分、成本信息部分、人力信息部分、设备信息部分、制造现场环境信息部分和附属文件部分。工序包内各部分信息并列于同一层次,基本信息部分主要有工序包地址码、继承的父工序包地址码、隶属的产品结构树全息结构等,扩展信息部分主要有对应的项目、对应的制造现场、对应的制造工艺路线等,物联码信息部分主要有可进行互联网访问的工序包二维码、工程图纸二维码、三维模型二维码、作业指导书二维码、质量检验指导书二维码、作业教学视频二维码等,设计信息部分主要有设计BOM、设计物料明细,工艺信息部分主要有耗料明细等,采购信息部分主要有采购物料明细、供应商资料等,物流信息部分主要有配送物料明细、出库时间、配送时间、送到时间等,制造信息部分主要有生产计划和完工信息等,质量信息部分主要有质量检验要求项点、检验结果等,成本信息部分主要有材料成本明细和总成本、工时成本等,人力信息部分主要有作业人员、到岗情况等,设备信息部分主要有使用的加工设备等,制造现场环境信息部分主要有天气、现场温度、现场湿度等,附属文件部分主要有工艺文件、质量检验指导书、质量检验记录、工程图纸、三维模型、视频教学文件等。

(四)二维码编制

实体物件和虚拟产品结构树及工序包之间通过移动互联形成同步流动机制,在任何一个时间点,由实体物件可以知道其在设计、经营、生产阶段的当前信息,由信息系统存储的信息可以知道对应的实体物件所在的物理位置,二维码的使用将方便这一机制的实现。二维码编制采用网址形式,二维码内容除包括产品结构树和工序包的唯一地址外,还应根据信息系统的特点追加部分参数信息,二维码图片中间加有唯一地址码标识。

三、信息化平台的应用架构

(一)信息系统拓扑关系图

产品结构树的信息化应用架构是整个企业信息化应用架构的一部分(如

图 6-15 所示)。

面对诸多的信息系统,核心的仍是 PDM、ERP、MES,其余系统以此为中心进行数据交互(如图 6-16 所示)。

(二)信息系统的智能化体现

信息系统在支撑产品结构树的数据采集上要紧密与互联网结合,同时与大量的物理设备进行无线数据交互,感知实体部件的生产动态信息。

(三)超级 BOM 的信息化应用

超级 BOM 作为工序包的核心组成部分,涵盖了从设计到制造的所有 BOM,它统一了各个业务使用 BOM 的格式,规范化了 BOM 信息的产生和应用。在这样的条件下,确保了运用信息化手段,完成超级 BOM 的企业全业务链的应用。

(四)互联网+产品结构树

产品结构树客观地反映了实体车辆的信息,它沟通了现实世界和虚拟世界,现实世界的车辆通过网络绑定自身产品结构树信息,产品结构树通过网络绑定现实的车辆实物。在互联网应用充斥企业业务各个环节的情况下,企业产品已经与产品的设计、经营、生产信息共生供存。

互联网的应用要突破企业内部和外部的网络互通的限制,要构建企业的数据安全机制。

为了更好地使用产品结构树,特别是让配套供应商参与到企业的生产过程中,要建立基于互联网下的私有云服务环境,利用数据隧道穿透技术,在存在内外网隔离的网络硬件架构下,实现内网和外网应用公用同一数据库和同一实体文件,确保访问云服务的用户不受地域、接入方式的限制,便于产品结构树和工序包信息实现实时采集和数据处理服务(如图 6-17 所示)。

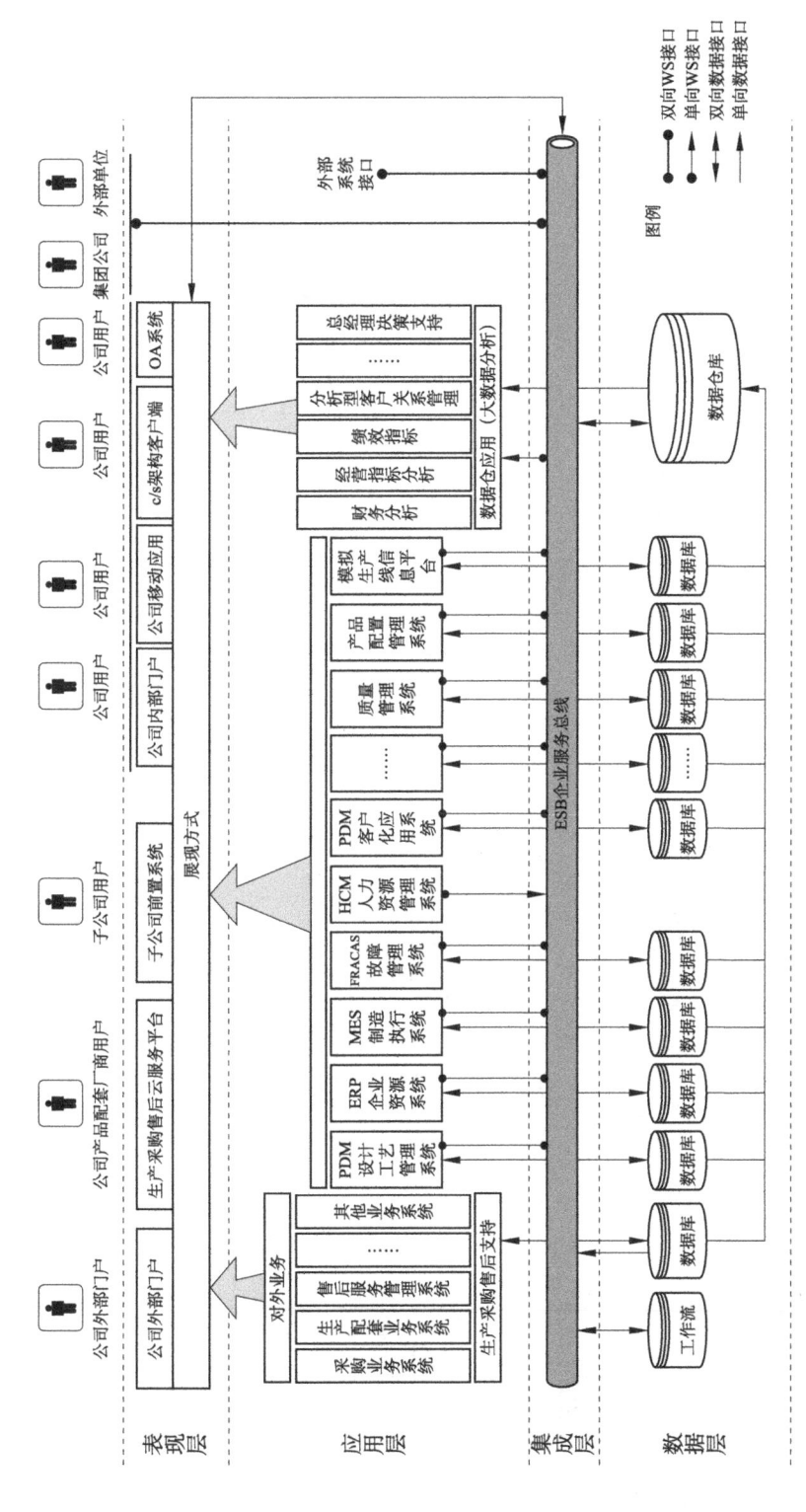

图 6-15 企业总的信息化应用架构

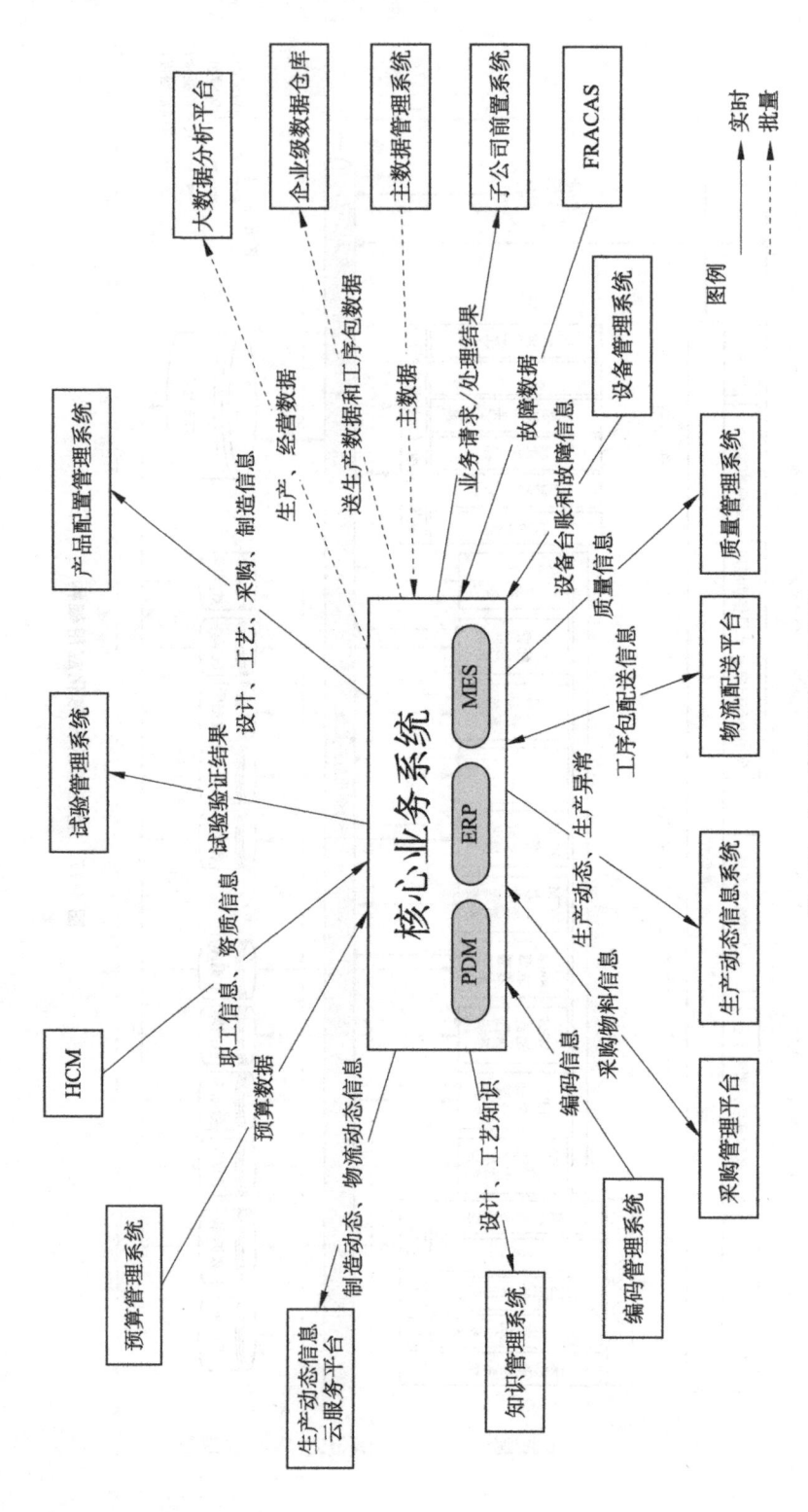

图 6-16 企业信息系统之间关系

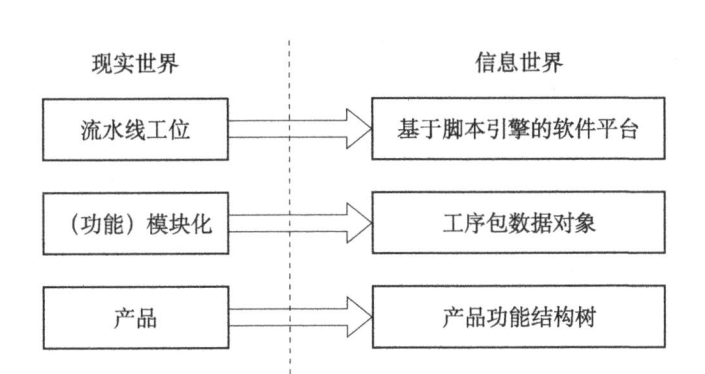

```
现实世界              信息世界
┌──────────┐      ┌──────────────────┐
│ 流水线工位 │ ──▶ │ 基于脚本引擎的软件平台 │
└──────────┘      └──────────────────┘

┌──────────┐      ┌──────────────┐
│(功能)模块化│ ──▶ │  工序包数据对象  │
└──────────┘      └──────────────┘

┌──────────┐      ┌──────────────┐
│   产品    │ ──▶ │  产品功能结构树  │
└──────────┘      └──────────────┘
```

图 6-17　产品与产品结构树的虚拟现实关系

四、信息化平台的集成规范

（一）数据采集规范

数据采集有多种方式，既有来源于信息系统的数据，也有来源于现场设备的数据。源于信息系统的采集为 WebService 方式，源于现场设备的采集为 TCP/IP 点到点通信、GPRS、工业局域网等方式。

（二）数据交互规范

信息系统中参与交换的数据以字符串的形式进行，字符串内容采用 XML Schema 组织，字符串内容的多国语言数据采用 UTF-8 字符集进行编码。

由于 XML Schema 是 XML 文档，只需要懂得 XML 的语法规则就可以编写相应的交换数据的 XML 格式字符串。

数据交互接口规范如图 6-18 所示。

（三）信息系统接口规范

数据交换接口可以通过纯 Java 接口来进行表述，对这类 Java 接口，要求满足如下规范：

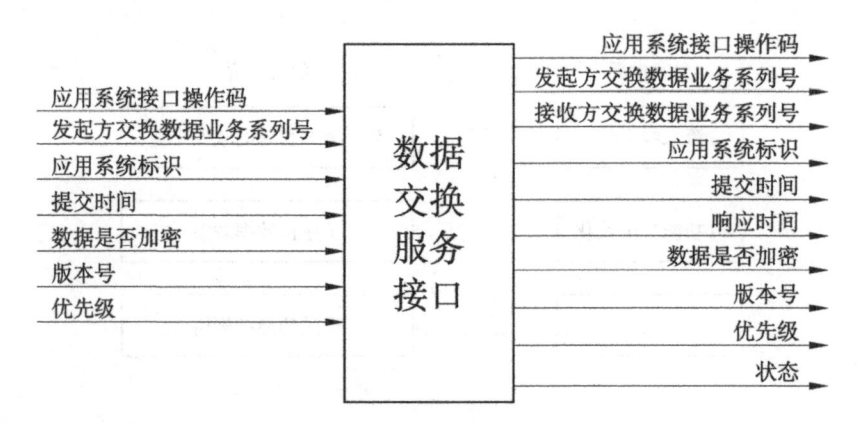

```
应用系统接口操作码              应用系统接口操作码
发起方交换数据业务系列号        发起方交换数据业务系列号
                               接收方交换数据业务系列号
应用系统标识         数据        应用系统标识
                    交换
提交时间             服务        提交时间
                    接口        响应时间
数据是否加密                    数据是否加密
版本号                          版本号
优先级                          优先级
                               状态
```

图 6-18　数据交互接口规范

（1）接口方法的参数和返回值要求实现序列化接口。
（2）接口方法的参数和返回值，应当采用尽量简单、统一的数据格式。

在不同技术平台下信息系统进行数据交换，WebService 是最好的方案，尤其是 NET 平台和 J2EE 平台环境间的数据交换。

（四）信息系统集成原理

产品结构树的应用涉及多个信息系统，每个信息系统都存在自身领域内的业务处理模型，且用户使用操作风格有所不同，要避免产品结构树作为处理数据对象的应用体系，就要统一用户操作界面风格，集成众多信息系统的业务处理模块，把业务处理模块的数据处理粒度定位于现场工位、工序（如图 6-19 所示）。

五、把珍珠串成串

目前，企业的信息系统就像一颗颗珍珠，都在发挥或大或小的作用，帮助我们完成业务工作。但是，要让信息系统发挥更大的作用，必须要把企业的所有信息系统串起来，相互之间形成业务上下游关系，数据无障碍流动。串联信息系统存在两个层面，一个是数据层面；另一个业务间流程层面。

数据层面可用企业数据总线，如图 6-20 所示。

业务间流程层面可借助产品结构树的全业务处理流程，如图 6-21 所示。

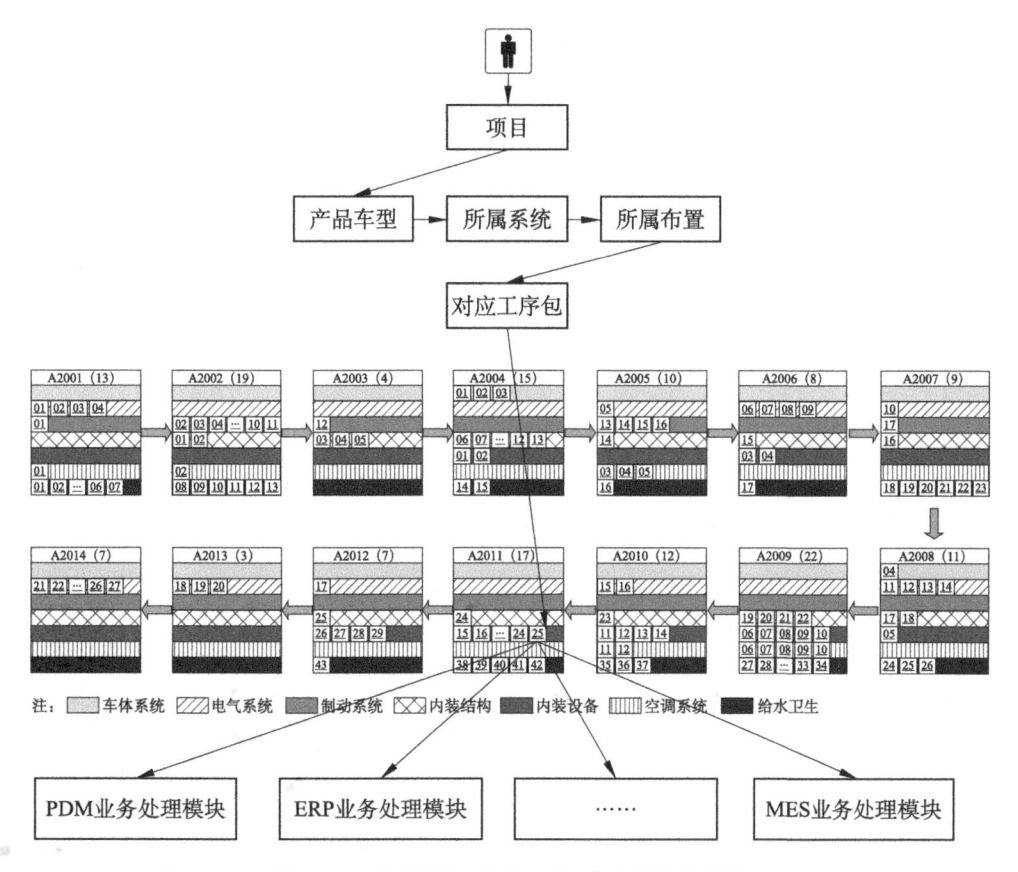

图 6-19 用户操作、现场工位、业务模块关系图

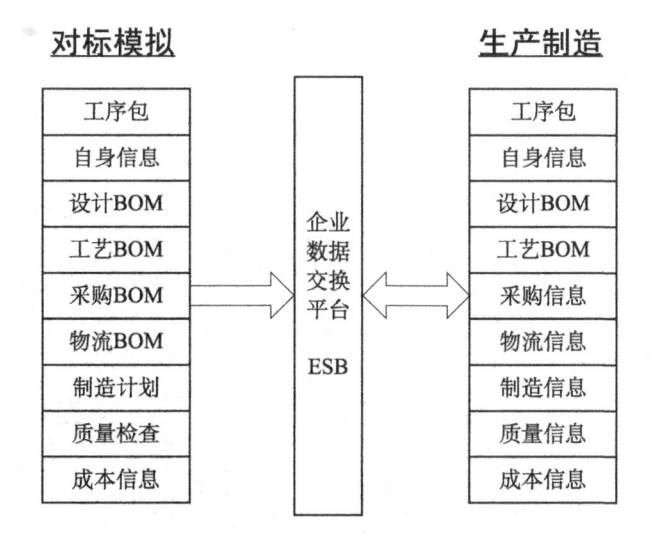

图 6-20 企业数据总线串起工序包信息处理业务

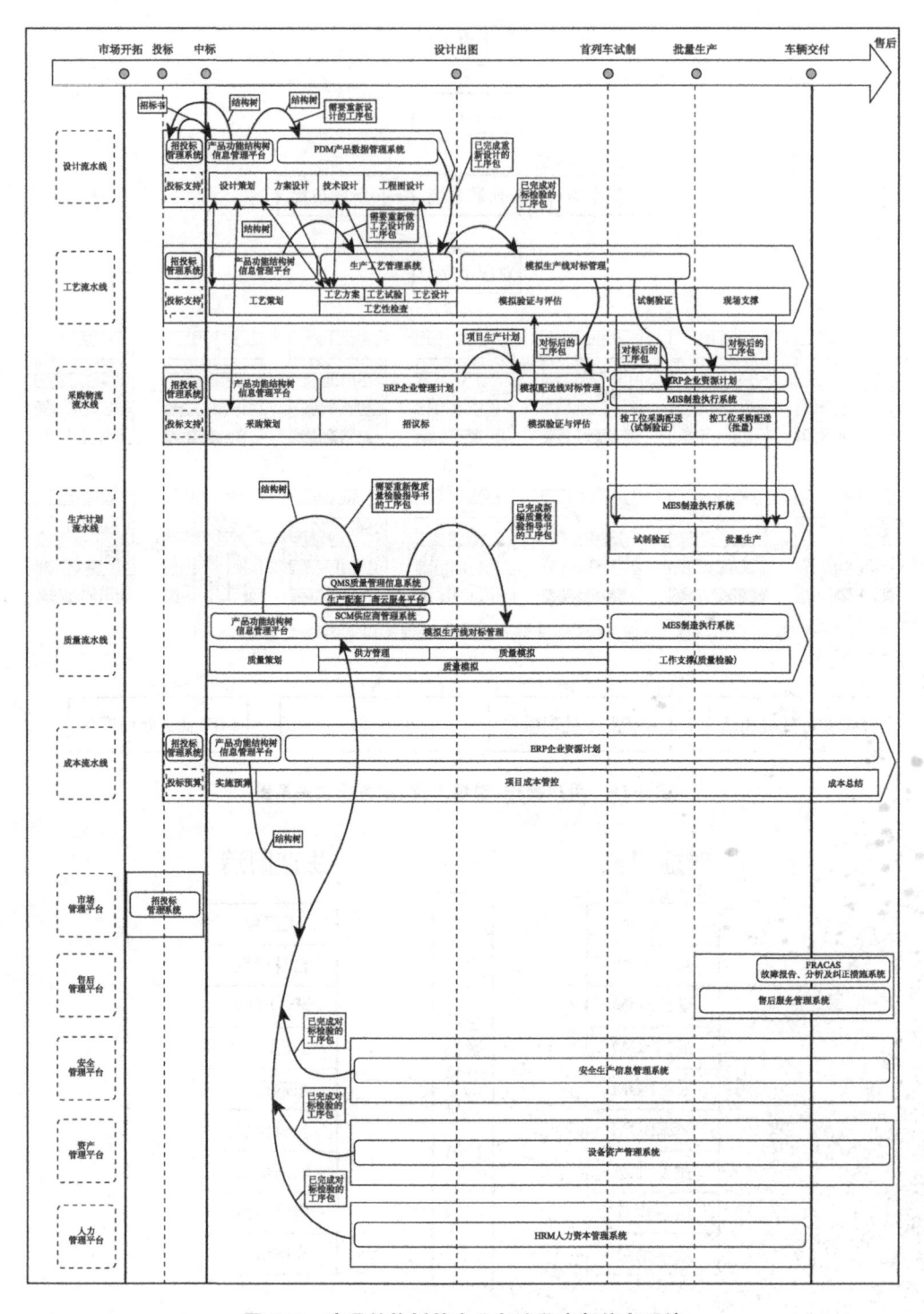

图 6-21 产品结构树的全业务流程串起信息系统

第七章 六大管理线：确保流程简洁高效

本章所述的管理线，是指"6621运营管理平台"中的6条专业管理线，即设计开发管理线、工艺管理线、采购物流管理线、计划控制管理线、质量管理线和成本管理线。这6项专业管理是以流程管理为主，主要是保证各专业管理流程简洁高效，流程中各结点工作要求明确，输入输出内容规范、标准，其管理内容随着项目的变化而变化，所以将之归类为管理线，主要是对各项目的正常运营起控制作用，管理线建设越是强大高效，其控制作用越强、效果更佳。本章结合精益改善工具的应用和管理线建设的要求，系统介绍这6条管理线建设的基本要求和方法。

第一节 工艺管理线建设

制造工艺是制造型企业的重要基础工作，是将产品设计转化为产品制造的方法，贯穿于公司生产经营的全过程，是实现产品设计、保证产品质量、发展生产、降低消耗、提高劳动生产率的重要手段。工艺工作正是处在承上启下的位置，向上对接设计研发，向下对接产品，现场布局规划、资源配置都是由工艺确定的，只有在工艺开发过程中融入精益思想、应用精益工具方法，才可以在产线规划、产品制造等环节中避免不合理、不均衡、不必要等浪费现象，让精益管理体系更接地气。

一、工艺管理线的概念

工艺管理线是以生产节拍为核心,以产品工艺流程为依据,以标准化输出和输出为载体,对生产要素进行完全的、对应的、适当的设计,是实现工位制节拍化生产模式的必要前提。工艺管理线的信息细化到现场班组、工位、设备,直接指导生产,强化工艺管控力度,保证工艺设计质量和工艺水平的持续改进。

二、工艺管理线的作用

1. 是实现工位制节拍化生产模式的前提

工艺管理线通过对生产相关的人、机、料、法、环、测等要素的完整设计,指导生产现场按照设计内容实施产品制造。任何一个环节未明确,都会对产品质量产生影响。

2. 是提高工艺研发质量和效率的保障

工艺管理线明确工艺设计步骤、输入输出文件、工艺基础信息、工艺信息化等内容,形成标准化工艺开发流程。针对不同项目只需对产品差异性进行工艺设计,缩短工艺开发周期,提高工艺设计效率。

三、工艺管理线的设计原则

1. 依据产品结构特点,确定生产线

产品工艺管理线应针对产品的结构特点,结合公司现有制造资源,选择适合的生产线,减少多品种产品换产过程中的浪费。

2. 以客户需求为中心,制定生产节拍

根据多项目产品项目计划,在满足产品准时交付的前提下,合理确定产品生产节拍。

3. 围绕生产节拍，进行资源配置

围绕生产节拍，开展工艺布局、工序分割、人员配置、物流规划等工艺设计内容，明确现场生产要素配置。

四、工艺管理线的流程

工艺工作承上启下，在前端建立工艺、设计对接流程，介入设计过程，对设计输出进行同步审查，提前了解设计信息，进行可制造性验证，提高工艺准备质量，缩短工艺准备周期。

工艺管理线应针对产品的结构特点、结合公司现有制造资源，在保证产品质量的同时，充分考虑成本、生产周期、职业健康安全、环保等诸因素。工艺管理线包括工艺方案、工艺流程、工序分割、生产（节拍）流程图、物料分割、物料三定、期量设定、物流策划、工艺文件、工艺装备图样、技术条件等。

在后端，与采购、质量、生产等对接进行工艺验证，指导生产实施，实现制造工艺的全过程控制。

1. 生产节拍确定

根据项目订单的总体情况，结合公司制造资源配置，由生产部确定产品生产节拍，节拍时间包含工序检验时间，当检验时间较长时，可考虑单独设定检验工序。

2. 工艺流程设计

根据典型产品结构特点，开展工艺流程设计工作，围绕生产节拍，开展节拍时间内最小作业单位的工艺流程划分工作，形成工位制条件下的工艺流程图。

3. 工位划分

根据工艺流程图，汇总建立工位明细表，并根据编号原则开展工位编号工作，形成统一规范的工位明细表。工位编码由分厂代号＋车型代号＋工位顺序号组成。

4. 工位作业内容确立

根据产品结构图纸，结合工位划分情况，明确出工位具体作业内容，会同制造

输入资料	实施过程	输出载体
生产节拍	图纸工艺审查 →	PDM结构树
	工艺流程设计 →	工艺流程图
	工位划分 →	工位划分表
	工位作业内容确立 →	工位作业内容表
	物料分割 →	生产明细表 ERP数据
	物料定容、定量、拆包装 →	物料定容、定量
	工艺文件编制 →	工艺文件
	模拟生产线工艺流程策划 →	模拟生产线流程图

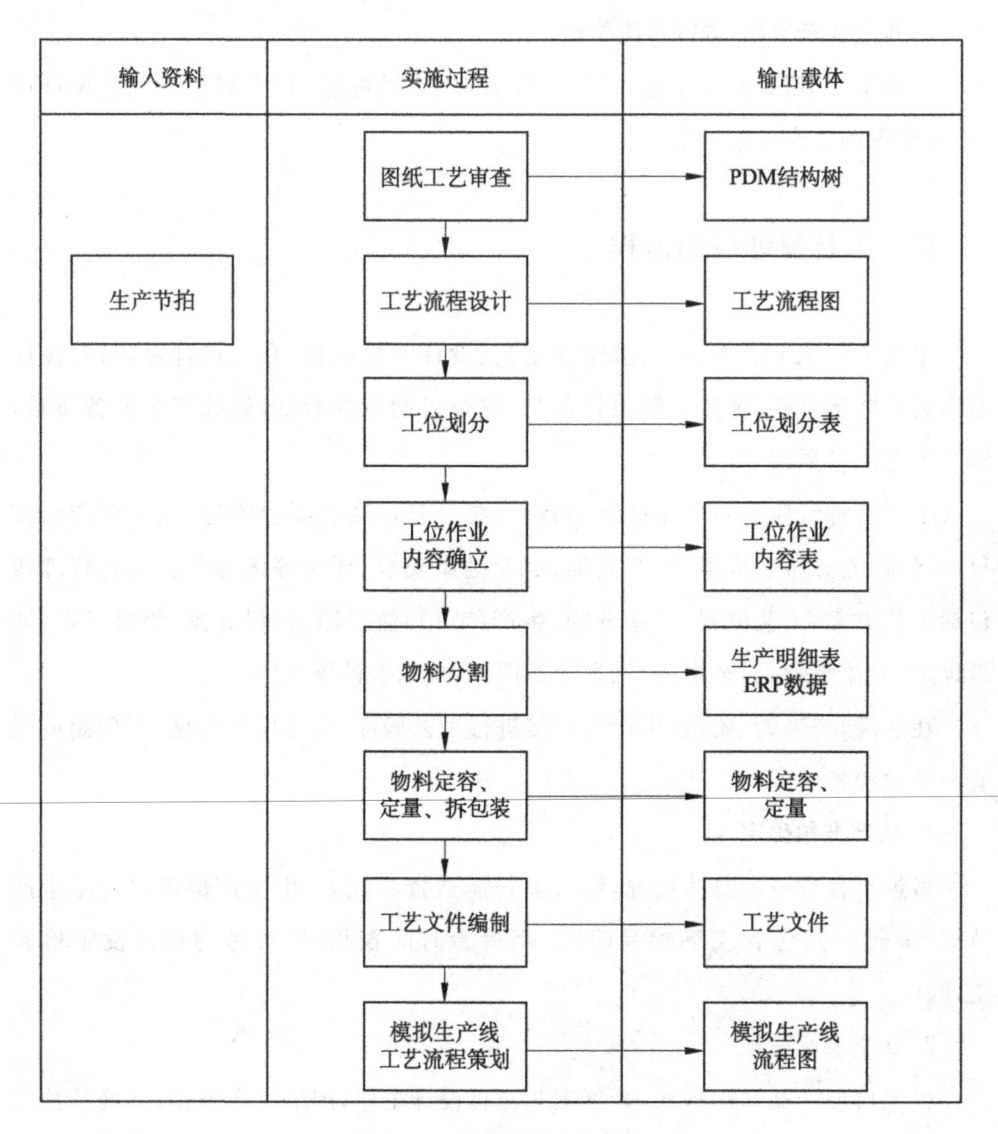

图7-1 工艺管理线实施步骤

分厂形成标准化的工位工艺结构树。同时,围绕工位具体作业内容,明确零部件作业顺序,形成标准化的工位作业内容流程图。

5. 物料分割

根据工位作业内容,开展物料分割工作,形成生产明细及 ERP 数据,根据 ERP 的操作流程,将产品物料数据导入 ERP 系统。

6. 编制工艺文件

结合工艺文件模板，集中开展项目工艺文件编制工作，形成标准化工艺文件。

7. 模拟生产线工艺流程策划

结合工艺流程图，开展工位制模拟生产线点检流程策划，根据公司模拟生产线管理办法，导入模拟生产线流程，用于产品开工前的点检工作。

第二节　采购物流管理线建设

一、物流管理线概述

（一）什么是采购物流管理线

物流管理自20世纪20年代产生于美国，其对国民经济的作用已被各国所认同。精益物流是起源于日本丰田汽车公司的一种物流管理思想，其核心是追求消灭包括库存在内的一切浪费，并围绕此目标发展的一系列具体方法。它是从精益生产的理念中发展而来的，是精益思想在物流管理中的应用。

物流作为生产的重要支撑对生产效率和效益起到至关重要的作用。精益物流要求从供应商物料接收、包装存储、内部加工搬运直到成品运输的全流程，应用精益理念来消除浪费，从而改善物流运作中的安全、品质、交货期和成本。精益物流的实质是JIT(just in time, JIT)，既不早，也不晚，恰好及时地完成供—产—销的物流过程，特别是其中的物流与供应链管理的目标。

（二）采购物流管理线的特点

1. 以客户需求为中心

在物流管理线理念中，顾客需求是物流管理的原动力，是价值流的出发点。当顾客没有发出需求指令时，上游的任何部分不提供服务，而当顾客需求指令发出后，则快速提供服务。简而言之即根据需求提供精益物流服务，而不是根据物流服务的程度来调整需求。这里的顾客需求有两方面：一是生产车间的生产需求；二是产品的交付需求。

2. 准时

大多数企业对于物流准时化的概念停留在物流送料的准时,而忽视整个体系的准时化,反而会导致不准时问题大量出现或者为了准时增加了过多的物流人员。物料在流通过程中能够顺畅有节奏的流动是物流管理线的目标之一,而保证物料的顺畅流动最关键的是准时。物流管理线的准时化包含两方面内容。

（1）准时化本身必须是既不能早也不能晚,只保证不晚往往会导致大量物料提前送达而导致生产现场物料的堆积；不能早的时间需要提前综合考虑运输距离、生产节拍长短等因素。

（2）准时化是整个物流管理体系的准时,即物料在物流各个环节按计划按时完成,包括来料、运输、收货、入库检、入库、分拣、配送、回收送等各个环节。例如：配送计划的制定直接满足生产准时化的需求,在配送计划的基础上,向前拉动形成各个环节的节点计划,通过各个环节工作节点的准时兑现来满足配送计划的需求,从而将整个物流管理体系一致性的对应生产准时化需求。准时化是保证物料在流动中的各个环节以最低成本完成的必要条件,也是保证物流系统整体优化方案能得以实现的必要条件。

3. 准确

准确包括准确的信息传递,准确的库存,准确的客户需求预测,准确的送货数量等,准确是保证物流精益化的重要条件之一。

4. 快速

精益物流系统的快速包括两方面含义：第一是物流系统对需求变化的反应速度；第二是物资在流通过程中的流转速度。

物流系统对需求变化的反应速度取决于系统的功能和流程。物资在物流链中的快速性包括：停留的节点最少,流通所经路径最短,仓储时间最合理,并达到整体物流的快速。速度体现在产品和服务上,是影响成本和价值的重要因素,特别是市场竞争日趋激烈的今天,速度也是竞争的强有力手段。快速的物流系统是实现货品在流通中增加价值的重要保证。

5. 降低成本、提高效率

精益物流系统通过合理配置基本资源,以需定产,充分合理地运用优势和实力;通过电子化的信息流,进行快速反应、准时化生产,从而消除诸如设施设备空耗、人员冗余、操作延迟和资源浪费等,保证其物流服务的低成本。

6. 系统集成

物流作为连接生产制造与职能管理的中间环节,起到承上启下的重要作用。要实现精益物流系统,企业既要组织好内部相关职能,包括生产计划管理、工艺管理、质量管理、采购管理等,又要协调好所有供应链成员。精益物流一般首先将企业内部各职能整合成一个统一的价值链,再逐步把企业上下游供应链成员的价值整合为一个端到端一体化运作的增值链,如图 7-2 所示。

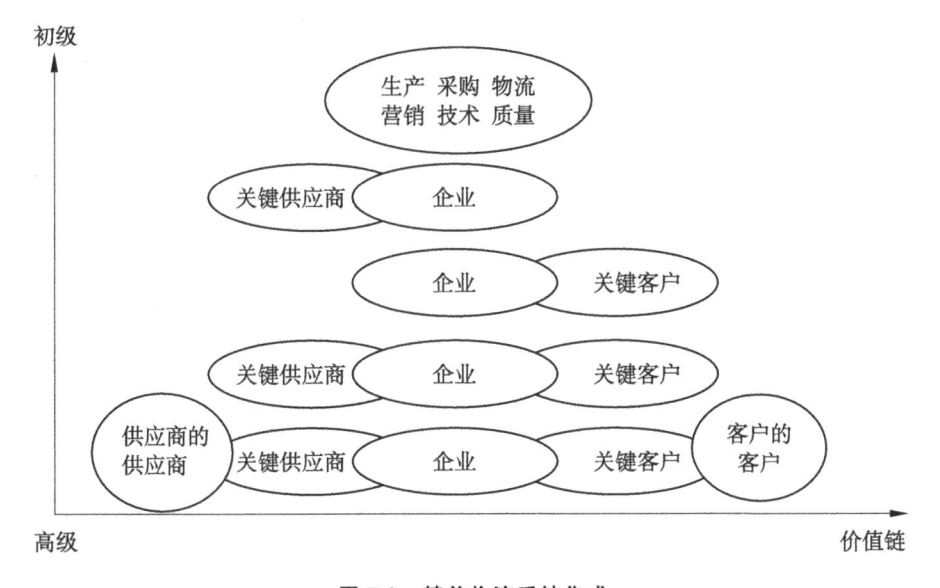

图 7-2　精益物流系统集成

7. 信息化

高质量的物流服务有赖于信息的电子化。物流服务是一个复杂的系统项目,涉及大量繁杂的信息。电子化的信息便于传递,这使信息流动迅速、准确无误,保证物流服务的准时和高效;电子化信息便于存储和统计,可以有效减少冗余信息传递,减少作业环节,降低人力浪费。此外,传统的物流运作方式已不适应全球化、知识化的物流业市场竞争，必须实现信息的电子化，不断改进传统业务项目，寻找传统物流产业与新经济的结合点，提供增值物流服务。因此，必须实现物流管理线和现代信息技术的有效融合。

二、采购物流管理线的框架

精益物流是一个复杂庞大的系统工程，其管理框架包括：供应链物流、生产物流、销售物流、回收物流。

供应链物流是指企业上游所有供应商，为了满足企业生产交付需求而进行的物资供应的全部活动。

生产物流是指企业在生产工艺中的物流活动。生产物流是企业物流的关键环节，从物流的范围分析，企业生产系统中物流的边界起于原材料、外购件的投入，止于成品仓库。它贯穿生产全过程，横跨整个企业（车间、工位），其流经的范围是全厂性的、全过程的。

销售物流是指企业在销售过程中，将产品的所有权转给用户的物流活动，是产品从生产地到用户的时间和空间的转移，是以实现企业销售利润为目的的，是包装、运输和储存等环节的统一。

回收物流指不合格物品的返修、退货以及周转使用的包装容器从需方返回到供方所形成的物品实体流动。即企业在生产、供应、销售的活动中总会产生各种边角余料和废料，这些东西的回收需要伴随着物流活动。如果回收物品处理不当，往往会影响整个生产环境，甚至影响产品的质量，占用很大空间，造成浪费。

三、采购物流管理线构建和实施

随着外部市场需求变化的越演越烈，随着企业生产标准化、自动化以至智能化水平的不断提升，物流管理对企业生存和发展起到越来越重要的作用，突出的表现在影响生产80%的问题是物料不齐全和物料质量问题，但企业想要解决物流问题时发现千头万绪难以着手,其问题可以简要总结为:"计划松、制造匆、物流疯、批量送、灵活用、缺料重、收尾痛、存量膨。"

生产组织好比人的身体,是由各个部门、各个工位、各个工序、各个人员以及相关资源紧密衔接而成,一个产品从原材料到投入生产到成品产出,需要经过成百上千个步骤按标准顺序完成,某一个环节衔接不当就会导致生产停滞,这就需要用精确的计划控制所有环节。很多企业生产计划管理较粗,往往只有主生产计划下发给车间去组织生产,车间根据实际情况安排各个单元的作业计划,甚至各个单元自行安排,由此造成作业计划不统一、调整变化频繁并且事后才知晓,生产计划不能做到"指到哪打哪",而是"干到哪算哪"。由于生产计划精确性不够,造成生产车间时时刻刻处于不可预知的变化状态,生产制造经常处于冲刺和停滞的不断消耗中,无法做到均衡生产,经常处于忙忙碌碌但不出活的状态,各个部门陷入救火突击的泥潭中无法自拔。企业在未解决计划精确性和制造均衡性问题的情况下,为了缓解由于计划随时变更造成的救火式配送,物流部门只能将物料大批量配送至生产车间,通过建立车间大规模的二级库存来缓解计划随时变更对物流造成的冲击,甚至直接采取车间领料制。由于大量的物料存放在生产现场,造成生产作业员工使用物料的随意性增加,突出的表现是项目和项目之间物料混用,项目内各批次各列物料的混用,由此造成缺料情况更加普遍,并且由于大量库存掩盖了过程中的物料问题,大量的物料问题只能在项目收尾阶段大面积暴露,使项目收尾困难。最后呈现出现场堆满物料,仓库堆满物料但到处都在缺料的尴尬局面。

综上所述不难看出,精益物流不仅仅是单一的物流活动而已,而是一种全新的生产组织方式,通过物流管理线建立一个标准化、精细化、稳定化的生产管理体系,拉动企业各项管理水平的提升。

1. 采购物流管理线的基础

物流管理是要按照规定的时间,把规定的物料,以规定的方式配送到规定的地点,因此要实现物流管理线,就必须在时间、地点、内容、方式等维度对企业基础管理进行提升,具体包括以下方面。

(1) 建立标准化的生产方式

作坊式生产和工业化生产最大的区别在于生产方式的不同,人类社会工业化生产最大的成果是通过标准化生产极大提升了生产效率和效益。标准化的生产方式包括标准作业时间、标准作业地点、标准作业顺序、标准作业数量、标准作业人员等,工位制节拍化生产方式是其中的一种表现形式,企业可以根据自身产品和工艺特点去建立标准化生产方式,即使路径和方式各有不同,但目标只有一个,即让标准的人按照标准的时间在标准的地点完成标准的工作内容。

物流管理的输入条件就是时间、地点、内容和方式,要实现精益物流就必须以标准化生产作业为前提,换而言之没有标准化的生产方式就很难做到精益化的物流管理。标准化的生产方式对整个企业转型升级更为重要,因为只有标准化才能信息化,信息化才能数据化,数据化才能智能化。

(2) 严谨的生产计划管理

建立多级生产计划管理。企业生产计划管理最少需要具备三级管理,一是面向市场预测和客户需求的年度交付计划;二是面向采购和生产组织的月度生产计划;三是面向生产控制的多日作业计划(根据产品交付周期、生产提前期、物流提前期等实际情况不同,可以为3~7日)。三级计划要形成层级分解互相关联,月度计划在保证一定稳定性的前提下,调整后需更新发布。作业计划要根据日作业兑现情况每日滚动发布。

树立计划为纲的理念。生产计划好比军队的作战指令,有战斗力的军队一定是严格执行指令,哪怕指令不是百分之百的完美。企业要规范生产计划的严肃性,一旦生产计划正式下发,各个部门和车间要严格按照生产计划执行,要树立"计划越不执行越不准,计划越执行就越准""怀疑计划不准也要坚决执行,计划出问题调整后再执行"的观念。

保证计划制定的唯一性。要保证生产计划的严肃性,就必需保证计划制定的唯一性,企业三级生产计划必须由一个部门统一制定下发,切勿出现生产部编制月度计划,车间自行安排作业计划的情况,造成计划和计划之间不一致的情况。

提高计划的稳定性。标准化的生产方式能带来生产计划稳定性的提高，营销计划的稳定性对生产计划的影响也至关重要。营销部门希望能随时满足客户的需求和变化，而生产部门则希望变化较少，因此企业建立产销计划定期协调会议机制很重要，通过产销协调共识保证计划在一段时间之内的稳定性。

保障作业计划可执行性。作业计划直接面向生产现场各个车间、工位和员工，作业计划的可执行性非常重要，作业计划的制定部门需要充分考虑交付、人员、设备、物料、作业瓶颈等各方面因素。作业计划制定时，物流部门根据计划提前滚动模拟缺料情况，采购部门回复缺料的供应时间，相关信息反馈至生产计划编制部门，以提高计划编制的准确性。

生产计划编制部门要跟踪每日兑现情况，根据当天兑现情况及时调整向后的作业计划。因此作业计划需要制定、分析、跟踪、追赶和调整。

（3）供应商准时供货

基于订单式生产的企业，要实现标准化的生产方式和物流管理线，物料从源头供应环节就需要保证齐套性和物料的质量。

精益物流是客户拉动的物流系统，其与企业的精益化生产紧密结合。精益化生产意味着小批量，其优势在于减少在制品库存，降低原材料库存，易于管理。小批量生产的切换速度快，因而要求供应商能小批量、频繁及时供货。制造企业作为精益生产的实施者和精益物流的最直接需求者，其供货政策是否合理在很大程度上影响并制约着整个精益物流系统的运作效果。

（4）ERP与精益物流的融合

在实践中，一些企业片面强调ERP的作用，忽视了企业物流管理对ERP的作用，未将物流管理线的理念与ERP进行有效融合。

通过ERP规范物流管理职能及业务流程。ERP要求生产制造所需的物料由物料管理部门进行统一管理，即该部门负责供应商交货的接收，物料交货计划的ERP系统输入，将合格物料的保管与配送安排到指定的作业位置，这样有助于企业对物料管理的责任划分，有助于采购部门从实体物流中分离出来，也有助于生产部门专心从事于生产活动。

通过 ERP 规范供货模式。传统供应商习惯于按制造商的月计划进行大批量交货,不考虑企业的场地限制和保管费用。这样不利于企业提高物料置场的利用率和控制物流成本。通过 ERP 需要,要求供应商按照 ERP 下达的订单进行交货。订单上明确规定了交货的时间、数量,通过接收人员及时输入供应商的实际交货时间、数量,管理人员就可以知道供应商对交货计划的遵守情况,这样有助于规范管理供应商。

加强数据输入的准确性和及时性。俗话说:"病从口入。"错误的数据输入到 ERP,ERP 只会产生错误的结果。要让 ERP 发挥作用,必须对输入 ERP 的数据进行严格的管理。首先应提高接收人员输入数据的准确性;其次是提高接收人员输入数据的及时性。这两点不能得到有效保证都会造成 ERP 产生负库存或虚假库存。因此,只有加强对输入数据的准确性和及时性的管理,是保证 ERP 的正常运转的充要条件。

导入物流 MES 系统对 ERP 的不足进行改善。对已经实施了 ERP 的企业,为了应对当前 ERP 下物流的不足,可以导入 WMS 系统或者物流 MES 系统,并且与 ERP 进行融合,结合流程改造原理对物流系统进行优化。

(5) 高质量服务生产现场的理念

传统制造企业在物流管理环节重仓储轻配送,物流的主要职能偏重于物资的存储和保管,而忽视了对生产制造的服务,导致车间领料制、大批量配送制、无缺件预警、配送容器简陋、信息化程度低、补料流程烦琐等诸多问题。物流管理线要求企业物流对生产现场进行高质量的服务,以满足和服务生产现场的需求,支撑生产现场高效率运作的理念,对物流各环节进行优化完善。

(6) 重视物流人才培养

传统企业往往重生产轻物流,企业物流部门往往"老弱病残"居多,物流管理仅限于保管和发料,导致企业在实施物流管理线时,缺乏专业的物流管理人才进行支撑,因此企业实施物流管理线需要利用现代人力资源管理和知识管理理念,对企业员工进行物流管理知识培训,塑造物流管理人才,或用优化的薪资待遇招聘物流专业人才。

2. 精益物流仓库布局设置

(1) 企业仓库的设置

企业建设仓库是为了保证企业自身的生产和经营。因此，企业的仓库选址、仓库规模、设备设施、可扩充性等因素需要以有利于企业生产和经营的持续进行为前提。在研究企业仓库设置时，可以从以下几个方面进行分析。

根据企业的原材料及工具零配件等的采购周期及采购批量，结合企业对物资的日常消耗量，或根据企业产品的日生产量、销售周期等，计算原材料及产成品的需求量和存储量，确定企业是否需要自建原材料库或成品库。

根据企业所需要储存物资的性质，研究企业需要设置什么类型的仓库。为保证所储存物资在时间上、空间上的优化配置，所设置仓库的类型、结构、设施等必须与所储存物资的化学、物理、机械等性质相适应。

选择仓库地址时，首先要考虑仓库所在地与本企业生产部门的物资运输条件、运输距离以及仓库对外的运输条件。对内、对外运输条件及运输距离是选择仓库地址的首要问题。

企业在仓库设置时，需把握的一个原则是在满足生产需求的情况下，仓库数量越少越好，仓库数量越多，管理层级越多、资源浪费越多、管理成本越高。如企业总库能满足存储需求的，尽量消除车间二级库甚至三级库；如企业总库不能满足存储需求的，优先考虑采购批量的控制、大件直送、仓储方式优化等方式来满足需求。

(2) 仓库内部合理布局

仓库合理布局是指根据企业生产和经营要求、仓库的业务程序、储存物资的特点和规模、仓库技术设备的性能和使用特点以及库区场地的各种条件，对仓库各个区域进行科学的安排，以最大限度提高仓库的作业能力，降低各项仓库费用。

一般情况下，仓库大致可以划分为几个大的部分：收货区、入库区、存储区、配送区、辅助作业区、行政生活区、道路通道区。

仓库布局要根据物流作业流程进行设置，两者尽量保持一致，且尽量保证进出口分开设置，方便仓库作业，有利于提高作业效率。

尽可能地减少储存物资和仓库人员的运动距离。在仓库作业过程中，储存物资、仓储人员及作业设备的运送，都要受到上述各个部分具体位置的制约。合理安排仓库的各个区域位置，尽可能减少人员、物资、设备的运动距离。

仓库内部的合理布局，要有利于仓库作业时间的有效利用，避免各种无效劳动，避免各种时间上的浪费，各个作业环节要有机的衔接，尽量减少人员、设备的窝工，防止物资的堵塞。

仓库内部的合理布局要有利于仓库面积和建筑物空间的充分利用。杜绝仓库面积的建筑物空间上的浪费，提高仓库利用率。

仓库的合理布局还要有利于整个仓库的作业安全。

3. 精益物流装卸搬运管理

装卸搬运要消耗劳动，包括活劳动和物化劳动。这种劳动消耗量要以价值形态追加到装卸搬运的价值中去，从而增加产品和物流成本。因此，应科学、合理地组织装卸搬运过程，尽量减少用于装卸搬运的劳动消耗。

（1）防止无效装卸

无效装卸就是用于货物必要装卸劳动之外的多余装卸劳动。防止无效装卸可以从以下几个方面入手。

1）减少装卸次数，影响装卸次数的因素主要有两个：物流设施和设备、装卸作业组织调度工作；

2）减少多余包装；

3）去除无效物质。

（2）充分利用重力，减少作业消耗

在装卸时考虑重力因素，可以利用货物本身的重量，将重力转变为促使物料移动的动力。例如重力式货架的每个层板均有一定的倾斜度，通常货架表面均处理得十分光滑，或者在货架层上装有辊子，也有在承重物资的货箱或托盘下装有滚轮，这样将滑动摩擦变为滚动摩擦，物料移动时所受阻力减小。

（3）缩短搬运距离

从合理搬运的角度来看，搬运距离越短越好，相应需要考虑的主要因素有：

1）工厂、物流仓库的平面布局对搬运距离的影响；

2）生产车间工艺布局对搬运距离的影响；

3）物流路线规划对搬运距离的影响。

（4）提高装卸搬运活性

为了对活性有所区别并能有计划地提出活性要求，使每一步装卸搬运都能按一定活性要求进行操作，对不同放置状态的物料做出不同的活性规定，这就是"活性指数"，分为0~4共5个等级，等级越高装卸搬运水平和效率越高。

（5）推行组合化的装卸搬运

物料的组合包装。将物料以托盘、物料箱、包装袋等形式进行组合包装后进行装卸，实现单元化装卸搬运。

按投料点进行组合。为了减少物料在生产现场使用过程中的二次分拣、装卸和搬运，物料在出库前按照生产工位、班组甚至员工进行组合。

物料容器的组合化搬运。设计连挂式或者可堆垛式的物料配送容器，一次搬运多个容器，减少运输频次，降低运输成本。

4. 精益物流库存控制

库存控制要求控制合理的库存水平，在保证企业生产、经营需求的前提下，使库存量经常保持在合理的水平上；掌握库存量动态、适时、适量提出订货，避免超储或缺货；减少库存空间占用，降低库存总费用；控制库存资金占用，加速资金周转。

很多企业不重视库存控制。特别是那些效益比较好的企业，只要有钱赚，就很少有人去考虑库存周转的问题。库存控制被简单地理解为仓储管理，除非到了没钱花的时候，才可能有人去看库存问题，而看的结果也往往是很简单，采购买多了，或者是仓储部门的工作没有做好。其次是ERP的误导，一些简单的进销存软件被夸大为ERP，把简单的仓储管理功能定义为"库存控制"。

库存控制单单靠所谓的实物库存控制是远远不够的，它应该是整个需求与供应链管理这个大流程的输出，而这个大流程除了包括仓储管理这个环节之外，更重要的部分还包括：预测与订单处理，生产计划与控制，物料计划与采购控制，库存计划与预测本身,以及成品、原材料的配送与发货的策略,甚至包括海关管理流程。而伴随着需求与供应链管理流程的整个过程,则是信息流与资金流的管理。也就是说,库存本身就贯穿于整个需求与供应管理流程的各个环节,要想达到库存控制的根本目的,就必须控制好各个环节上的库存,而不是仅仅管理好已经到手的实物库存。

为了分析物料库存、加强物料库存数量的控制,可以通过现有库存量、最大库存量、安全库存量、物料平均日耗量和库存金额等属性实现这些管理目标。如果物料的现有库存量属性低于安全库存量属性,则表示该物料库存缺乏;如果物料的现有库存量属性高于最大库存量属性,则表示该物料积压现象严重。物料平均日耗量属性用于描述物料的消耗速度,可以用来确定物料的订货点数量。库存金额属性可以用于物料的成本核算。

5. 精益物流仓储管理

(1) 先进先出管理

先进先出批次管理也是生产管理的一种重要手段。当某个物料有存储有效期限制时,或需要对该物料的每一批物料进行跟踪控制时,可以采用批次管理。对于某一个物料编码来说,一旦需要对这个物料的每一批都进行跟踪和控制,为该物料的这一批次增加批次号,则这一批次物料的所有活动都与该批次号相关。实现物料的先进先出是管理物料最基本的原则之一,为了实现该目标,不同的企业采用不同的方法,可以从以下几个方面进行操作:

1) 先入库存放的物料,配发物料时优先出库,减少仓储物料质量风险,提高物料使用价值。

2) 明确物料批次管理的定义,是以月为批次管理还是以日为批次管理,并明确批次管理的编号规则。

3) 根据储存场所,制定存放区域和货位,悬挂批次标示牌,或粘贴不同颜色贴;或者在 ERP 系统中启用批次管理,系统根据订单的出库顺序、物料批量的大小合理安排存储货位及出库管理。

4) 有效管控入库和出库环节,入库时按照采购订单或生产订单的批次接收货物,原则上不接收不符合批次的物料,出库时按照生产订单进行拣配物料,不能按照批次出库的生产订单进行及时反馈。

5)由于仓库存储场所的设计不同,不能实现出库通道和入库通道分开,同时存放空间有限时可以采用移仓的方法,按照不同的批次进行移仓存放,从而实现先进先出的原则。

(2)规范入库管理

入库管理作为仓储收料入库的源头,其规范程度会影响整个物流的作业效率和流转速度,规范入库管理要从以下几个方面着手:

1)建立入库管理制度,规范采购、质量和物流等部门的入库管理流程;

2)入库管理应该遵循6个原则:有送货单而没有实物的不能办入库手续;有实物而没有送货单或发票原件的不能办入库手续;来料与送货单数量、规格、型号不同的不能办入库手续;原则上先检验再入库,入库质量检验不通过的,且没有领导签字同意使用的,不能办入库手续;没办入库而先领用的,不能办入库手续;送货单或发票不是原件的不能办入库手续。

3)建立明确的入库期限,并且通过目视化或者信息化掌握各笔到货的入库停滞时间动态,超过期限未办理入库的物料要及时拉动异常并快速处理。

(3)物料分类管理

合理的物料分类管理,对于仓储作业效率的提升至关重要,物料分类管理应该结合公司实际情况,从大类开始逐步细化进行分类。

1)物料 ABC 分类控制

A 类物料,占物料种类的 10% 左右,金额占总金额的 65% 左右。B 类物料,占物料种类的 25% 左右,金额占总金额的 25% 左右。C 类物料,占物料种类的 65% 左右,金额占总金额的 10% 左右。

A 类物料:种类少,金额高,存货过高会产生大量的资金积压,因此对于 A 类物料必须要非常严格的控制。A 类物料非订购时间非常长,交期非常紧,最好不要有存货,一定要在有需求时,才加以订购,并要充分的利用订购时间(Lead Time),使交货及时,不影响生产计划,也不要过早交货,应尽量降低库存。

B类物料：B类物料介于A和C之间，种类及金额占的比例一般，但也不能忽视。对于此类物料可不必像A类一样跟单订货，也不可像C类物料大批量采购，可以采取设定安全量的方法，到请购点时以经济的订购量进行采购即可。

C类物料：C类物料种类多，金额少，可一次性订购较大的存货量，以降低采购成本。

2）物料分类存储

按物料属性存储。根据物料属性的不同，一个企业可以有多个性质不同的仓库，以便存储不同的物料。常见的仓库类型包括原材料仓库、成品仓库、半成品仓库、不合格品仓库、现场仓库、委外仓库、呆滞料仓库和报废仓库等。每一个仓库都按照一定的方式分割成多个不同的库位。为了方便，每一种物料，都应该有一个默认的仓库和默认的库位，以便快速、准确地确定物料的存储位置。此外，物料的默认仓库和默认库位可以根据实际情况而改变。

如果公司物料管理方面采用了条形码管理，那么，可以在物料条形码属性中存储该物料的条形码数据。条形码是否与物料编码相同或关联，由公司的编码规则确定。

3）按物料规格存储。如果统一属性的仓库里物料从尺寸、体积、重量等方面跨度较大，可以按照物料规格又分为大件库、小件库，两种类型的物料配送方式也不尽相同。例如大件物料是单项物料尺寸、体积或者重量较大，装卸、分拣、搬运需要依靠机械设备，或者不需分拣的整箱物料并且无法上货架存储的物料。小件物料是指单项物料尺寸、体积或者重量较小，可以上货架存储并且可以人工分拣的物料。

4）按项目按工位分类存储。按项目按工位存储物料有诸多的好处，例如：物料分类清晰；物料拣选效率非常高；仓库货位管理责任人唯一；更高效的支撑按项目生产和交付；保证项目结束后可以按项目快速处理尾料等。但是此种存储方式也有一定的前提条件，例如：阶段时期内同时执行的项目数量级不能过大；项目生产交付周期不能太短；共用件、通用件物料占比不能过高等。

（4）货位管理

货位管理主要是一种思想，不少管理者因企业库存不大，硬件设施不全等原因,没有推行货位管理。其实货位管理是一种运作思想,以物流中心自有的定义标准,统一不同货品的属性,方便基层人员的具体操作,以此提高物流中心工作效率。货位划分清晰、标识统一、标识卡填写规范。货位与标识规范,即便仓管人员从来没有见过某个货品,他只要知道存放该货品的货位,能够认清标识,就可以准确、快速地找到相应的货品。结合仓库管理软件系统,快速准确的定位和跟踪货品在仓库中的存储过程;只要我们实现了货位与标识规范化管理,并与仓库管理软件系统统一融合,产品的入库、配货、整理、盘点、追踪也将变的简单易行,再通过加强仓库现场管理、堆放的标准化,仓储管理中的物流与信息流统一的实现就不再困难。

(5) 库存盘点

库存盘点是对每一种库存物料进行清点数量、检查质量和登记盘点表,且对盘盈盘亏数量进行物料账面调整、达到物料账物相符目标的管理过程。常见的盘点方式包括随机盘点、定期盘点、周期盘点、循环盘点和冻结盘点等。

随机盘点是根据生产和管理需要随时进行盘点,适用于重要的、变动比较频繁的物料。

定期盘点按照指定的日期进行盘点,适用于那些不太重要的、数量变化不大的物料,由盘点日期属性指定盘点的操作日期。

一般的物料可以采用周期盘点方式,盘点周期可以是日、周、旬、月和季等。

如果企业的物料很多,则可以采用循环盘点的方式。假设某个公司有 10 000 种物料,要分布于每周六进行盘点。那么可针对这些物料进行循环盘点编码的规划。例如,如果每周可以盘 2 500 件,可定义 A、B、C、D 4 个盘点编码,属于第一周要盘点的物料则盘点编码为 A,最后一周要盘点的物料其盘点编码为 D。

6. 精益物流配送管理

物流配送是指在经济合理区域范围内,根据客户要求,对物料进行拣选、加工、包装、分割、组配等作业,并按时送达指定地点的物流活动。配送是物流中一种特殊的、综合的活动形式,是商流与物流紧密结合,包含了商流活动和物流活动,也包含了物流中若干功能要素的一种形式。根据企业实际情况不同可以分为多种配送方式,例如按照物料种类与数量划分有:多品种、少批量配送;少品种、大批量配送;成套配送。按照配送时间及数量划分有:定时配送;定量配送;定时定量配送;定时定量定点配送;即时配送。

制造型企业多以仓库配送为主,是以仓库为物流节点组织的配送,它既可以将仓库完全作为配送中心,也可以在保持仓库仓储功能的基础上再增加一部分配送职能。对于制造型企业而言,要实现精益物流配送管理,需要做好以下几方面工作:

物流配送绝不是简单的送货活动,配送提供的是物流服务,要做到精益物流配送,首先要树立以服务生产制造为前提的配送理念。

精益物流配送的核心是 JIT 配送,实现从仓储到生产现场点到点的准时、准确、定量和套餐式配送,杜绝大批量配送或者多级转库配送。例如流水线生产方式下按工位按节拍配送,非流水线生产按天配送或者订单不跨天的情况下按订单配送,目标是做到物料在生产现场的日清日结。

精益物流配送的实现前提是明确的时间、内容、地点和标准的配送路线、配送方式等。因此精益物流配送的实现需要对生产方式、生产布局、生产计划、工艺BOM、配送计划、物料容器等进行系统的改善,尤其是对于完全领料制或者领料配送制的企业,以上基础管理工作是决定精益物流配送能否成功实施的关键,例如部分企业由于工艺布局受限采用人动车不动的班组作业方式,要实现精益物流配送,生产计划对各个班组的准确化、精细化动态控制就非常重要。

配送环节容易产生大量的物料交接清点工作,这部分工作不创造任何价值,纯属浪费。精益物流配送需要通过系统的管理改善,辅以信息化手段消除过程交接清单的浪费。

精益物流配送在物料配送容器和工装的设计上,不仅仅只考虑物料能否盛放,还要方便存取、方便运输、方便调整以及目视化、行迹管理等防措机制。

7. 精益物流信息化管理

物流管理信息化是物流信息化的重要内容之一,物流系统只有具有良好的信息处理和传输系统,才能快速、准确地获取销售反馈信息和配送货物跟踪信息,从而大大提高物流企业的服务水平。在物流信息系统的建设中,一方面要重视新的信息技术的应用,提高信息技术的水平;另一方面也要重视物流信息系统和业务流程的融合,既要根据自己的物流管理流程来选择适合的物流信息系统,也要通过物流信息系统来优化和再造自己的物流业务流程。

目前,市面上主流的物流信息化管理软件包括 ERP、进销存、WMS 和物流 MES,企业在选择物流管理软件时,往往容易产生混淆,但是这几者之间有相同和不同点,需要我们清楚认识。

(1) 功能上的共性

ERP、进销存、WMS 等软件都包含仓库管理模块,这是几个软件的最大共性之处,也是多数企业内部管理中最重要的部分:采购、生产、销售都是以库存管理为连接点,库存也是生产企业的最重要的成本,这也是几个软件让人产生混淆的原因。

(2) 功能上的区别

ERP 物流模块的特点:支持财务会计的精细化管理。通常起源于财务系统,所以对财务会计有精细化的支持,很多 ERP 中的财务模块都经过了国家财务部门的认证。

产品结构管理(BOM)。ERP 参与销售计划、采购计划、生产计划的管理,BOM 就成为物料需求计划的基础。

物料需求计划(MRP)。由成品销售计划,生成原材料的采购计划和半成品、成品的生产计划。除了 BOM 的计算外,还涉及采购在途、半成品库存、成品库存、生产在途、外协在途等所谓"8 大量"参与计算。

(3) 进销存软件

进销存软件可以理解为减少了 BOM 和 MRP 功能的 ERP。BOM 和 MRP 是 ERP 的精髓,但是在国内多数企业中,物料需求因为企业内部、外部的诸多原因,不能"计算"出来(比如原材料的采购计划,和供应商的供应周期很大关系,也涉及企业对外部市场的分析,例如:加大紧俏物质的采购量等),所以 BOM 和 MRP 成为"看上去很美"的功能,在很多企业的 ERP 项目实施中,其实都没有使用到这个功能,实际上只是一个进销存系统而已。

(4) WMS 仓库管理软件

进销存软件是对企业的业务数据进行"事后记录",有货品出入库时,在进销存软件中进行登记和单据打印。而 WMS 需要在业务实际发生前做出操作指引,比如说上架建议、拣货策略等,根据软件设定的规则做智能化的分析,形成仓管员的最优化的操作指引。软件的操作记录,也更能反应实际情况,比如进销存软件往往不能支持一种物料入库时摆放到多个仓储位的情形,只简单给一个仓储位,而 WMS 是在物料入库前,就自动分析出需要摆放多个仓储位和具体的、最优化的推荐仓储位。

以南京中车浦镇工业物流有限公司为例,该公司自主开发的物流 MES 以及 L2M 系统,就是典型的 WMS 系统,但相比传统的 WMS 系统强化了管理过程的自动化控制以及软硬件一体化的智能物流模式。WMS 系统除了管理仓库作业的结果记录、核对和管理外,最大的功能是对仓库作业过程的指导和规范,即不仅对结果进行处理,更是通过对作业动作的指导和规范保证作业的准确性、速度和相关记录数据的自动登记(入计算机系统),增加仓库的效率、管理透明度、真实度降低成本。WMS 系统是一款标准化、智能化并且以过程为导向管理的仓库管理软件,它结合了众多知名企业的实际情况和管理经验,能够准确、高效地管理跟踪客户订单、采购订单以及仓库的综合管理。使用后,仓库管理模式发生了彻底的转变。从传统的"结果导向"转变成"过程导向";从"数据被动录入"转变成"数据自动实时采集",同时兼容原有的"数据录入"方式;从"人工找货"转变成了"导向定位取货"甚至是"货来找人";同时引入了"监控平台"让管理更加高效、快捷。条码管理实质是过程管理,过程精细可控,结果自然正确无误,给用户带来了巨大效益。主要表现在:

1) 数据采集及时、过程精准管理、全自动化智能导向,提高工作效率;

2) 库位精确定位管理、状态全面监控,充分利用有限仓库空间;

3) 货品上架和下架,全智能按先进先出自动分配上下架库位,避免人为错误;

4）实时掌控库存情况,合理保持和控制企业库存;

5）通过对批次信息的自动采集,实现了对产品生产或销售过程的可追溯性。

专业的 WMS 往往应用在专业的物流企业,所以物料进仓时不必关注采购价格,而是关注仓租费等物流费用的计算,所以 WMS 弱化了价格和财务管理。当然 WMS 也会应用到制造企业,因为价格和财务管理在很多制造企业中是独立运作的,加上财务管理本身的规范性和财务软件的标准化,所以很多制造企业采用的是"ERP＋WMS"的模式进行管理。

四、智能物流

智能物流就是利用条形码、射频识别技术、传感器、全球定位系统等先进的物联网技术通过信息处理和网络通信技术平台,以及通过软件集成自动立体库(例如南京中车浦镇公司物流公司的"微库"是一种实用性较强的自动立体库)、机器人、自动输送线、AGV 等硬件,并且将其广泛应用于物流业运输、仓储、配送、包装、装卸等基本活动环节,实现物流过程的自动化运作和高效率优化管理,提高物流行业的服务水平,降低成本,减少自然资源和社会资源消耗。物联网为物流业将传统物流技术与智能化系统运作管理相结合提供了一个很好的平台,进而能够更好更快地实现智能物流的信息化、智能化、自动化、透明化、系统的运作模式。智能物流在实施的过程中强调的是物流过程数据智慧化、网络协同化和决策智慧化。智能物流在功能上要实现 6 个"正确",即正确的货物、正确的数量、正确的地点、正确的质量、正确的时间、正确的价格。

第三节　计划控制管理线建设

精益生产的两大支柱是准时化和自动化,准时化 JIT 生产,采用节拍生产计划管理线方式,拉式生产就是指一切从市场需求出发,根据市场需求来生产产品,借此拉动前面工序的零部件加工。每个生产部门、工序都根据后向部门以及工序的需求来完成生产制造，同时向前向部门和工序发出生产指令。在拉式生产方式中计划部门只制定最终产品计划，其他部门和工序的生产是按照后向部门和工序的生产指令来进行的。根据"拉动"方式组织生产，可以保证生产在适当的时间进行，并且由于只根据后向指令进行，因此生产的量也是适当的量，从而保证企业不会为了满足交货的需求而保持高水平库存产生浪费。

一、拉式生产的概念

计划控制管理线方式是一种通过只补充后工序当前需求的资源，来达到控制资源流动的生产管理系统。它是丰田精益生产两大支柱之一——准时化生产得以实现的技术承载，与生产计划管理线相对应的是推进式生产。拉式生产是始造者大野耐一先生凭借超群的想象力，从美国超市售货方式中借鉴到的生产方法。它相对于传统的推动式生产，前一作业将零件生产出来"推给"后一作业加工，而在拉式生产中，则是由后一作业根据需要加工多少产品，要求前一作业制造正好需要的零件。运用好拉式生产能杜绝搬运、仓储、过时产品、修理、返工、设备、设施、多余存货（包括正在加工的产品及成品）等各项浪费，迅速的降低制造成本和管理成本，并能有效的缩短从投产到产品交付的整个制造周期。

二、推式生产与拉式生产的区别

推式和拉式的主要不同点是一个是用实时事件驱动信号来控制价值流，一个是用非实时的计划运行来控制价值流。

在传动的推式生产环境下，一个车间任务的布局是相似的机器成为一组，所有库存点都分布在不同的工作中心，通过生产计划形成生产任务订单，这些生产订单在生产线上成批量的排队生产，每道工序专注于自己的计划表，它们就像一个个"孤岛"，与下游工序分割开来，每道工序都根据自己的特点，制定自己的批量,按自己觉得合理的节拍生产,而不是从整个价值流的角度来制定生产计划,这种情况下,就会堆积库存,这种推动式生产的连续流动几乎无法实现。调度员是整个生产线的关键人物,往往也是整个生产线的救火队员。

在拉式生产的环境下,主要按客户需求节拍时间进行生产,尽可能开发连续的流程,将客户订单下达到最后工序,各工位按照看板进行生产计划管理线,整个过程可以小批量甚至单件流,无中间库存或缓冲且所有不必要的移动都消除,这种产品通过生产过程流动的方法可以被优化,其优化的结果就是库存被消灭了,在生产环境中典型的高成本因素物料成本可以被减少。

三、推式生产向拉式生产转变的5个阶段

从推式生产向拉式生产转变的整个过程,大致需要先后经历5个阶段。

1. 前推或预先排定:排定每个作业步骤的生产量,往前推至下一个生产步骤。

2. 后拉看板:上工序对下工序顾客取走的物品进行补货。

3. 顺序后来:按照顺序从后向前拉动。

4. 先进先出顺序:明确规定不连接的作业步骤之间的在制品数量的标准,采取先进先出的顺序。

5. 持续的无间断流程:各作业步骤连接起来,之间没有存货。

四、计划控制管理线实例

结合轨道交通装备制造业的总体订单情况及要求,受订单复杂性、客户交付周期、产品质量、运营安全、成本持续降低等多方面的要求,轨道交通装备制造业由传统的推式生产向生产计划管理线转变迫在眉睫,中国中车陆续开展了以动车组、城轨地铁、高档铁路客车、电力机车为载体的生产计划管理线方式,通过一系列的推进和实践,收到了非常显著的成效,奠定了轨道交通装备制造业向"智"能

制造转变的基石。

1. 以消除浪费为目标的观念转变

计划控制管理线建设初期,围绕人才育成、5S目视化、消除七大浪费为目标,结合精益培训道场及集中外训,对主要领导及推进人员进行精益理念培训与实作演练,通过学、做、悟,体会生产计划管理线的精髓,从消除浪费的角度进行观念的转换,达成众人一事,众口一词的总体目标,为生产计划管理线的推进构建统一的语言和路径。

2. 以节拍为输入的工艺管理线

根据客户需求,结合自身制造资源,确立生产节拍,开展工艺管理线,明确出工艺流程、工序分割、工位作业内容、生产物料BOM、物流配送方案、储运一体化工装、工艺装备、人员资质、设备工具、工艺路线、作业指导书等相关文件载体,以生产现场的最小作业单位为载体,形成模块化的工艺设计模块,确保工艺规划与现场作业相结合。如图7-3所示。

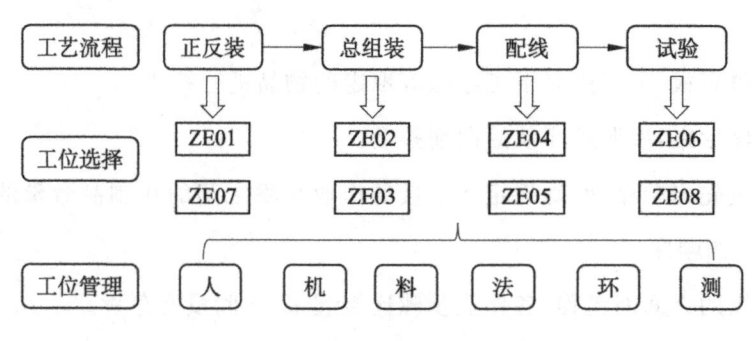

图7-3 工艺管理线

3. 以模拟点检为手段的开工保障

在项目试制节点前,识别"三新"(新材料、新结构、新工艺)项点,通过"三关"(模拟关、验证关、协同作战关),最大限度地保证项目试制高效、经济、安全地执行;设计、模拟现场工位节拍,推动开工前工位所需资源的准备工作;通过对试制节拍的模拟及验证,减少生产异常、缩短试制周期,使批量生产能够尽早进入节拍式生产。

模拟生产线作为工艺流水线的输出,是在产品试制之前,由工艺部门牵头,按照生产工位实际管理要求,以项目中涉及的"三新"即新结构、新工艺、新材料为重点,将生产工位七大任务及标准作业管理落实到工位有形的"六要素"管理中,并对工位"六要素"内容进行模拟仿真运行,提前暴露并解决问题,经过现场试制模拟验证,形成模拟生产线,是管理流向实物流转换的衔接点,从而有效验证和规范量产前的各种准备情况,对发生的异常进行有效拉动和处置预防,是生产工位生产运行时各项管理标准的总和。

4. 以标准作业为基础的稳定作业

通过实施标准作业的三票一表(工序能力票、标准作业组合票、标准作业票、时间观测表),分析工序瓶颈的同时,深化作业要领书的应用,规范现场施工人员的动作、明确施工过程中的要点,提高产品的作业质量和效率,同时作为新员工的培训教程和现场管理者管理的工具。

作业要领书是对经验的积累和教训的归纳,是实现作业标准化的依据和工具。既能使操作者微观了解到工艺各步骤的具体要求,还能掌握到必要的技能技巧、提高效率、提高质量、保证作业安全。

作业要领书内容包括对应的产品,对应工位的工艺完整性,作业顺序、作业要领、安全预知要领、劳保防护用具、规定现场施工人员的作业资质、质量相关要求等,确保工位的作业标准化,实现节拍的稳定化。

5. 以持续改善为目标的节拍优化

通过生产试制及节拍拉动,分析生产过程中的瓶颈工序或质量问题点,通过持续的员工改善活动、工艺优化、设计优化、工具优化等多种方式,持续不断的开展作业时间优化活动,使作业时间与节拍时间趋于平衡,达成节拍计划控制管理线的总体要求,通过员工改善活动的持续升温,构建起全员参与改善、全员乐于改善的文化氛围。

6. 以节拍拉动计划为主线的生产组织方式

按照节拍计划控制管理线组织方式的要求,根据客户需求交付计划要求,在每一订单开始或换产前确定生产节拍、生产顺序,确定各项目生产推移计划。在实际生产控制过程中,结合月度生产实际情况,生产部展开了多项目推移计划滚动更新、生产进程明示管理。所有项目以生产推移计划指导生产，通过计划平衡会确定当月计划目标，每月更新生产推移计划，组织各制造单位按月度更新工序推移计划。以即时滚动的生产推移计划指导物流、指导采购。

采购部根据项目计划和多项目推移计划编制采购计划。物流中心根据多项目推移计划和库存管理编制物料需求计划。将采购计划、物料需求计划与生产计划统一起来，加强了内部供应链的协调、供应商的协同管理。避免了强调其中一项管理活动而忽略了它们之间的联系，降低采购环节的不确定性，实现对物料的滚动预测和共用件的预测。

生产部编制下发委外生产计划：生产部每月下发车体、转向架、总装的委外件生产计划，指导各个外协厂家生产供应外协件。

物流中心根据多项目推移计划和库存管理编制物料需求计划，并按月度更新发布。采购部根据物料需求计划制定交付节点计划，供应商根据交付节点计划准时化供货。

7. 以看板拉动为载体的物流配送体系

结合精益的方法和理念规划生产车间的整体设备布局，严格按照工艺流程从整体上设计生产流程，保证各工位之间搬运次数最少，运输路径最短。

通过按照流水线重新调整设备布局，并设置固定的工序工位，确定时间节拍，将两个产品生产节拍设定为生产单件流的批次，保证流水线上的部件搬运、传送时间最短，将物流配置在流水线的两侧，以便物料方便取用。并对部分工位采取了"U"型设计，制定标准化的作业，定人定岗，培养多技能工，实现一人多机。

内部物流配送与外部物流（供应链）管理。通过全面改善内部物流、优化外部物流，并以 ERP-SAP 强大的功能为支撑，搭建全方位的高效的信息化平台，构建三位一体的物流体系，实现物流与信息流的同步，提升物流效率，拉动物料的快速流动。

在内部物流配送方面根据自身产品特点，制定了符合自身需要的 PFEP(plan for every part)表，建立线边超市以及可视化的地址系统，并进行物流路径、先进先出的设计规划与标准化物流容器改进，以看板拉动为导向实施标准化配送方式,确保准时化供货通畅,满足生产物流拉动的要求。

在外部物流(供应链)管理方面:建立以客户需求为源头的拉式供应链,采用固化的货车直线运输配送线,品质检验前置来料免检日配送,并实施可循环的专用标准物流容器,达成推拉结合的物料供应系统。并增加了风险评估机制,对供应商产品质量和进度进行评价分析,形成有质量保障的完整的供应链管理。

8. 以快速响应的异常处置流程为载体的过程保障

构建现场安全管理系统,明确异常问题处置流程,以信息化的手段传递异常问题信息,建立时效性异常处置节点,以层级上报机制保障异常问题的处理实效,提高现场异常处理速率,保障节拍拉动过程部件的顺利流转,满足产品节拍的总体要求。

9. 以节拍达成率和质量管控指标为抓手的保障体系

各生产单位以精益生产日报为载体,统计发布项目节拍达成率,创建赶超比拼的氛围,进一步激励现场改善活动,同时缩短异常问题的处置时间。

以推移计划为基础,引入色彩管理,规范生产日报,通过生产推移计划与日报有机结合,对计划完成情况监控实现动态化控制、简约化管理。通过色彩对比体现日计划进展情况,通过规范生产日报,使生产计划与实际完成情况一目了然地反映在生产推移表中,非常清楚的了解了生产计划安排与生产进展情况,为加强生产过程控制提供了便利的条件,便于及时发现重大异常,做出要求和决策。

第四节 质量管理线建设

质量管理线是精益管理推进的重要环节,常常以精益 3T 战略(TQM、TPS、TPM)的首要环节来推动,重点推进各管理系统具备全面质量管理的意识,掌握质量管理要素;质量并非指最好的产品,而是指消费者或客户所满意的产品。因为质量是由技术、管理及成本综合作用所产生的结果,顾客或客户在购置产品时,除了考虑质量水平外,也考虑价格。因此质量基准水平也将因时、因地、因人不同而有所变化。具体来说质量管理线是对作业系统质量、效率、成本综合改善的方法，吸收借鉴精益生产、六西格玛、ISO 9000 体系的优秀成果，并结合企业的实际情况而形成的管理模式。质量管理线内容主要包括员工职业化、生产系统化、工序标准化、度量精细化、改进持续化 5 个方面。

一、质量管理线的概念

质量管理线是在对关键质量数据的定量化分析基础上，综合运用多种知识和方法，对关键质量指标持续系统改进，追求达到卓越标准，如六西格玛标准，以实现显著提高企业质量绩效及经营绩效的目的，是企业提高经营绩效的重要战略。

随着中国中车推进精益思想，运用精益理念及工具，在质量管理方面获得了突破，并逐渐形成了质量管理线。质量管理线是综合了精益思想、全面质量管理、ISO 9000 质量管理体系及六西格玛管理等优秀管理理念而形成的，其内涵包括以下几个方面。

1. 流程标准化

标准化的工作流程是企业实施质量管理线的基础，一切工作都应按照流程标准来完成，不清晰的流程更容易导致问题的出现，只有在任何情况下都坚持流程的标准化操作，才能更好地提高企业的效率，增强质量管理能力。

2. 生产系统化

质量管理线很重视生产系统的管理，从产品的生产过程中发现并解决影响产品质量的问题。质量管理线利用精益生产中的 5S 管理、目视化等工具保证了生产系统有条不紊地运作，并通过利用各种方法对产品质量信息的分析，找到并解决影响产品质量的各种因素。

3. 产品质量零缺陷化

质量管理线借鉴了精益生产中对产品质量零缺陷的要求，这就要求全体员工始终将"零缺陷"作为工作的标准，对任何一道工序都精益求精，在第一次操作的时候就将事情做好，不放过任何一点小问题，保证产品质量的零缺陷。

4. 质量改进持续化

持续的质量改进是 ISO 9000:2000 标准给出的八项质量管理基本原则之一，也是精益思想、全面质量管理及六西格玛重点关注的管理原则。质量管理线中的质量改进持续化强调以客户的需求为中心、全员参与，并结合全面质量管理的理念，对生产过程中的质量进行持续改进。

二、质量管理线的作用

1. 以事实和数据驱动

质量管理线重视定性分析，更注重定量分析，强调用数字说话，把"以事实和数据管理"的理念提高到了更高的层次。质量管理线不重视只凭感觉、经验所下的结论，而侧重于用数据反映事实，通过收集企业相关数据进行统计分析，需求影响企业的组织关键指标的根本原因，制定相应的改进措施，最后要用改进后的数据来证明改进是有效的。生产作业系统是质量管理线重要的研究对象，生产系统化是从作业系统全局寻找影响质量及效率的关键因素。生产系统化的核心是工序标准化，工序是产品形成过程的基本单位，工序质量直接决定着产品的质量和生产效率。工序质量受多方面因素影响，概括起来主要有 6 个方面，即 5M1E（人、机、料、法、环、测），是构成工序标准化的六大要素。而评价工序质量的度量指标主要有六西格玛水平（Z）、工序能力指数（CPK）、合格率（FTY、RTY）、不良质量成本（COPQ）、价值识别度量、浪费识别度量等。

2. 以项目团队形式推进质量管理线实施

质量管理线是一项经常性、持续性的管理活动，要求组织中设置相应的部分和质量改进团队来推进质量管理线的实施。质量管理线的组织分为两个层次：一是管理层，从整体的角度为改进项目配置资源，即质量委员会；二是实施层，具体实施改进项目，即质量改进团队。质量委员会通常由高级管理层部分成员组成，质量委员会负责人抽调各相关部分人员组成质量改进团队，推进质量管理线。

3. 追求零缺陷

质量管理线强调人的作用，善待员工，注重员工职业化，其关键要素包括：职业资质、职业意识、职业心态、职业道德、职业行为、职业技能。对生产作业系统而言,员工职业化包括工人的职业化,也包括主管以及更高层次人员的职业化。虽因角色不足,但都对作业系统质量、效率、成本产生影响。员工职业化是质量管理线的首要关键成功要素,是质量管理线的一大法宝。质量管理线同时贴近客户,顾客需求就是标准;倡导"质量基准,杜绝浪费"的基本思想追求低成本,并设定零缺陷为行为规范。通过首先设定标准,达到初始标准并加以巩固后,再次提高标准的PDCA循环改进模式以求持续改善,确保质量稳定的提升,从而达到零缺陷。

三、质量管理线的原则

精益质量管理在借鉴了精益生产和质量管理体系的理念,形成"三不"和持续改进的原则。

1. 不接受不合格品

操作人员在发现前道工序传递来的产品不合格时,应立即通知前道工序及质检人员,请前道工序立即停工分析产生问题的原因,彻底解决问题后再开工。

2. 不制造不合格品

每一位员工的标准化意识和每一道工序的标准化操作是保证不制造不合格的关键,这是"三不"理念中的重点,只有每位员工都不制造不合格品,才能保证"三不"理念的执行。

3. 不传递不合格品

操作者或者质检人员发现不合格品后,立即暂停本道工序的生产,以防不合格品被传递到下道工序。为了保证及时发现不合格品,员工的自检、互检、专检过程非常重要。操作者应熟练掌握产品的各项属性及其检验方法,对自己生产的产品进行自检;上下工序传递过程中应该互检,质检员依具体情况对每道工序的产品分别进行全检或抽检,保证不合格品不被传递到下道工序。

4. 质量持续改进

精益求精是精益思想的精髓所在,在产品的质量方面,通过不断地对产品质量信息进行整理和分析,找到和消除影响产品质量的各种因素,从而使产品质量得到持续地改进。

四、质量管理线的实例

结合质量管理线的概念、作用及原则,中国中车推进质量管理线,按照由点到面的原则,逐步开展全面质量管理工作,通过系统化的推进,收到良好成效,具体实例如下。

1. 全面质量管理

质量管理不仅是质量管理部门的责任,也是全公司每一部门的共同责任。从设计、物料、生产以至业务各部门全体人员都要参与。只有在每个环节上都对质量负责,才能真正做好质量管理工作。质量管理部门结合企业产品的特点及质量管理体系的导入,着手建立企业质量管理手册及质量管理体系的搭建,对质量管理各项指标及管理要素进行专业化分解,形成质量管理线矩阵,明确管理要素及指标,按周期进行检查及评审。质量管理部门的主要工作是提供质量信息的服务,并负责推动及时把整个体系连贯起来。质量管理部门除了质量检验管理以外,主要是提供质量信息,督导及推动各有关部门达到质量要求。

2. 质量信息的回馈

质量管理最重要的是如何在各项作业过程中防止不良品的发生。为了确保质量,还需将检验作为辅助手段。检验之后如果发现质量有缺陷,除了予以退货之外,更需尽快将信息反馈给制造部门,以便研究分析出现缺陷的原因,设法加以改正,防止质量问题的发生。没有事前预防及缺陷改善,仅依赖检验绝对没有办法把质量管理工作做好。

3. 缺陷管理

对于质量不良的原因,必须追根究底,并研究如何对症下药,杜绝不良品。探求产生不良品的原因应到现场考察设备、工具、员工的操作情形与方法,详细分析每一项工作,寻找问题真因,防止问题的发生。一般造成质量缺陷的原因有:

(1) 作业人员未取得上岗资质或首件试制评审,人员技能存在差距;

(2) 作业人员缺乏质量意识;

(3) 作业人员所在工位质量标准的要求不明确;

(4) 作业人员所在工位工艺策划及质量检验标准不一致;

(5) 设备及工具维护不良,失去加工精度;

(6) 生产物料及配件质量不佳;

(7) 作业人员未按照作业指导书或作业要领书进行作业,存在操作不当;

(8) 作业人员未执行开工前和完工后的质量检验;

(9) 检验人员未按照策划检验项点逐项检验,存在疏忽不周。

4. 降低质量成本

质量成本是为了管理及改进质量所发生的成本,包括预估成本、评价成本、内部不良品成本及外部失效成本。质量预估成本包括整体质量计划、可靠度计划、质量管理活动、设备工具及质量管理教育等。对质量预估成本多作探求,最后才能降低整体质量成本。

5. 工位制质量管理

对每一条生产线根据客户需求,建立生产节拍,对传统的班组作业管理模式进行了改革,设立生产的最小单元——工位,实行固定工位、固定人员、固定作业内容、固定节拍,按"一个流"形成作业流水线。这种生产组织方式的调整无疑给现场质量管理和控制创造了更好的条件和基础,如何在保证节拍的前提下,有效的做好现场工位质量管控,工位制质量管理模式的形成,可以更加严格细致的管控好工位作业内容及作业质量,提高质量管理线颗粒度,提升工位质量管理水平,工位质量达标工作也是解决精益现场管理七大任务中质量任务的"法宝"。

6. 建立现场工位质量达标评价机制

构建现场工位质量防控体系,明确了自评(工位自我评价)、复评(生产车间对工位评价)、监督(质量部门对工位评价)三级评价机制及工位日点检工作流程,对评价出的工位设置了A、B、C、D 4个等级,对应优秀工位、达标工位、整改工位、不达标工位。质量管理部专门建立了《现场工位质量六要素评价办法》,规范评价流程。

7. 制定工位质量达标评价标准

围绕质量体系、质量业绩、产品实物质量三个维度对工位的综合质量管理水平进行评价。在质量体系方面,重点从人、机、料、法、环、测6个方面,对现场工位提出了"质量六个达标",即人员岗位技能达标、设备(工装)达标、物料管理达标、作业指导书达标、工作环境达标、检验试验达标。在质量业绩方面,重点评价一段时间内工位所发生的质量问题、质量事故等。在产品实物质量方面,重点抽查该工位的关键产品实物是否满足要求。参照 IRIS 定量化审核的思路,专门制定了《现场工位质量达标自复评、监督评价表》,将质量体系、质量业绩、产品实物质量三个维度的评价内容分解成43个条款,各条款设定0~4分,实行量化评价,同时将关键条款确定为 KO 项(即一票否决项),凡在现场出现 KO 项或评审不通过者,现场质量达标评价立即终止,工位坚决不予开工作业。

8. 组织工位质量达标专题培训

管理的要求明确了,关键还要看理解和执行。为了将现场质量管控的要求让现场每一位操作者所熟知,公司在对工位达标评价办法、标准及6份表单进行了优化的基础上,结合精益培训道场,组织对生产车间的质管员、工区长、工位长进行了系统培训,着重对评价流程(车间及工位标准评分、工位自评、车间复评、申报备案、车间过程评审、公司监督抽查、考评等)进行详细讲解。同时要求车间对办法、标准进行转训,确保每一位操作者熟知。

9. 开展标杆质量工位评比工作

开展"立标树型"活动的精神,结合质量防控体系建设、精益示范线建设及风险管理的有关要求,从达标工位中评选出日常质量六要素管控较好,且基础管理、人员素质、质量业绩、创新改进等方面比较优秀,具有示范性作用的工位。同时,总结出了标杆工位的成功经验,通过召开现场经验介绍会,让选出的标杆介绍经验,并在全公司各个车间进行推广,营造出"人人学先进,争当典型"的浓厚氛围。

10. 建立并完善工位评价与绩效考核相挂钩机制

将工位评价结果与单位绩效等相挂钩,对于影响产品质量安全的关键问题,还将追究相关责任人、车间主管领导责任。一是推进质量"12分制"。借鉴交通法规"12分制"模式，实行积分考核，对工位质量达标过程中发现的员工严重质量行为，记录到员工质量档案中。二是推进质量工资制度。建立产品质量等级和现场产品等级评价制度，将员工制造产品实物质量与计件收入分配挂钩，对工位质量达标评价过程中发现的产品实物质量问题，进行A、B、C等级的评价，并将结果与员工当月工资进行挂钩。

11. 强化工位监督评价后的统计分析

为了便于工位质量达标发现问题的改进，每月对工位质量监督评价过程中发现的问题进行统计，每季度下发统计分析报告，对影响质量的"6个要素"分别进行分析，查找现场问题发生的真正原因，对高频次问题、突出问题进行剖析，给生产车间进行提示，全面提升现场质量管控水平。

12. 建立工位质量诚信档案

每月对工位质量达标评价、运用反馈的质量信息、制造过程中发生的较重大返工和影响性能的问题、产品"交验、落成"质量零活指标超标等进行统计汇总，分解到责任工位，形成工位质量诚信档案，并作为监督评价时质量业绩打分的输入。

13. 取得成效

通过开展工位质量达标工作，质量风险管理的要求得到落实，工位保证能力也得到明显提升。

（1）工位质量达标评价体系基本形成。通过推进工位质量达标工作，目前现场工位质量评价流程、标准、考评、统计、分析、建档等形成了一套较为系统的评价体系。现场质量管控手段得到了完善和强化。

（2）质量风险意识得到明显提升。通过推进工位质量达标工作，不仅使员工了解了本岗位、本工位有哪些影响质量的关键因素，同时理解了质量只有通过事先预防才能得到有效控制。"厂内是质量问题、厂外是安全问题"的思想更加牢固；对安全风险项目、风险源控制的要求更加明确；对厂内外发生质量隐患问题的分析和纠正预防更加重视；安全风险管理、安防和"达标工位"建设已成为公司安全质量文化的重要组成部分，确保产品质量安全的要求深入人心。

(3) 员工质量行为得到了进一步规范。通过工位质量达标评价工作的实施，目前现场员工基本实现了"六个掌握"，即掌握本岗位安全风险源；掌握本岗位关键工序的作业流程和工步；掌握本岗位关键设备和关键部件、关键产品的技术工艺参数；掌握本岗位关键设备（工装）和计量检测器具的操作使用方法；掌握对不合格品进行"标识、隔离、记录和汇报"的要求；掌握对出现异常作业要"报告、等待"的流程。

(4) 现场技术管理基础得到了明显增强。通过工位质量达标评价工作的推进，进一步促进了各项技术标准、管理标准的细化、量化，使得要求更加具体、更加明确，进一步夯实了技术质量管理基础。

(5) 现场作业环境得到很大改善。生产车间按照工位质量达标的要求，结合现场"5S"管理，加强文明化建设，规范区域标识，进行置场改造，满足温度、湿度、照度等生产工艺要求。

(6) 产品实物质量得到进一步提升。某子公司自2011年推进工位质量达标以来，现场产品实物质量得到明显提升，其中新造客车一次交验合格率由2011年的95.03%提升到目前的95.51%，修理客车一次交验合格率由2011年的87.21%提升到目前的90.68%。新造客车质量零活由2011年的10.94条/辆下降至2013年的8.3条/辆；修理客车质量零活由2011年的28.19条/辆下降至2013年的23.66条/辆。

第五节　成本管理线建设

很多企业在精益生产推行到一定阶段，都会面临一些问题，影响精益管理的深入和持续。比如，改善活动没有与产生的最终效益挂钩，各种浪费损失没有反映到经营指标的变化，不易确定重点改善方向，也不易评估精益工作的价值；企业经营的各个领域都需要持续改善，然而资源有限，如何分清主次、先后，分阶段集中资源解决当期瓶颈问题，需要量化评估手段支撑，等等。而成本管理线恰恰就是解决这些问题的关键措施之一。

一、成本管理线的概念及作用

所谓成本管理线,就是通过建立起适合于本企业的成本管理分析模型,对公司运营中所有与成本关联的因素进行客观分析和评价,剖析成本构成,以效益指标作为衡量标准,找到影响利润的成本项目,并能够采用精益工具进行有序改善的管理方法。企业的成本管理通常分为先期成本、早期成本和后期成本,本节主要侧重于后期成本控制,也就是在产品的制造阶段,通过输入资源的最大化利用,提高制造效率,控制各项成本项目,减少损耗和浪费,达到降低企业运营成本的目的。

成本管理线在企业的精益管理中主要起到了以下作用:在市场价格稳定的情况下,降低各项成本损失,使企业获得更大的利润;在市场激烈竞争的领域产品价格不断下降的情况下,通过成本损失的同步降低,保持企业经营稳定的利润;通过对改善措施的投入收益分析辅助决策,分析局部改善对整体收益的影响,量化评估改善结果的得失。

二、成本管理线主要内容

中国中车成本管理线涵盖了全价值链的成本管理,包括设计成本、制造成本和售后服务成本,也是从精益生产迈向精益管理的重大管理变革之一。成本管理线的核心方法来源于标准成本管理法,这种核算方法是国际上非常有代表性的成本核算方法,同时也是长达百年工业经验积累的成果。奔驰、博世、西门子等世界知名企业应用这种成本分析方法,通过分析研究可以让他们清晰地掌握自身全业务流程的每个细节,可以实现他们全球各地快速建厂并实现商业运作。

成本管理线的成本要素构成如下:

【产品最低售价】=【制造成本】+【产品毛利】

【制造成本】＝【制造费用】＋【材料成本】

【产品毛利】＝【制造成本】×【毛利率】

(一) 固定成本构成

1. 设备折旧摊销费用：

设备和模具投资每年的摊销＝(【设备投资】＋【模具费用】)×固定资产折旧年度折旧比例

其中：设备投资，取设备购置价格或财务上的资产价值；模具费用，如果模具由客户提供，值取0。

2. 房屋折旧摊销费用＝【面积】×厂房单位面积年折旧费用。

3. 投资设备和模具所需支付的资金利息＝(【设备投资】＋【模具投资】)×贷款利率。

(二) 辅助制造费用构成

1. 设备维修保养费用＝(【设备投资】＋【模具费用】)×维修维护费用比例。

2. 辅料：设备和模具每年运行需要的辅助材料费用。

3. 动力＝【功率】×单位电价×【年工作日】×【每天工作时间】×设备功率利用率。

4. 质量管理费用：为制造该产品投入的质量管理的人力和物力。

5. 物流费用：为制造该产品投入的物流等后勤保障费用。

(三) 直接人工成本

人工费用：完成该道工序或产品需要的所有操作人员的费用。

【年人工费用】＝【单个员工年均费用】×【该工序工人之和】。

(四) 材料成本

1. 直接材料成本：投入产品生产用的所有材料的成本之和

【直接材料成本】=【材料1用量】×【材料1单价】+【材料2用量】×【材料2单价】+……

2. 材料运输成本：材料在工厂内运输所需要的成本，通常为直接材料成本的2%~5%，根据公司的平均水平选择合适系数。

3. 材料通用成本：主要是将材料采购回来和存储材料需要的费用，通常为直接材料成本的5%，根据公司的平均水平选择合适系数。

4. 材料报废成本：产品生产不合格和其他原因导致材料报废的成本，【材料报废成本】=【直接材料成本】×【材料报废率】，如果材料可以回收，那么材料报废率取0%；如果材料不能回收重新投入使用，那么取【材料报废率】=【产品不合格率】。

5. 废料处理成本：主要是将废料进行处理需要的费用，【废料处理成本】=【直接材料成本】×系数，根据公司的平均水平选择合适系数；如果材料可以回收重新投入使用，可适当降低处理的费率。

三、成本管理线建设应用实例

1. 项目背景

2014年，某子公司结合主导产品所占比重及市场价格走势，选择了包括某轴箱柔性定位减振组件等5种具有成本改善需求的产品，以毛利率提升作为量化目标，通过公司精益管理预约激励方式立项改善。公司成立了MC（产品成本）工作室，由运营管理部精益办统一负责管理，逐一进行现场调研及辅导，了解主导产品工艺流程、业务流程，对分析方法进行培训，并对分析工具进行了二次开发和完善，统一成本分析工具版本，为后续实现信息化奠定了基础。MC工作室成员通过试点产品成本的精确核算以及成本损失问题的深入分析，明确了改善方向和措施，实现了试点产品的利润提升。其中包括某轴箱柔性定位减振组件产品，随着市场回暖，2015—2016年预测销售数量将达到6 000件以上，销售收入近1 000万元，成本优化势在必行。MC分析法是一套完整的成本分析方法，详细的记录了产品的每一项成本构成,通过 MC 分析方法细化成本项点,能有效帮助找到成本可优化方向,通过熟练掌握 MC 分析方法及方法推广,能有效帮助进行新产品报价及流程建立。

2. 项目实施

(1) 产品成本基础资料收集与测量。

MC 分析法所需要收集的数据很多,涉及财务、设计、工艺、模具、设备等多个部门。通过查阅工艺文件、现场测量数据等方式,将所得的数据全部汇入"MC 分析表格"。

(2) 结合标准成本与实际成本,挖掘降本项点。

(3) 确定改善项点,立项实施改善。

表 7-1　成本分析改善点及改善成果

改善项点		改善方案及成果
优化项点	喷砂	将磨料更换为 G40 高硬度棱角钢砂后,喷砂的设备使用时间降低 5 分钟,成本降低
	涂胶	将产品隔套由手工涂胶改为喷涂方式,铁件处理速度提升 4 倍,成本降低
	硫化	借鉴结构类似产品的硫化工艺,由平板硫化改为注射化生产,不仅省去回炼程序,且能有效缩短 15 分钟硫化时间
	进出模	采用新模具,降低进出模的操作难度和时间。改善后,进出模时间缩短 5 分钟,成本降低,并有效降低了因出模难度系数大产品损坏的风险

(4) 固化流程制度,建立数据库,保证成本管理线持续准确应用。同时,在项目实施过程中,完善并推广报价流程,将 MC 分析用于更多的产品,进行新产品报价及倒挂产品成本分析,从而实现新产品目标毛利控制的最终目的。

3. 项目总结

成本管理线让公司逐步实现新产品快速报价和已批量生产的产品成本构成更加清晰化,为市场人员提供一个明确的报价,为管理人员明确成本损失项点和改进方向,以获得更好的盈利能力,特别是市场竞争激烈的领域,这个工具可以让管理者充分认识经营过程和产品的成本构成。同时清晰的成本核算也是 ISO 标准的要求,没有清晰的、明确的成本核算方法就不能给客户一个满意的、可接受的成本报价单，也就难以获得客户满意和认可。面对市场多样化、经营全球化的发展形势，需要一套统一的成本核算机制，可以使全员都具备成本分析和改善意识，也为事业部之间的人才交流、新员工成本意识导入建立了一个快捷、稳定的渠道，降低成本控制的经营风险。这个工具还可以进行成本改善的模拟评估，例如材料替代、工艺改进、设备升级等措施所带的成本变化，都可以通过模拟推演确定盈亏平衡点，让管理者做出更加准确的决策。

第六节　设计开发管理线建设

设计开发管理线是精益管理推进的源头。设计开发管理线建设详见后文精益研发章节，本节不做展开。

第四篇
精益拓展篇

◇ 第八章　精益研发：向设计延伸
◇ 第九章　精益供应链：走向一体共赢
◇ 第十章　管理升级：中国企业走向强大的必由之路

第八章 精益研发：向设计延伸

实现精益研发，是全面建设精益企业的重要内容和环节。本章主要介绍精益研发在建设精益企业中的必要性和原理方法，另外结合目前国内大多数制造型企业的研发现状，阐述如何实现以工位制为基础的精益研发、论述其管理模式。

第一节 何谓精益研发

所谓精益研发，就是将精益管理思想从制造环节向设计环节倒推和延伸，通过运用精益工具，形成精益化的研发体系，不断提升研发效率、质量，缩短研发周期、降低研发成本。

精益研发体系，就是以工位制为核心，运用同心圆协同模式，推行标准化、模块化、通用化、系列化和数字化设计，打造产品功能结构树，实现设计、工艺、采购、质量、生产等系统在研发阶段的资源、信息和经验共享，促使各环节采用"同一语言"管理，实现全链条效能提升，从源头提升产品质量、降低成本，保障实现在研发活动中设计流程状态的精准控制和优化。相较于以往的研发模式，依托产品功能结构树，将产品研发和项目执行中设计作业进行剥离，分别形成"建树"和"用树"的管理模式。

精益研发通过流程化管理来缩短周期、改善工作质量、固化企业流程、实现节拍自动化、促进团队合作，进而提升效率，降低成本；最终使企业管理标准化和程序化，形成高效的管控体系。精益研发从设计源头入手，在设计过程中提取、预防产品质量问题，以达到事半功倍的效果，越是在产品生命周期的前端采取措施，对产品质量提高的效果就越明显。精益研发是一门科学,目标是建立完善的产品研发体系,通过科学管理来设计出具有一流品质、低缺陷、低成本的产品。精益研发通过构建系统化的精益研发平台,最大程度地发挥优秀设计资源价值,真正提升设计质量,从而提高产品的质量、降低成本并缩短产品研发周期。

中国中车通过八年精益生产的推进使现场管理水平得到显著提升,工区工位和工序切割更加清晰合理,生产现场趋于稳定,产品平台和研发平台趋于完善,初步形成了职能部门服务车间工位的工作管理模式,为精益研发的顺利推进打下了良好的基础。

随着生产现场管理水平的提升,产品设计环节逐步成为项目执行的短板,迫使中国中车必须迅速打造高效的精益研发体系。一是生产现场已经趋于稳定,研发管理若经常多变,会对现场的稳定和固化造成很大的负面影响,建立研发部室对现场端到端的高效管理机制迫在眉睫;二是公司产品平台和研发平台虽已有初步的管理流程和管控体系,但效能偏低,亟需通过精益研发手段提升效率;三是市场对公司项目执行效率要求在不断提升,合同签订到交付时间越来越短,在制造时间被压缩到极致后,必须大幅提升研发效率缩短研发周期才能满足市场需要;四是精益研发体系结合"互联网+",是企业打造精益"智"造管理的基础。目前公司研发管理方面还没有达到稳定状态,精益研发的实现迫在眉睫。

同时,精益研发是源自企业的实际需求,植根在企业研发实践之中,它基于企业应用需求的同时又顺应制造业发展趋势,将引领未来信息化的发展。精益研发体系建设的核心是实现企业产品研发"精益化""精品化",其实质就是企业在不明显增加成本的前提下,提高产品的品质和技术含量,提高研发效率,从而提升产品附加值,增强竞争力,使企业建立技术优势,帮助企业从"制造"走向"创造"。

第二节 把握精益研发的原则

通过对研发管理现状的分析,发现在已经具备成熟稳定精益生产线的条件下,从工位角度出发,改变原有的研发流程管理模式,将产品信息及设备追溯到现场工位,形成端到端的、闭环的精益研发流水线管理模式,建立基于工位制的产品创新研发体系,能够规范的、准确的将工程师的研发理念转化为现场所需的制造产品,极大的加快新产品开发和工艺制造的效率。总体实施方案遵循以下四项原则。

一、理念的转变和提高

变革和创新需要付出勇气、激情和魄力。精益研发是成本和质量的源头,所以开展精益研发实施工作,首先要突破固有的流程管理理念,结合精益生产的核心思想,转变现有的以自我为中心的工作模式,在进行产品研发的同时,充分与现场工位所需相结合。其次是要以职能驱动转向流程驱动为实施目标,在扁平化流程作业,提高研发效率的同时,大家围绕"同一区域、同一语言",实现协同作战模式,从源头确保产品质量,如图 8-1 所示。

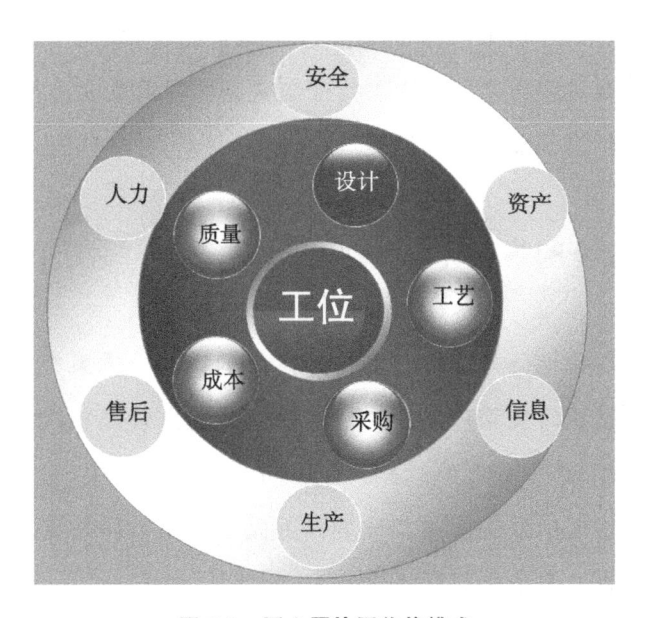

图 8-1　同心圆协同作战模式

二、执行"一把手"工程

企业组织与流程再造过程对于企业来说是持之以恒实施改善的过程,企业最高领导支持是企业流程再造成败的关键,领导者需要有坚定的信念,时时传递流程再造会给企业带来飞跃信息。领导者要信任和激励下属,特别是再造过程中遇到困难的时候,给予他们信心。领导者还要清晰地认识客观现实,包括机会和约束条件,反复沟通,达成一致。在面临冲突与危机时,领导者更要勇于承担责任。

三、以客户为导向

不能为了实施研发体系的改造而丢失了企业赖以生存的基础——客户。在精益研发体系构建的过程中,企业始终要准确地把握与满足客户的需求。企业研发管理整个组织与流程再造的过程需要围绕提高顾客满意度进行,而进行精益研发实时的初衷也是为了能给客户提供更优质、更安全、更绿色的产品。

四、重视流程的规范化与清晰化

研发流程阶段化划分是精益研发管理体系的核心。体系关键技术就是将研发流程阶段化。精益研发管理体系的根本设想就是以首尾相接的完整过程取代以往的各部门分割,难于管理的过程。在不同的阶段过程中,设计、工艺、采购及质量要做到各自传递信息的及时和准确。因此公司精益研发管理体系构建过程尤其应该重视流程的规范化与清晰化。

第三节 透视精益研发方法学

企业外部环境的快速变化,导致越来越多的企业在思考提高研发管理效用的途径。2008年,安世亚太凭借10余年为企业建立研发信息化平台、提供研发管理技术服务的积累,提出了"精益研发"这一研发管理方法学。

一、精益研发的概念

精益研发是一种以精益为目标,以精益研发总线为统筹,以产品功能结构树为载体的研发方法。是以企业的研发平台为基础,向外辐射,集成创新设计、协同仿真和质量设计三大核心技术,实现产品质量的跨越式提升。精益研发根据产品研发的流程与活动特征,通过产品维、逻辑维和知识维3个维度构成精益研发框架。

1. **产品维**

产品的全生命周期研发过程,包括产品研发的方案策划、初步设计、详细设计、产品试制和产品定型,是企业产品研发的主流程。

2. **逻辑维**

产品研发每个阶段的思考方法和实施步骤,是企业产品研发的辅流程。根据这些思考方法和实施步骤的特点,逻辑维可以分为4个域,即客户需求的"客户域"、满足客户需求的"功能域"、满足功能的"物理域"以及物理实现的"工艺域"。

3. **知识维**

是完成产品研发全生命周期及相关活动所需的知识和数字化管理技术,以及研发过程所产生的新知识的存储和重用。

二、精益研发方法学

精益研发方法学强调产品研发流程(即产品维)与设计方法学(即逻辑维)的

结合。产品研发与设计活动应该分为 4 个域:客户域、功能域、物理域和工艺域。企业产品研发流程可以分为 4 个阶段:设计策划、初步设计、技术设计和工作图设计。精益研发方法学提出的"4×4 法则",即由设计活动的 4 个域和研发流程的 4 个阶段所构成的 4×4 矩阵,如图 8-2 所示。

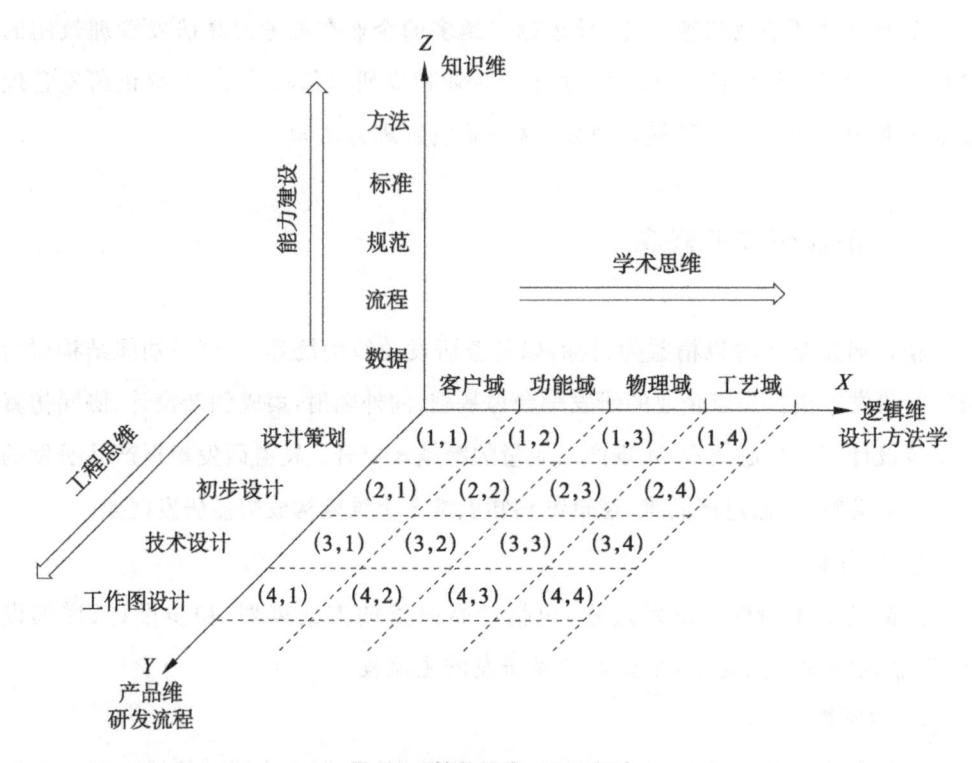

图 8-2 精益研发 4×4 法则

同时,精益研发方法学中很强调知识的积累与重用。知识产生于方法学和研发流程,但又独立于方法学和研发流程。所以,知识应该是第三个维度——Z 轴。该维度是知识维,它用来积累和重用企业的智力资产。所以在图中,对"知识抽取"元素的表达上,刻意使用垂直于 XY 平面的法向箭头。每个方格中的知识在 Z 轴上积累将产生一项产品的完整知识体系,包括数据、流程、规范、标准和方法等。

精益研发的上述 3 个维度不是彼此孤立,而是三维一体的。在产品研发的每个阶段,以产品功能结构树为载体,必须完整走过研发活动的 4 个域,才能进入下一个阶段,如此下去最终完成产品的研发,走向产品升级换代,而且全流程中需要原有知识的支撑,并在研发中形成新知识的积累。因此产品研发过程应该完整走过 16 个子环节,对每一个方格,需要清楚定义各自的法则:来自上游方格的输入信息,向下游方格的输出信息,本方格中的流程、数据和设计工具(CAE/计算机辅助创新 CAI/计算机辅助质量 CAQ 等)以及产生的知识(即知识维)。同一产品的研发,不同方格的规则都不同。不同产品的研发,相同位置方格的规则都相同或相似。因此,4×4 法则实际上是使产品研发流程更加规范化和标准化。

三、精益研发工具与技术

精益研发是企业实施差异化战略的一种有效途径,具有推动产品不断升级的使命,使产品实现高性能、高品质和高利润。为达此目标,精益研发管理实施可分为 5 项技术

1. 模块化设计

通过对产品各系统的分析和研究,把其中具备相同或相近的功能单元用标准化的原理进行统一、整合、简化,形成在同一产品平台下或跨平台的,具有不同性能的通用单元。需要指出的是,模块化设计不仅仅从具体的产品设计的角度进行,更需要在产品功能结构树框架下,以现场生产需要为导引,首先按照功能不同,切分出各种系统和功能模块,再对同一系统按照不同工位、工序进行切分,以此打通产品整车设计到具体生产环节的信息通道。

2. 规范化设计

是贯穿于整个设计开发过程的一个完整体系,主要包括设计流程规范化、设计策划规范化、技术接口规范化、设计评审规范化、设计变更规范化、设计验证规范化以及设计异常管理规范化等,各过程相互融合。

3. 数字化设计

通过对系统、接口、区域和现场工位的数字化定义,实现产品的准确定位。

4. 标准化设计

通过广泛应用标准件、通用件、系列件,遵循统一性以及系统原理、实行接口

的标准设计,称为标准化设计。标准化是学习的基础,标准化设计是提高产品标准化率的重要措施,它是一切改善的根本。

5. 知识管理

通过知识工程的方法,积累和重用研发知识,让设计的经验和技术能代代传承下去。这是企业持续提升研发能力的重要保证。

精益研发理念作为一种新兴的研发管理方法学,实际上是系统归纳和提炼了现代企业产品研发过程的各个要素,形成一套企业可以遵从的研发流程和法则,并指出流程各环节应该采纳的研发工具,以及全流程中应该积累的智力资产。其特点是注重了研发设计中质量总线,充分利用信息技术,在企业内部建立了信息平台及公共产品模块,促进了信息沟通与交流,以及知识经验的记录和积累,同时提高了产品质量,降低产品成本,提高了效率。

第四节 精益研发现在时

目前大部分公司的研发管理与国内外一些先进的公司相比,还存在一定的差距,具体的问题主要体现在以下 4 方面。

一、串联式流程

采用串行运营模式:市场→设计→工艺→试制→批量生产,上一个阶段完成后,才能进入下一个阶段。这种模式周期长,并且未能在各阶段开展有效的模拟验证,导致问题不能提前暴露,一直堆积,越积越多,一旦进入试制阶段,可能出现大量的问题,将严重影响项目进度。

二、职能导向

研发流程管理主要是职能导向型管理,即部门级流程管理。每个部门都建立了自己的流程制度,没有统一的、结构化的、集成化的、可视化的综合流程管理体系,每个部门只了解自己的任务和目标,以自己部门为圆心,而不关注其他部门的进展情况,是围绕职能走流程,而不是围绕流程讲职能,协同价值创造能力低,易混乱、不精益。这种模式只讲究结果,不讲究路径、节拍和路标,导致不同的团队走不同的路径,得到不同的结果。具体体现在以下 3 点。1)没有统一的路径:同一个目标,每次行走不同的路线,标准不规范,过程不可控;不同的新产品有不同的路径,整体把控能力差;2)节拍不一致:路径标准不一致,无法找到管理节拍;3)没有有效的路标:标识不明了,结果差距大。犹如在大海里游泳或在丛林中穿行,纵横交错却没有向导与路标,难以驾控全局。

三、并行作业

每个人负责的项目都是从头干到项目结束,整个研发设计过程不是分层设计,缺乏产品平台的支持。一个设计师负责从项目开始到项目结束整个专业的研发工作,这样存在的最大后果就是:1)项目周期太长,出现设计师忙闲不均,严重影响设计资源的充分利用;2)不同项目的同一个系统由不同的设计师设计会出现迥异的风格,缺乏继承性;3)项目设计的优劣主要与参与项目人员的个人能力有关,导致设计水平参差不齐,往往导致一个人的水平代表了整个项目团队的水平。

四、研发质量控制缺失

研发过程中缺少研发质量的管控,应该让每个设计师明白:质量是设计出来的。生产是按照设计图纸和工艺要求来实现产品,生产过程解决不了图纸设计不合理或工艺参数的设计先天不足的问题。而质量检验是在生产完成后进行的符合性验证,属于事后检验,目的是挑出不合格的产品,它只是一个把关,而不能提高产品质量。设计过程制定了质量标准,决定了产品的固有质量。产品一经研发出来,产品的基因也就确定。因此,质量是设计出来的,提高产品质量,应该从设计源头入手。

第五节　以工位制为基础的精益研发

研发是按照客户需求的产品图纸、标准、信息等文件的开发过程,精益研发就是以工位工序为基础的开发过程,其核心就是产品结构树的建立,而生产制造现场是按照其输出的结果,完成从原材料到实物产品交付的制造过程,精益研发所输出的所有内容都在生产制造现场得以实施。因此,精益研发实施的前提是基于精益化的生产制造现场,即流水线工位制节拍化生产,具体的应用研究分为5个步骤:统一语言、设计研发流程、流水作业、功能结构树的构建及应用、形成精益研发 W 管理模式。

一、统一语言

流水线工位制节拍化生产最大的特点是按工位组织作业、单件高效流动、问题快速暴露,一个工位就是一个最小的管理单元,一道工序就是最小的管理细胞。设计图纸、工艺文件、质量检验、物料采购配套、人力资源等管理都必须统一语言,即按照工位、工序进行切分,也就是产品功能结构树管理的输出最终都切分到每一个工序上,因此工位制节拍化生产制造现场必须固化稳定,其中最为重要的是工位数量、工位作业内容、工位作业人员的固化稳定,如果生产现场工位不稳定经常发生变化,那么以工位制为基础的产品功能结构树就很难形成规范化和标准化的体系。

二、设计研发流程

流程管理是一种以规范化的构造端到端的卓越业务流程为中心,以持续提高组织业务绩效为目的的系统化方法。

　　流程管理是企业从粗放型管理过渡到规范化管理直至精细化管理的重要手段，利用流程化管理可大幅缩短流程周期和降低成本，并可改善工作质量和固化企业流程、实现流程自动化、促进团队合作以及优化企业流程，最终实现职能的统一和集中、职能的合并、职能的转换，让企业负责人不用担心有令不行、执行不力，让中层管理人员不用事事请示、相互推诿，让所有的员工懂得企业的所有事务工作分别由谁做、怎么做以及如何做好的标准，清楚明了、一目了然，使企业管理标准化和程序化，形成固定的管理流程。

　　中国中车结合 EN 50126 标准，建立了以整车产品为主线的设计研发流程，由图纸流和实物流构成 V 字形框架，统一了各部门的研发流程，如图 8-3 所示。

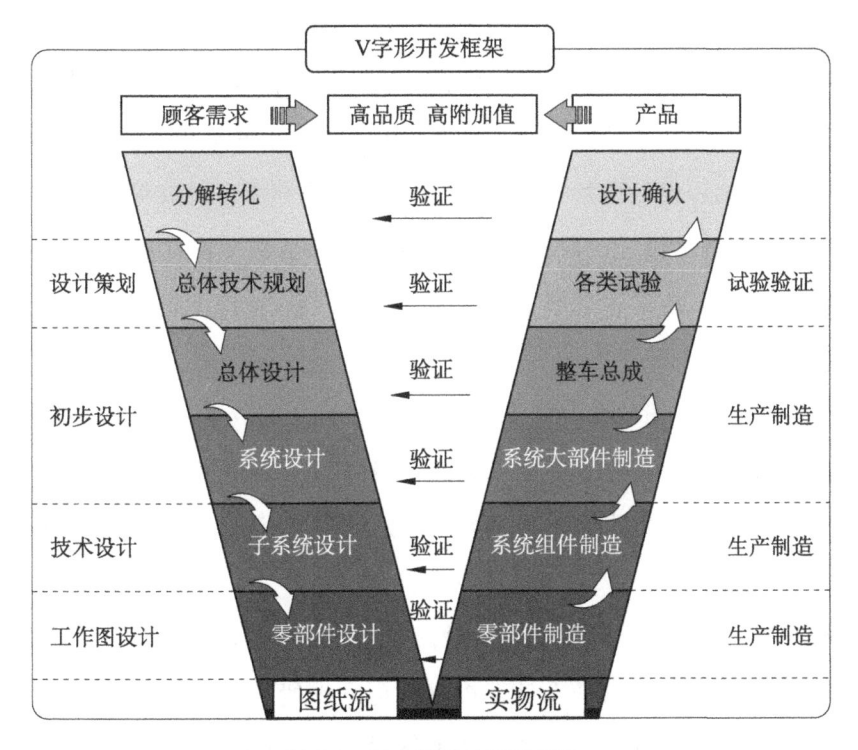

图 8-3　V 字形设计研发框架

　　自合同签订后，项目执行过程存在两大阶段，即信息处理阶段和实物生产阶段。在信息处理阶段，设计、工艺、质量、采购等职能部门根据合同信息，开展相应工作，将合同需求转化为设计图纸、工艺要求、工位作业指导书等；在实物生产阶段，制造车间作业指导书为标准，根据生产管理部门编制生产与物料控制计划，组织生产、人力、采购、安全等部门提供资源支持，质量部门对过程进行检验验证。

三、流水作业

围绕着现场的工位，设计、工艺、采购物流和质量的产品功能结构树通过"切""削""琢""磨"，以"专业技术工位化管理"为目标，以研发的4个阶段：设计策划、初步设计、技术设计和工作图设计为坐标，通过模块化、规范化、数字化、标准化的"四化"设计技术，将设计作业，切分为前端、中端、末端3类管理用工位，并按照设计人员能力、知识配备到相应的工位上去。

前端工位在设计策划和初步设计阶段开展工作，设计策划阶段是制定设计策划书，初步设计是设计和开发过程中重要的阶段，设计策划和初步设计两个阶段把握设计方向，确保设计质量，并达到充分提高人才利用率的效果。

中端工位在技术设计阶段开展工作，技术设计是初步设计的拓展和深入，起到承上启下的作用，能迅速理解上道工序传递的信息，能向下道工序输出关键点，确保项目快速开展。

末端工位在工作图阶段开展工作，工作图设计是完成产品生产制造所需要的全部设计文件，能够不局限于专业限制，在得到前一阶段的设计信息后，即可开展图纸的绘制工作，进而解决项目高峰期人员紧缺问题，达到人尽其才，才尽其用的效果。

不同层级的人员在不同的设计阶段按相应的管理工位开展设计工作，达到专人专事的目的，这样各类设计人员就可以更深入地研究本工位的工作，缩短人才培养周期。同时，按照管理流切分管理工位后，还能使不同层级人员之间传递信息时接口更加清晰、信息流更加通畅，保证其信息的准确性、唯一性和便利性。

上述的"切、削、琢、磨"具体的含义如下。

"切"：切分工位——以现场工位为基础，通过倒推的方式进行设计的工位切分,形成设计的 4 大阶段,实现安装图纸与现场工序一一对应。

"削":细化内容——以内容专业化为基础,通过流程建立和工位工作量化,重组工位,将"模块化、规范化、数字化、标准化"四化设计技术融入具体工作。

"琢":规范模板——根据最终工位工序建立工序图纸安装包模板和表单,固化内外部接口,打造标准的接口平台建设。

"磨":实践改善——开展"计划—执行—检查—改善(PDCA)"循环改善,验证工位工作内容和标准模板,通过信息化建设,固化流水作业内容。

"四化"设计技术是产品功能结构树打造的必备技术支持,下面将重点介绍"四化"设计技术。

1. 模块化设计技术

模块化设计就是将产品的某些要素组合在一起,构成一个具有特定功能的子系统,将这个子系统作为通用性的模块与其他产品要素进行多种组合,产生多种不同功能或相同功能、不同性能的系列产品。它是通过对产品各系统的分析和研究,把其中具备相同或相近的功能单元用标准化的原理进行统一、整合、简化,以通用单元形式展现的一种方法。

产品模块化通常分为产品部件模块化、产品系列模块化、产品系统模块化 3 个阶段,终极目标是根据用户的要求,对既有的模块进行选择和组合,就可以构成不同功能或功能相同但性能不同、规格不同的产品。

模块化设计的六大原则:

(1) 接口标准。模块化设计产品,其连接接口形式一定要统一、标准,不能随意进行更改,不能与其他部件的多接口连接,防止接错的可能。

(2) 预组装程度高。进行产品设计时,要尽可能地把同一功能的零部件进行预组装设计。在总装生产线以外的地方把零部件进行预组装,然后将预组装的部件安装到车上预留的接口。简化总装生产线工序,提高产品质量。

(3) 连接宽松。模块化设计产品,要将多个零部件通过地面预组装方式组成一个大部件,体积相对比较大,为了能够快速地、保质保量地组装到车上的接口,其接口一定要采用宽松的连接方式,留有足够的调节余量。

（4）系列化程度高。模块化设计产品的接口，一定要能适应相同车型中具有相同功能、不同性能的系统。比如车辆空气制动模块以及电控制动模块与车体的接口设计成相同结构，模块内部功能根据各车的实际需要进行不同的设置。

（5）相对独立性。模块化设计产品，应具有相对独立性的特点，模块除留有标准接口外，内部功能部件一定要解除与其他部件的联系。既可以方便组装，又可以对模块单独进行并行设计、制造、调试、修改和存储。

（6）互换性强。模块化设计产品，应满足相同功能、不同车种的模块可以互换，即通用性要求。所以模块化设计时，模块接口部位的结构、尺寸和参数应标准化、通用化，容易实现模块间的互换，从而使模块满足更多产品的需要。

模块化设计是一项系统工程，面对的是一类产品或者是产品的整个系统。因而设计时，要结合6大原则，系统的考虑产品种类和将来的扩展功能。

2. 规范化设计技术

规范化设计就是通过系统思考，建立一套以人为本，上下认同及行之有效的设计管理体系。它是贯穿于整个设计开发过程的一个完整体系，主要包括有设计流程规范化、输入输出规范化、管理接口规范化、技术接口规范化、设计验证规范化、设计评审规范化、设计变更规范化以及设计异常管理规范化等，各过程相互融合。

3. 数字化设计技术

数字化就是将许多复杂多变的信息转变为可以度量的数字、数据，再以这些数字、数据建立适当的数字化模型，进行统一处理，成为人类最容易学习、接受、掌握的知识，这就是数字化的基本过程。

数字化设计技术：用数字化定量表述、处理、控制和存储来表述产品信息，以数字化建模仿真与优化为特征，实现对产品设计和功能的仿真以及原型制造，从而达到快速设计和生产的目的。

数字化设计技术最能客观、公正地反映出事物的本质和规律，能消除语言障碍，它是国际化的语言。

数字化设计的终极目标：支持产品全生命周期和企业的全局优化运营，以制造过程的知识融合为基础,在虚拟现实、计算机网络、快速原型、数据库等技术支撑下,根据用户的需求,对产品信息、工艺信息和资源信息进行分析、规划和重组,进而快速生产出达到用户所要求性能产品的整个制造过程。

列车上最复杂的部分是布线问题,如何正确、快速和准确地知道电线的走位问题是设计师最头痛的困难,通过数字化管理,制定数字化线束模板,这个问题迎刃而解。数字化定义通过产品代码和安装定位代码的组合来清晰直观的表达各个设备在车辆上的安装位置和产品信息,能够解决多个相同零部件同一个编码识别问题,同时表达设备在车辆上安装的唯一性问题。

制定数字化线束模板具有4大优越性:

(1) 目视化:将实际线束的成束方式、走线方式及出线位置等信息完全按照一定的比例反映在模板图上,内容不抽象、更易理解。

(2) 集成化:将原先各个电气清单,文件及图纸等相关信息都集中呈现在一张模板图上,避免了由于工艺文件种类繁多而导致内容不统一,以及因时间差导致的版本不一。

(3) 统一化:统一公司和供应商之间,供应商与供应商之间的标准,明确公司内部各部门之间的执行要求,便于今后的交流与合作。

(4) 准确化:由于线束的走向及长度信息都定性定量的描绘在模板图上,工人在操作的时候可按照模板图直接放线和布线甚至压接,工作的连续性增强从而使累计误差减小,不确定因素及误操作的概率也大大减少,使产品的质量得到极大地提高。

4. 标准化设计技术

标准化设计技术:在一定时期内,面向通用产品,采用共性条件,制定统一的标准和模式,开展适用范围比较广泛的设计,适用于技术上成熟,经济上合理,市场容量充裕的产品设计。

在产品设计过程中,通过广泛应用标准件、通用件、系列件,遵循统一以及系统原理、进行接口的标准设计,称为标准化设计。标准化设计是提高产品的标准化率的重要措施。标准化率30%,不适用;标准化率60%,可以用;标准化率

80%,非常适用;标准化率100%,为终极目标。

采用标准设计的优点如下。

(1) 设计质量有保证,有利于提高工程质量。

(2) 可以减少重复劳动,加快设计速度。

(3) 有利于采用和推广新技术。

(4) 便于实行构配件生产工厂化、装配化和施工机械化,提高劳动生产率,加快建设进度。

(5) 有利于节约建设材料,降低设计成本,提高经济效益。

标准化设计的6大方法如下。

(1) 简化:在不改变对象质的规定性,不降低对象功能的前提下,减少对象的多样性、复杂性。简化包括设计方案的简化、产品本身的简化。

(2) 通用化:以互换性为前提,最大限度地扩大同一产品(包括元器件、部件、组件)的使用范围,从而最大限度地减少产品(或零件)在设计和制造过程中的重复劳动。

(3) 统一化:将两种以上同类事物归并为一种。统一化着眼于一致性,从个性中提炼共性,目的就是减少不必要的多样化。

(4) 系列化:将产品的主要参数、型式、尺寸、基本结构等做出合理的归类、划分。产品系列化是标准化的高级形式,是标准化高度发展的产物,是标准化走向成熟的标志。

(5) 模块化:根据产品功能设计出一系列功能模块,通过模块的选择和组合构成不同的产品。

(6) 组合化:将一系列通用性较强的单元,根据需要拼合成不同用途的产品。产品组合化在产品设计上的应用主要是组合设计系统,组合设计系统是在设计新产品或新零件时,不是将其全部组成部分和零件都重新设计,而是根据功能要求,尽量从储存的标准件、通用件和其他可继承的结构和功能单元中选择。

固定的模块定义,规范化接口,稳定的数据输入、输出和在数字化命名的基础上,就可谈标准化率。基于制造平台工位化的标准化设计图如图8-4所示。

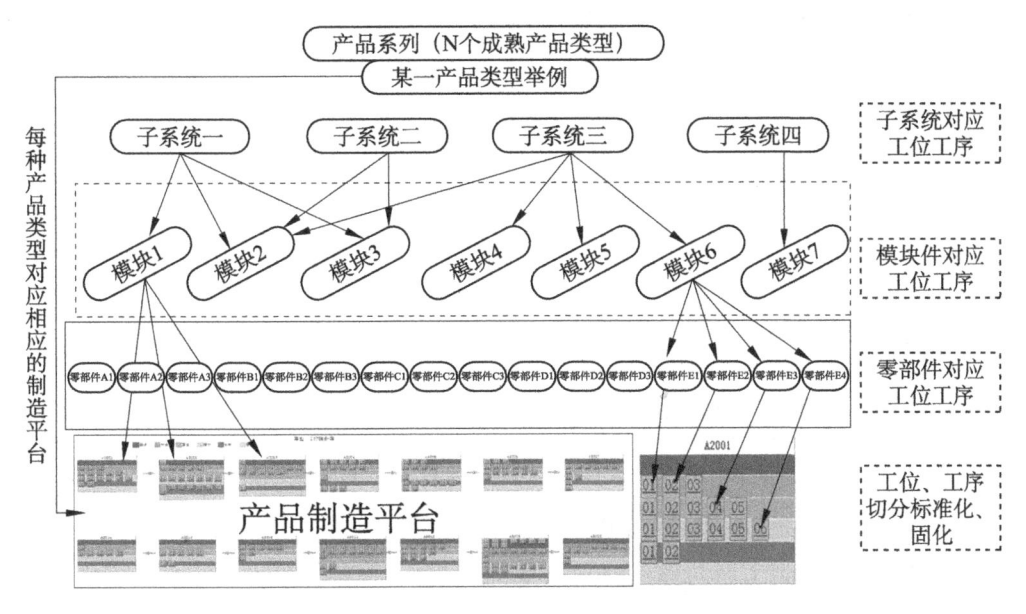

图 8-4　基于制造平台工位化的标准化设计图

标准的模块代表成熟，标准化率越高越精益。因此，在现有成熟产品平台中进行对比选取，选取工位工序变化最少的产品制造平台开展研发，在平台基础上进行对标研究、开展研发，争取做到70%的内容不用重复设计，30%创新部分重点管控。

总之，模块化、规范化、数字化、标准化是流水作业的基础，整个流水作业就是要实现分层作业，充分使用"四化"设计技术，前端人才在前端工作，通过找平台、找路径，进行模块切分，实现模块化作业，识别"三新"点；中端人才在中间进行接口作业规范化，边界条件数字化，实现标准化设计；末端人才在末端按照工位需求设计模块，学会搭积木。

四、产品功能结构树的构建及应用

产品功能结构树是反映公司业务数据被管理的一种方式，实现对同类型产品的技术信息的便捷管理。产品结构树构建按照确立根基、划分主干、分枝散叶及一一对应4个主要步骤开展。构建过程中围绕生产现场，设计、工艺、采购、物流及质量等环节密切结合,通过地址码进行有效地传递。

根基:根据某子公司产品划分,从地铁列车、大铁路客车和转向架3个方面,确立产品结构树根基。以各产品典型平台为例,构建首个产品结构树,其他平台对照构建,逐步推进。

主干:要求既有产品技术平台经验,又要结合地铁列车、大铁路客车和转向架各产品的技术特点,划分各产品平台的组成系统。

分枝散叶:分成两个步骤,一是分枝:按结构组成和系统功能两个原则,划分各系统下属层级布置图;二是散叶:结合"四化"设计技术,切分各布置图下一层级安装图。

一一对应:对照工艺流水线中各工位工序的布局,各系统三级安装图和工序互做局部调整,达到工序与图纸一一对应的效果。

1. 地址码的介绍

地址码是唯一标识物料的代码,通常用字符串(定长或不定长)或数字表示。设定地址码是为了确保产品信息在不同的功能结构树之间传递的准确性和唯一性,每个产品及零部件的图样均应有独立的唯一代号,即各自的地址码。

(1)地址编码的原则

1)唯一性:在确定编码规则时,各种物料类别的划分和界定必须明确、清晰,不能模棱两可,含糊不清,也就是说只要是编码规则中定义的相同物料,无论在任何地方,其编码都必需是唯一的,而定义的不同物料绝对不能使用同一个地址编码。

2)易识别性:地址编码应该尽可能的简单,在满足其他原则的基础上,用较短的相同位数的数字符号来表示编码,同时在编制地址编码时应该合理分类,以便于查找和调用。

3)可扩展性:地址编码在设计过程中应该留有足够的可扩展空间以满足伴随企业不断发展所带来的编码数量的增加。

4)稳定性:系统运行以后,在实际操作中积累的许多与物料有关的有价值的历史信息都将保存下来,为了便于以后的查寻,必须保证地址编码具有一定时期的稳定性。

5）准确性：进入系统的物料编码必须是正确和有效的，准确的物料编码是获得准确的生产计划、物料采购计划的前提和保证。

6）及时性：为了及时满足生产管理、定额管理和采购计划的需要，当公司出现新增物料时，必须按照编码分工及时对物料进行编码。

（2）地址编码的规则

产品图样编号采用隶属编号制度，由区分产品代号和隶属号组成，区分产品代号分为公司代号，产品分类代号、公司项目号（采用阿拉伯数字表示）和车型类别代号；隶属号分为系统代号、组成代号、部件、小部件和零件代号。中间以短横线"-"隔开，必要时可加注尾注号，产品图样编号的总长度不超过18位。

结构树的地址码好处在于具有唯一性，数据传递过程中不会出错；设计BOM、工艺BOM和制造BOM层次更加清晰，便于ERP管理，便于项目标准化率的统计和成本的核算。

2. 产品设计功能结构树的构建

以某轨道交通车辆为例，大铁路客车根据运用速度等级和运营要求分为多个产品平台，以硬座车为基础构建首个产品结构树。硬座车的主干划分为车体、车电、制动、内装结构、内装设备、空调和给水卫生7大系统。

分枝原则一：按照底架、车顶、侧墙、端墙及司机室各部位为基础进行二级布置图的划分。侧墙分为一二位侧，端墙分为一二位端。如车体系统由底架车体结构、车顶车体结构、一位侧侧墙车体结构、二位侧侧墙车体结构、一位端端墙车体结构、二位端端墙车体结构及司机室车体结构各部位组成。内装结构系统由底架内装布置、车顶内装布置、一位侧侧墙内装布置、二位侧侧墙内装布置、一位端端墙内装布置、二位端端墙内装布置及司机室内装布置各部位组成。

分枝原则二：以系统功能为基础，考虑到施工便利性，结合各部位进行二级布置图的划分。如电气系统按照功能及模块划分为司机室设备布置、电气柜设备布置、主线槽模块布置、支线模块布置、PIS设备布置、信号设备布置及牵引辅助设备布置。空调系统按照功能及模块划分为空调机组、送风道、回风道、废排装置、辅助电加热装置、排水、控制柜、送回风口、司机室足部加热器、司机室通风单元等。

散叶原则:结合"四化"设计技术,切分各布置图的下一层级安装图,对照工艺流水线中各工序的布局,各系统第三层级安装图和安装工序互相做局部调整,一一对应。

产品设计功能树的形成就是将产品分3个层级,一级为系统图,即轨道车辆的各大系统,形成树的主干;二级为布置图,形成树的分叉;三级为安装图,形成树的枝叶,也是产品的最小单元——工序。

产品功能结构树采用结构化、清晰化、简单化的准则,实现了产品平台的构建,很大程度上提高了产品的标准化率。通过产品结构树的构建,固化平台产品的结构组成,为项目研发执行提供平台依据,同时结构树固化了现场工位信息,对同类产品的生产经营信息实行便捷管理,实现了研发和生产的并行作战,为公司项目的执行提供了有力的支撑。

3. 产品设计功能结构树的应用

在设计立项时,在现有车辆平台中查找结构相同或类似的设计结构树,如有树,与标准结构树进行比较,预估新项目标准化率,运用已有的结构树模块;如无树,则需构建结构树的模块,详见图8-5所示。

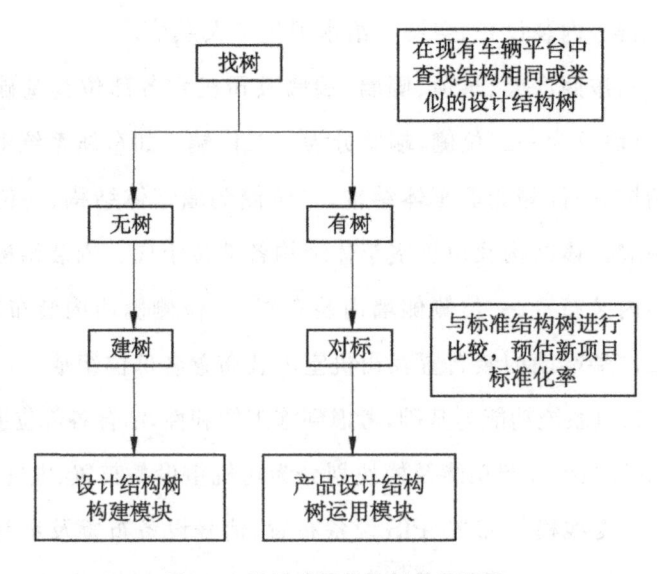

图8-5 设计功能结构树的运用图

在设计策划阶段:利用设计结构树主枝干,在工艺、采购和质量部门的协同配合下,借助于输入信息如市场部业务联系书、合同技术部分、项目里程碑计划、公司故障模式和产品平台技术文件来确定项目子系统,开展设计策划阶段的三新识别。输出设计策划书、设计进度表、产品配置计划表、设计验证计划和技术分析报告(含三新识别)。

在初步设计阶段:利用设计结构树,在工艺、采购和质量部门的协同配合下,借助于上一阶段的输出信息,确定项目子系统配置,初步识别存在差异的三新项点。输出三新项目表、车体平断面图、总体技术规范、通用采购技术规范、差异度分析及外部接口信息。

在技术设计阶段:利用设计结构树,在工艺、采购和质量部门的协同配合下,借助于上一阶段的输出信息,确定项目子系统详细配置,进一步识别存在差异的三新项点。输出三新项目表、差异度分析、总体配置清单、总体技术规范、子系统接口技术规范及子系统技术规范等文件。

在工作图设计阶段:利用设计结构树中子系统详细配置,在工艺、采购和质量部门的协同配合下,借助于上一阶段的输出信息,开展工程图绘制,输出各工位安装包。

4. 产品工艺功能结构树的构建

产品工艺功能结构树是将产品依照系统图进行分解,系统图再进一步分解成布置图,布置图再进一步分解安装图,直到工位的具体作业内容为止,由此形成的分层树状结构。

工艺功能结构树由系统图、布置图、安装图、工位工艺文件、作业指导书、工位6层级组成。涵盖了设计工艺一体化管理思想,从源头到现场工位,达到点对点的树状结构关系。

5. 产品工艺功能结构树的应用

在设计功能结构树的基础上,展开工艺策划,识别新工艺,制定工艺方案、工艺BOM和工艺节拍。具体应用如下4个阶段。

在设计策划阶段,通过输入信息——工艺平台信息、项目总体计划、三新概念识别和技术分析报告等资料,开展产品功能结构树工艺对标、新工艺概念识别和工艺流水策划工作,输出工艺计划。

在初步设计阶段,通过输入信息——技术需求书、差异度分析、三新项点识别等资料,开展工艺性调研审查、新工艺方案识别和工艺初步策划工作,输出工艺策划和工艺审查报告。

在技术设计阶段,通过输入信息——产品平台信息、项目质量计划、三新项点识别、产品配置清单等资料,开展工艺方案制定、新工艺技术识别和工艺性审查工作,输出工艺方案。

在工作图设计阶段,通过输入信息——三新项点识别、工艺方案、安装工程图纸、工艺验证信息等资料,开展工艺方案编制、工序节拍分析、特殊过程识别工作,输出工艺文件、工序节拍表、特殊过程确认记录。

6. 产品采购功能结构树的构建及应用

产品采购功能结构树的构建是在设计和工艺结构树基础上开展采购工作,具体应用如下 4 个阶段。

在设计策划阶段,通过输入信息——产品平台信息、项目总体计划、成本控制计划和采购预算计划等资料,开展产品功能结构树采购对标、新产品概念识别,采购计划及预算策划工作,输出采购计划。

在初步设计阶段,通过输入信息——采购整体计划、新产品识别、系统技术方案、工艺方案等资料,开展新产品方案识别、采购阶段计划和采购计划初步策划工作,输出采购阶段计划。

在技术设计阶段,通过输入信息——三新识别项点、系统技术规范等资料,开展新产品技术交流工作,输出供应商技术方案。

在工作图设计阶段,通过输入信息——采购阶段计划、采购技术规范、供方评价表、安装工程图纸等资料,开展潜在供方挖掘、供方审查、供货配套计划工作,输出潜在供方推荐、检验申请表、采购配送方案。

7. 产品质量功能结构树的构建及应用

产品质量功能结构树的构建是在设计和工艺结构树实施过程中开展质量管控工作,具体应用如下 4 个阶段。

在设计策划阶段,通过输入信息——产品平台信息、故障模式库和项目总体计划等资料,开展产品功能结构树质量对标、公司故障模式库预查和质量控制策划工作,输出质量策划、RAMS/LCC 策划和列车防火计划。

在初步设计阶段,通过输入信息——总体技术规范、系统技术方案、新产品识别、系统技术方案、工艺方案等资料,开展故障模式库初步识别、项目安全分析和可靠性持续改进分析工作,输出 RAMS/LCC 初步技术要求和持续性改进方案。

在技术设计阶段,通过输入信息——三新识别项点、系统控制规范、系统故障模式库等资料,开展可靠性、安全性、防火综合分析和系统隐患识别工作,输出可靠性、安全性、防火综合分析报告和 RAMS/LCC 综合分析报告。

在工作图设计阶段,通过输入信息——硬件级故障分析、安全防控文件、系统故障模式库等资料,开展可靠性、安全性、防火综合分析及非金属材料综合分析工作,输出可靠性、安全性、防火综合分析报告和非金属材料综合分析报告。

五、形成精益研发 W 管理模式

在流水线工位制节拍化生产方式上,进一步固定和稳定制造现场,并以现场工位制节拍化生产为中心,倒推工艺和采购物流的工位制管理,构建工艺功能结构树、采购物流功能结构树和质量功能结构树,以工艺和采购物流的工位制为中心,倒推设计管理工位化,构建设计功能结构树。同时将可靠性、可用性、可维护性和安全性(简称 RAMS)质量管控与上述 3 种功能结构树进行有效融合,以研发流程为纵向轴构建出精益研发 W 管理模式,如图 8-6 所示。

在研发设计过程中实现精益研发同步启动、系统输出体系,让设计、工艺、采购物流和设计质量人员协同作战,充分运用产品功能结构树进行横向联动,缩短研发周期、提高研发输出质量,为后续的项目执行提供有力支撑。

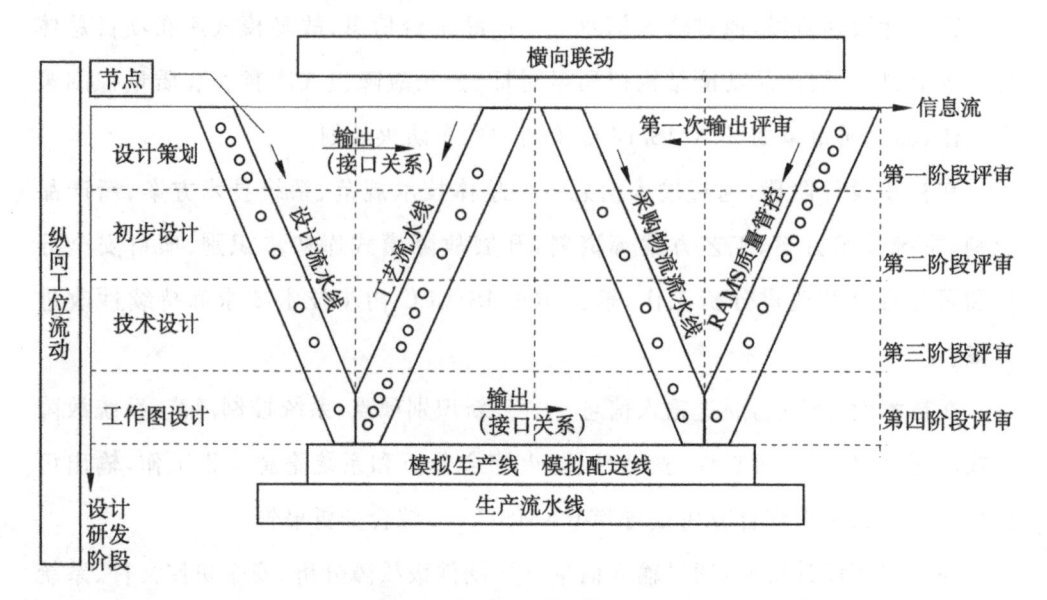

图 8-6　精益研发 W 管理模式

第九章 精益供应链:走向一体共赢

在激烈的竞争中,制造业企业取胜主要依靠产品的成本与质量。质量、成本、快速交货、服务和技术创新等成为争取客户的焦点问题。而供应链作为企业产品制造链中的重要一环,其对产品的质量、成本和按期交付有着十分重要的影响,对企业的运营效率和整体效益的提升也产生巨大的影响。打造精益供应链,是建设精益企业的重要环节。本章结合轨道交通装备制造行业对供应商的特殊要求,主要介绍精益供应链建设的内涵、作用和方法。

第一节 精益供应链的内涵

一、精益供应链建设的内涵

供应链是以自身企业为核心的全部增值过程的网络,通过对信息流、物流、资金流的控制,从采购原材料开始,经过产品的制造过程,形成最终产品,最后由销售网络把产品送到客户手中,把供应商、制造商、分销商、零售商直到最终用户联结成为一个整体的功能网链结构模式。

供应链管理是对供应链所涉及组织的集成,是对物流、信息流、资金流的协同,是以提高企业个体和供应链整体的长期绩效为目标,对传统的商务活动进行总体的战略协调,对特定公司内部跨职能部门边界的运作和在供应链成员中跨公司边界的运作进行战术控制的过程。

精益供应链来源于精益管理,它是将从产品设计到交付顾客,获得产品整个过程所必需的步骤的合作伙伴整合起来,快速响应顾客多变的需求,其核心是减少、消除企业中的浪费,用尽可能少的资源最大程度地满足客户需求。精益供应链的出现,成为减少浪费、降低成本、缩短操作周期、提升客户价值,从而增强企业竞争优势的一种有效方法。

二、精益供应链建设的作用

1. 精益供应链建设是为了适应市场环境的转变需求

2014年铁路基建投资预计为7 200亿元,机车车辆购置费预计为1 200亿元,到2015年全国城市规划交通总投资将达1.2万亿元,各城市轨道交通建设如火如荼。外部环境的向好、市场的拉动给企业发展带来了更为广阔的发展空间。然而随着铁道部改革的推进,铁路市场加快向相对充分竞争的市场环境转变,行业竞争秩序的变化,给企业的投标策略、定价模式和市场占有率带来冲击。城轨市场方面市场竞争也进入白热化,中国中车与西门子、庞巴迪、阿尔斯通等国际知名公司相比,技术水平和盈利能力还相对较低,特别是在产品附加值方面差距更大,企业运营指标需要改善的空间很大。

2. 精益供应链建设是系统提升轨道交通装备制造水平的保障

轨道交通装备制造企业采购成本占产品总价值的70%以上,由采购物资质量问题引发的故障占所有故障总数的80%以上,采购物资的交期、质量、成本、服务成为影响轨道交通装备产品交期、质量、成本及服务至关重要的因素。

精益供应链建设能够通过优化管理流程,搭建精益供应链管理体系,减少采购过程中的环节及浪费,降低公司与供应商运营成本,加快双方资金周转效率,全面培育、指导供应商形成良好的制造质量、准时的交付能力、有效的成本管理能力,使企业及供应商的生产更富效率,为提升轨道交通装备制造水平提供系统保障。

3. 精益供应链建设是企业持续健康发展的支撑

企业的快速发展,需要与之相匹配的技术能力、管理能力及制造能力支撑。

中国中车从 2008 年开始推进精益制造,通过实施工位制节拍化拉动式生产,取得了一定的成果。但物料异常仍是保证产品质量及交货期、降低制造成本的重大隐患,供应商准时交付率和产品质量直接影响制约着公司节拍化生产组织及产品质量。为提高生产效率,实现准时化、自动化节拍拉动式生产,必须改善供应商准时交付率和产品一次交检合格率,为公司快速发展提供有力支撑。因此建设与企业发展相适应的供应链体系,是提高企业综合竞争能力、保证企业持续健康发展的支撑。

4. 精益供应链建设是提升企业核心竞争力的关键要素

以往成熟的产品技术以及市场的非预期化,造就了具有特别供应能力的供应商,弱化了对供应链的战略设计,谈不上供应链的有效管理。供应链成本过高延长了中国产品交易周转期,扩大了供应链操作风险,额外提高了产品成本,降低了中国产品国际市场竞争力。经济全球化使企业之间的竞争转变为企业所在供应链之间的竞争,面向市场的供应链管理已成为企业竞争力的核心内容之一,实施供应链建设是提升企业整体竞争力的需要,在市场竞争日益激烈,客户需求日益多样化的环境下,为实现"十三五"的营业目标,必须在持续提升内部管理水平的同时,加强供应链建设,打造共赢的供应链系统。

第二节 如何建设精益供应链

一、精益供应链的建设思路

供应链系统庞大且复杂,针对公司所处轨道交通客运装备行业的特殊性以及面对客户的特殊性,根据精益供应链理论,公司供应链管理体系构建重点关注"物流、信息流、资金流",运营模式采用端到端模式。建设过程贯穿设计、工艺、生产、采购、物流、成本 6 条主管理线,内容涉及流程优化及再造、管理内容规范及标准化、并行设计及系统推进等,通过对供应链的"交期管理、质量管理、物流管理、成本管理"4个方面的梳理与改善,使整个供应链(包括公司内部、供应商与公司之间及供应商内部)的"物流、信息流、资金流"能够快速、准确地流转,建立准时化、信息化、集约化、流程化的精益供应链,形成"供应商精益制造＋供应商精益配送＋主机企业精益制造"整体供应链精益模式,从而达到提高公司供应链的运营效率,实现高效共赢的目的。供应链系统如图9-1所示。

二、精益供应链的特征

精益供应链具有供应准时、品质精良、响应迅速、一体共赢的特征,具备准时化、信息化、集约化、流程化的特点。

1. 准时化

精益制造的核心在于准时化和自动化,生产的准时化必须以产品交付的准时化为基础。精益供应链的首要特点为产品交付准时化。通过精益交付推移计划、模拟配送线建设、供应商培育等方式,实现内部生产及供应商生产的准时化、保证信息传递的及时性,最终实现产品交付的准时化。

2. 信息化

应用信息技术实现企业内部供应链各环节的信息共享,实现主机企业与供应商的信息快速传递,是提高供应链工作效率的必然之路。公司通过供应商信息管理系统、供应商协作平台、电子商务采购平台等实现了供应链体系的初步信息化管理。

3. 集约化

利用中国中车品牌效应和大批量采购的优势,实施物料集团集中采购并不断扩大采购范围,以获得较低的采购价格,降低采购成本。积极开展部件供应商拓展和零部件选型,逐步扩大市场供应能力,通过招标和竞争性谈判采购,增强竞争,以期获得更优惠的价格和更优质的服务,同时规避供应链中断风险。推进产业化基地建设,在推进本地企业向主机企业周边覆盖的同时,引导和鼓励具备条件的外地企业在主机企业附近建立制造基地,实现供应和服务的快速响应。

图 9-1 供应链系统

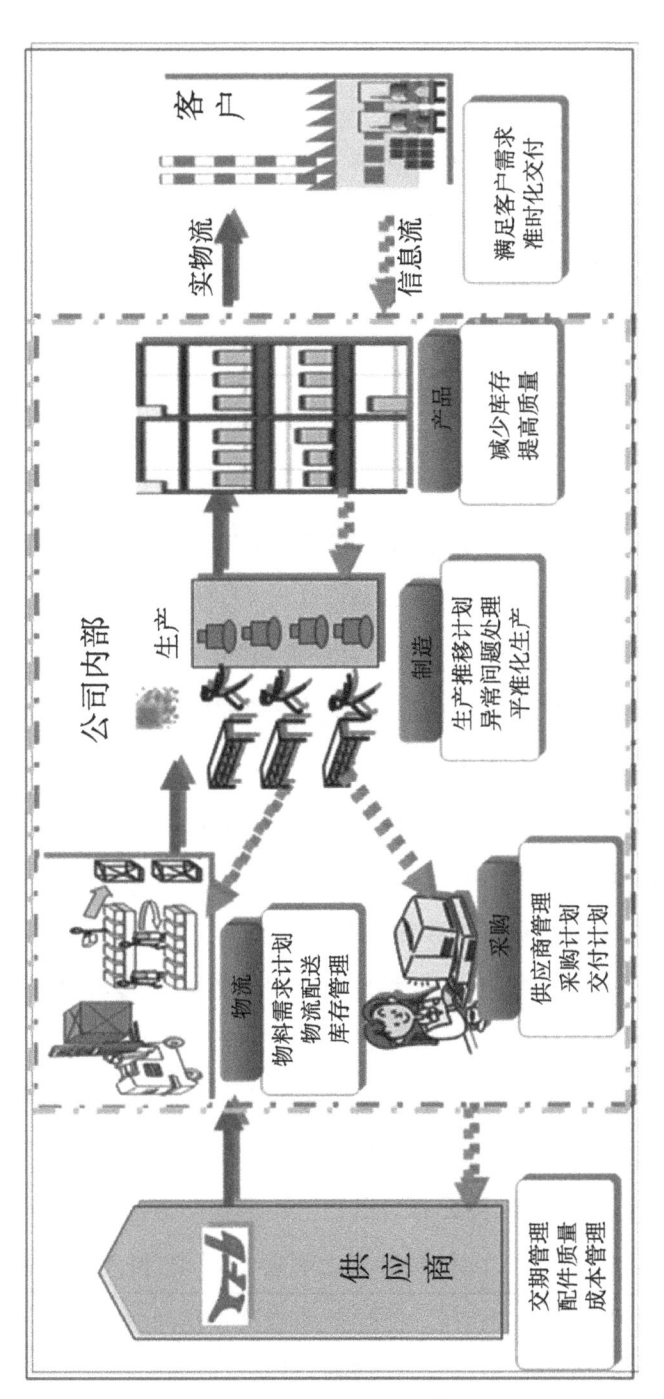

4. 流程化

从专业管理、系统管理角度，运用过程管理、内部风险管控理念策划建立并持续改进管理流程，建立并完善了《供方管理程序》《物资采购管理制度》《物流管理制度》《多余物料管理规定》《废旧物资处理管理程序》等严谨的管理程序，对供应链的各个环节进行具体分析，制定详细规定。通过将相应流程纳入信息系统电子化管理，进一步提升了管理效率，同时保证了工作流程的规范、有序。

三、精益供应链建设的主要内容

以精益理念为指导，充分运用各种精益工具，提升与改善生产管理、采购管理、质量管理、成本管理、物流管理、供方管理，重点是提升与改善外部供应链。

1. 推行精益计划管理，保障生产供应

实施联动配套计划管理，推行准时化生产，建立一体联动计划，保证生产系统协调运转。建立生产顺序一体联动计划，统一指挥生产系统的协调运作，指导和拉动供应商生产及配送，有效地拉动供应链上所有企业的制造节点按计划推进，保障整体供应链的同步化。通过一体联动计划，保证了信息及时、准确的传递，供应商的库存明显减少，且物料配送相对有序，减少了供应商库存资金占用，合理的控制运营成本，实现供需双方共赢的目的。

各制造企业编制工位制生产推移计划指导生产，全面实施工位制节拍化拉动式生产，以生产推移计划为指导对内拉动上下工位开展准时化生产。

对外以需求拉动配送指导配件供应。采购部门根据生产推移计划，编制满足生产的节拍化物料需求计划并传递给供应商；供应商根据物料需求计划组织生产、保证配件供应，实现准时化配送。以物料需求拉动为前提，建立了物料异常联络机制、物料到货状态控制管理、物料配送周期管理、物料库存状态预警机制，全面实施物流管理标准，实现准时化配送，推动物流管理向精细化管理转变。

建立反馈机制，有效管控风险。采购部根据供应商对交付需求计划的反馈情况，分析存在风险、制定风险防范措施，编制采购平衡表向公司领导及各部门进行

报告。对于预测到存在进度风险的供应商,组织供应商领导进行进度交班,并同时派出采购主管、采购员等赴重点供应商处实地督促协调进度问题。

2. **实施模拟配送线建设,实现全过程管理**

重点对生产交付计划、FAI计划实施、安全库存、物流方式和周期管理等重要环节和节点进行规范化管理,通过明确模拟配送线的管理要求,组织实施模拟配送线建设,推进外部供应链的建设,从质量、周期上保证节拍化流水线的需求,满足公司市场发展需要。各项目按照实施办法使用模拟配送线进行点检,对公司内图纸、技术条件、物料计划的下发节点及时督促完成;对供应商的采购、模具、试制、试验、鉴定等全过程进行监督管理。

3. **优化配送方式,提高物料流转效率**

为更好、更高效地保证生产物料供应,减少物料搬运次数,压缩物料流转时间,提高物料配送效率,实施并推广物料储运一体化配送,针对物料规格、型号,制作实用工装,储运一体化工装使用范围由原来厂内使用扩展到供应链上游,实现物料配台配送、同步配送,提高物流效率。

4. **质量管控全面延伸,确保产品质量**

将制造安全、可靠、舒适的轨道交通车辆作为企业的责任,将严格可靠的质量管理提升到战略高度,对产品质量的管控不但包括企业内部的生产流程,同时也延伸到配件供应商的生产流程。

移植有效的质量管控手段,将内部有效的质量管控手段向供应商移植,对供应商产品质量管控采用质量策划检验审核、首件产品质量鉴定、批量产品质量检验点前移、供应商变更点提报、配件入厂专检等方式,保障配件制造过程质量,内外同步管理促进质量管理的平稳化进行。

(1) 供方产品质量过程控制从源头抓起,采取设计确认的方式,保证供方产品设计阶段与公司充分沟通,并在供方开展产品首检前设计冻结。工艺部门提前参与供应商产品的工艺方案、流程及工装的分析及确认,从培育供应商的角度,帮助供应商理顺生产工艺。

(2) 建立检验点前移相关工作机制,明确检验点前移后的工作标准,与供应商的检验标准统一。

（3）通过对配件入库质量信息的统计分析，采取措施持续提高配件入库质量合格率。

（4）通过质量专项审核，督促、协助供应商建立产品质量保证体系。

（5）建立供方产品质量问题处理机制，明确供方产品质量与订单和单价挂钩方式及操作流程，在采购合同中明确供方产品质量问题处理的时间、要求及索赔规定。

（6）加强二级供应商管控，为从源头保证产品质量，加大供应链管理力度，将管理措施延伸到二级供应商。要求关键、重要零部件供应商提交其重要外购件清单，进行报备管理。

供应一级供应商重要部件（A/B类）的二级供应商变更需报采购认可，对二级供应商进行评估，以此加强对二级供应商的管控。规定对于代理商的资质管理，根据零部件重要性确定可实施对国内生产商的现场评估，当代理商和生产商均通过评估后，方可申请成为合格供方，降低代理产品可能带来的质量风险。

（7）加强成本管控、提高资金周转。建立良好的成本控制环境，改变采购方强势压低价格，供应商被迫接受价格的传统管理模式，通过采购成本合理分析、建立供求战略合作、一体联动计划推行、持续降低供应商库存数量、加快供应商资金流速，保障良好科学的成本控制环境，促使供求双方采购成本合理化。

新造项目采购全部实施邀请招标或竞争性谈判，降低采购成本效果明显。将招标采购与供应链建设相结合，以现有大系统部件和关键零部件供应商为基础，逐渐形成同一零部件最少有3家备选供应商的主供应链，通过采购招标确定2家或以上的中标人，实现公司打造稳定的具有竞争力的供应链的目标。

（8）实施通用零部件集中采购。为消除不同项目同类产品的价格差异，发挥集中采购的批量优势，以大批量来获取更优惠价格，子公司内跨平台通用零部件集中采购（物料部类见下图），编制《通用零部件公司内部集采初步实施方案》，形成了标准化的采购模式。通过招标、竞争性谈判、比价采购等方式确定供应商和单价；与确定的供应商签署固定期限的采购协议，一定时间内此类产品按照定好的单价执行,具体数量根据实际需求签署产品采购合同,如图 9-2 所示。

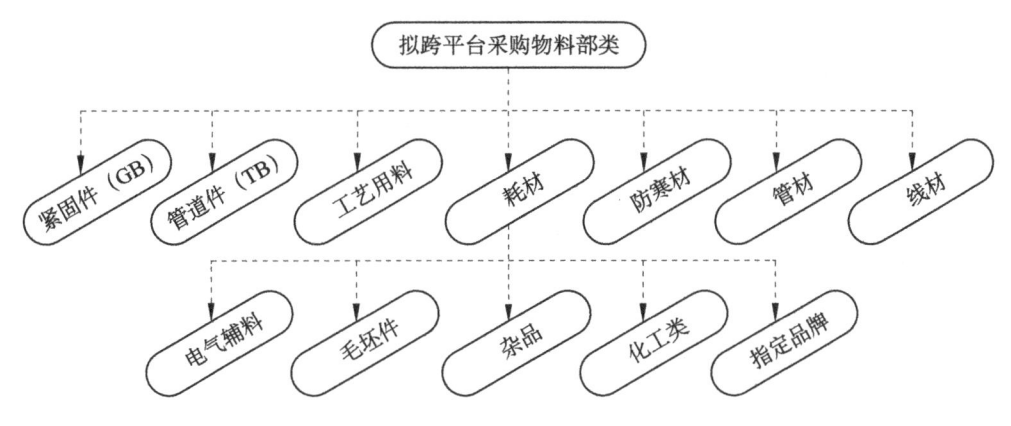

图 9-2 子公司跨平台采购物料部类

(9) 改进管理流程及供应周期,提高资金周转效率。梳理和改进采购管理流程、物流管理流程等,减少或删除不增值环节,以精益理念完善重要节点管控措施,编制标准化流程表单,保障流程运转的合理、有效、可追溯,为压缩供应周期提供条件。

整理供应链周期数据,合理优化、压缩。对采购周期、库存周期、制造周期、成品在库周期等数据进行汇总,实施目视化动态管理,对可优化项点形成改善课题,稳步缩短流程周期,逐步达成最优的资金周转时间,提高资金周转速度,提升企业核心竞争力。

(10) 完善标准库存,减少资金占用。充分利用 ERP 信息系统实施标准库存、最高库存、安全库存管理标准化并细化到每种物料。实施库存量控制策略,合理设定物料库存天数,不断修正库存标准,在保证向分厂准时配送的条件下不断降低库存,减少资金占用。

5. 强化供应商管理,提供管理支撑

供应商准时交付率和产品质量直接影响、制约着公司节拍化生产组织及产品质量,因此外部供应链管理是精益供应链建设的重中之重。为提高供应商产品质量及交付及时率,公司针对供应商管理的各个环节加强管控,从保证供应商队伍整体水平入手,进一步完善供方管理程序,优化了供应商准入机制、准入条件;在此基础上提供管理支撑，进行供应商培育，将公司有效的管理方法复制移植给供应商，以提高供应商的管理水平。

（1）严格供方准入流程，组建优质供方队伍

为卓有成效地管理供应商，建立了基于供应商层级管理的新型供货资质管理模式，将供应商分为资质预审合格供应商、考察供应商、合格供方三层；通过层级管理方式加强对供方准入的管控力度，为采购提供具有技术、质量优势，装车业绩良好的供应商队伍。

（2）实施供方业绩动态评价，实现优胜劣汰

建立常态化的供方业绩评价机制，实施供方日常工作业绩评价，积累日常评价数据、形成公开的供方绩效管理数据库，为物资采购招投标、确立供方培育名单、发展战略合作伙伴，提供强有力的基础数据保障。细化评价标准，供方业绩评价内容细化为：产品质量安全情况（产品运用质量情况、产品进货检验及制造过程质量情况）、交货期、售后服务情况、安全环保、诚信度等内容。如图9-3所示。

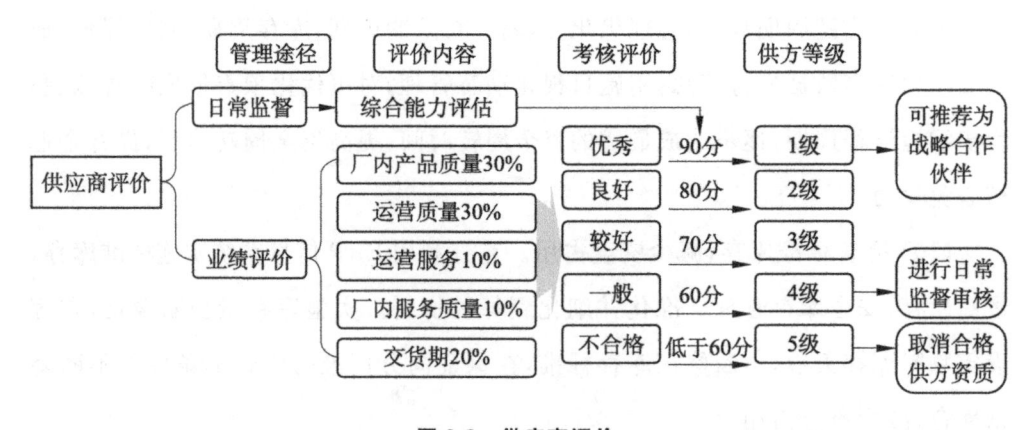

图 9-3 供应商评价

月度对供方业绩从交货情况及厂内服务质量两方面进行评价，并发布评价结果，督促供方持续改善。

确定处罚原则。特别制定了资质罚则，自降低等级至取消资质的5级处置措施，明确了对质量事故和质量问题的适用罚则，以督促供方重视质量。

A级：取消供方资质；

B级：降为考察供方，暂停新项目，直至整改通过；

C级：降为考察供方，允许参与新项目；

D级：降低等级（降一级或两级），暂停下一个新项目；

E级：降低等级（降一级或两级）。

四、定期公布数据，督导供应商整改

1. 供应商质量问题简报

定期发布供应商质量问题简报，内容包括一次交检合格率、过程检验问题数量、运营质量问题统计、典型质量问题说明等。公布相关数据，督促供应商整改并回复整改预防措施。

2. 实施短信通报制度

为了提高零部件交付及时率，降低质量问题发生频次，引起供应商对问题的足够重视，公司施行交付问题及质量问题短信通报制度。对在产品交付、入库检验、过程检验、车辆运营过程中问题最严重的三名供应商每周直接短信通报至其总经理及相关人员。

对月度通报最多的供应商要求其副总经理及以上级别领导到现场交班，深入分析问题出现的原因，报告整改措施及完成情况。通过短信通报及质量交班，督促供方重视发生的问题，并将整改措施迅速实施到位。

五、推进供方培育，实现共同发展

自推行精益制造以来，管理水平得到了极大提升，产品质量在同行业中具有较大优势，积累了先进的管理经验，但公司多数供应商的管理水平却没有得到同步提高，导致公司的产能、产品的运营质量及对用户需求的满足均受到制约，物资供应已成为公司生产组织的"短板"。作为当前国内轨道交通运输装备制造企业，立足长远，主动输出先进经验，提供管理支持，指导供应商开展生产过程中的精益制造，按照公司生产节拍实施准时化配送，形成了"供应商精益制造＋供应商精益配送＋主机企业精益制造"整体供应链精益模式。

1. 建立工作机制，形成培育模式

2012年，子公司开始实施供方培育工作，选取15家供方对其在生产计划、作业要领、工艺流程、质量管理等方面进行培育。经过培育的供方在交货期、质量保证方面均有明显的提高，同时公司也积累了培育经验。

在前期工作基础上，2013年公司进一步实践探索，形成了具有特色的"1＋2＋3"的供方培育模式：一个计划（过程推进计划）、两层机制（企业内部＋外部供方）、三个步骤（经验输出＋理论培训＋现场指导）。供方培育工作的实施，有效地促进了供方管理水平、供货及时率和质量水平的提升，实现了合作共赢目标。

2. 明确工作流程，保障有序实施

表9-1 供应商培育任务表

序号	工作项点	工作分解	具体内容
1	正确选择，措施保证	数据统计	准时交货率、产品一次交检合格率及运营故障统计数据，作为评价供方业绩、选择被培育供方和评估培育效果的依据
		供方选择	选取具有较大提升空间，有主观改善意愿，且经过培育有可能发展成为四方重点合作方的供方；根据上一年度业绩评价结果及供方培育情况，提出供方培育建议名单。召开供方培育工作会议，确定当年培育名单
		共识达成	召开由供方副总经理以上级领导参加的供方大会，传达培育工作以输出先进管理经验、精益理念及方法并提供培训和指导的方式进行，形成同步提升、合作共赢的信念
2	一个计划，明确方向	明确计划	针对供方培育工作，公司制定整体推进计划，并根据整体计划，分解成汇编管理经验输出计划、供方现场指导计划等子计划；根据供方培育整体推进计划，组织供方制定适应本公司实际情况的提升计划，并按计划组织实施
3	两层机制，确保实施	实施推进	内部成立工作组为保证推进实施力度，内部组织采购、质量、生产、物流等相关部门成立供方培育推进工作组，成员由各部门领导及相关人员参加。成立供方工作组，组长由总经理或负责生产的副总经理担任，组员涉及生产、工艺、质量、采购、物流、设备等相关部门。并详细分解工作计划，各项工作责任落实到人

续表

序号	工作项点	工作分解	具体内容
4	三个步骤，强化效果	经验输出	总结精益推进工作的核心管理方法、经验和优秀案例，全部无偿向被培育供方输出，要求供方在公司内部进行宣贯、培训，落实适合自身企业的管理方法
		理论培训	聘请专业咨询公司，组织供方进行精益制造培训，首先向供方导入精益理念，然后具体讲解实际管理方法
		现场指导	制定供方现场指导计划，与专业咨询公司合作，组织公司内焊接、装配、加工及精益制造等相关专家对每一家被培育供方实施现场工作指导。提出问题及建议解决办法，组织供方不断改善，及时落实并反馈关闭
5	总结经验，进行评价	总结评价	召开工作总结会议，对供方的培育效果进行评价

3. 进行现场诊断，组织专项改进

2013年的供方培育对选定的50家供方均形成了现场诊断报告，围绕生产计划、作业要领、工艺流程、质量管理等精益制造各要素提出了诊断问题共142项。其中可立即整改的有128项，需长期改善的有14项，立即整改项已全部整改完成，长期整改项均制定了专项改进计划组织改进。

六、实施供应链信息化建设，提高响应速度

对管理流程进行全面梳理，通过信息化手段进行流程管控，不断完善和优化ERP系统、供应商协作平台、物料需求平台，通过对供应链的商务流、信息流、物资流、服务流实施信息化管理，保障管理流程信息化的有效推行。

1. 构建供应商协作平台

为提高与供应商的信息传递效率，公司构建了"供应商协作平台系统"，通过该平台供应商可实时查询物料需求时间、合同签订、执行情况、采购订单交货记录及开票通知单、发票明细、公告通知等信息，保证了信息传递准确性，提高了工作的适时性和管理效率。

2. 应用供应商信息管理系统

为便于供应商资质的管理，公司组织开发了供应商信息管理系统，建立了供

应商管理的操作平台,将供方基本信息、供货范围、资质文件等内容建立数据库实施信息化管理。通过建立供应商信息电子档案库,积累供应商管理数据,为采购决策提供支持,为各单位及时、全面、方便的掌握供应商的信息提供便利条件,实现了供应商信息公司内实时共享,保证了供应商管理工作的程序化、规范化、信息化,提高了供应商管理工作效率。

3. 实施 BPM 信息系统建设

为提高工作效率、推进管理精细化。公司实施了 BPM(业务流程管理)信息系统建设,通过信息化手段,对公司现有业务流程进行梳理、优化,以建立完善的业务流程管理体系。为保证管理的延续性和一致性,公司将原有采购及供应商管理信息管理平台,与业务流程系统进行有效衔接,以实现信息自动汇总和报表自动生成,建立标准化、信息化的供应链管理体系。

4. 应用电子商务平台

根据中国中车的管理要求,搭建了全面覆盖采购业务的电子商务平台,实现了采购过程的专业化、流程化、集约化,以信息化手段保证采购过程记录全程在案、永久追溯、科学决策、阳光采购,提升采购管控水平和业务运行绩效,持续增强公司成本控制和供应链协同的核心竞争力,按照"集团化、专业化、配套化、电子化、精益化"的总体思路,构筑"集中管控、公开透明、优质高效、精益协同"的物资与供应链管理体系。

七、建立管理机制,保障目标实现

精益供应链庞大且复杂,建设过程贯彻设计、工艺、生产、采购、物流、成本 6 条主管理线,为有效开展精益供应链建设及推进工作,公司建立了强有力的精益供应链推进组织及管理机制。

1. 精益理念全面覆盖

通过持续导入精益制造理念及标准作业、TPM、5S、单件流、看板等精益工具,为供应商培养了一批具有精益思想,能够实践运用精益工具,发现和解决问题的管理、操作人员,随着精益制造认识的不断深化,逐步由开始阶段的"要我精益"向"我要精益"的方向转变。

2. 精益供应链管理体系逐步完善

为保证精益供应链的稳步推进和体系建设管理的常态化,系统策划建立了高效的精益供应链管理体系,编制、下达了《精益供应链建设实施方案》《供应商管理手册》《采购流程管理标准》《专项审核管理标准流程》《供方产品质量控制程序》《供方培育指南》《供应商评价标准》等文件,明确了精益供应链的内涵、建设目标、管理要素、管理流程及有关要求等,分别针对内、外供应链两个方面不同的薄弱环节提出了不同的要求,重点针对外部供应链进行了补充与完善。

3. 动车组产业化基地集约化发展

通过精益供应链建设工作的持续开展,长期合作伙伴的数量在稳步攀升,供应商为了降低物流配送成本、减少物料库存数量、加快资金周转流速,大量的供应商采取以厂区为核心、在周边辐射范围内建厂,采用小批量、多频次的配送模式,通过生产一体联动计划,准时化生产和配送所需的物料,产业化基地集约化发展收效显著。截至2013年年底,青岛某子公司共有104家供应商企业在厂区落户建厂,形成了以产学研用为基础,1日服务配送网络的动车组产业化制造基地,整体拉动了青岛地区经济的快速发展。

4. 供应链整体效率提升

通过供方培育模式的突破和不断完善,将精益理念向整个供应链延伸,引导供方导入行之有效的精益工具,减少生产及物流过程中的浪费,不断降低管理成本,使供方整体管理水平得到较大提升。供方管理成本同步下降15.4%,产品准时交付率提升7.2%,产品一次交检合格率提升11.8%,最终实现以合格的产品、合适的时间、合适的数量供给,实现了供应链整体效率的提升。

5. 生产效率不断提高

通过精益供应链建设工作的推进,有效的保障了节拍拉动式生产模式的运行,企业的动车组生产能力由4辆/天,提升到6辆/天,生产效率提升了50%。

截至2013年,高速动车组日生产能力由4辆/日提升到6辆/日,平均生产每台车人数由582人下降到389人,人均日生产效率提升87%。

6. 产品质量稳中有升

通过供方产品质量保障体系的有效运行,供应商管理模式的突破,产品配件质量总体呈上升趋势;质量问题的显性化暴露和异常快速反应机制的建立,保障了质量问题的及时处理。通过项目实施前后对比发现,供应商平均单辆车异常数由原来的1.64项降为1.23项,同比降幅达到24.9%。

第十章　管理升级：中国企业走向强大的必由之路

第一节　强本固基：不可逾越的管理之坎

作为整合、优化资源配置的手段，管理始于人类社会的共同劳动和集体协作，并在组织发展与人类历史进步中起到至关重要的作用。从经验主义到泰勒模式、从科层制到扁平化、从JIT到柔性管理，各种管理概念层出不穷，对于丰富企业管理思想库，推进企业的持续成长与成熟具有重要意义。

中国历史的发展和西方国家有很大的不同。中国封建社会长达二千多年，小规模、封闭式、自给自足的小农经济长期存在。清朝末年，在西方工业革命以后的近代工业、技术和经济的影响下，在西方列强外来侵略的压力下，资本主义逐渐在中国产生和发展起来。19世纪后期，洋务运动促进了官僚资本、官办企业和官督民办企业的出现和发展，但在当时的历史条件下，机器大工业生产不可能成为主要的生产方式，中国也不可能从半殖民地半封建社会直接进入资本主义社会。没有社会化大生产，就形成不了流水线的作业流程，也就形成不了标准化、流程化、精细化这些体现工业文明精髓的要素，导致科学管理先天不足，纪律、规范、制度、程序等与现代化相对应的理念没有深入人心。可以说，中国经历了漫长的农耕时代，有过辉煌的农业文明，但由于历史发展的特殊性，没有经历西方工业革命的洗礼，没有经历工业文明的磨炼，缺乏科学管理扎根的土壤，不曾形成真正的管理科学。中国社会主义制度建立后，又经历了较长时间的计划经济、"大锅饭"时代，一直没有把管理作为科学来对待，以至于管理科学发展缓慢，同发达国家的差距越来越大。中国企业面临的最大挑战，往往不是社会经济的动荡、政策的变迁、竞争的威胁和整个行业发展水平的滞后，而是管理基础薄弱、管理秩序混乱、管理机制僵化、管理效率低下、组织结构刚性、资源浪费严重等诸多问题，难以适应市场经济的挑战，致使企业的竞争力下降。现实中诸多活生生的企业实例，大的决策并没有错，但企业却不成功。问题就出在管理上，不讲规范，不立制度，不重标准，企业必然以失败告终。

管理可以飞跃，但不能跨越。虽然我们在短时间内拥有了同西方发达国家一样的高楼大厦、高速公路等硬件设施，但由于管理跟不上经济快速发展的要求，整个社会为此付出了沉重的代价，高能耗、高物耗、高污染粗放式经营所导致的能源紧缺与经济发展的矛盾日益凸显，严重制约了中国经济的可持续发展。我们需要对以前的经济发展模式进行一系列的反思：为什么企业规模在高速发展，企业的竞争优势却没有获得相应的提升？为什么每年企业数量都在迅猛增长，但真正国际化大企业却少之又少？

改革开放 30 年来，"加强管理"一直是被反复强调的时代主题之一，然而，时至今日，管理问题依旧是大多数企业最薄弱的环节，即使很成功的企业，其许多问题也还是出在管理上。是人们在实践中不重视管理吗？不，人们花在研究管理问题上的时间、精力不可谓不多，为此开了数不清的研讨会，出了数不清的论著，一轮接一轮地引进了大量西方管理的方法和理念，办了无数的学习班，培训了无数的管理人才，但是，面对以下几个事实，我们却不得不沮丧地承认，管理这块"板子"，仍然是最短的。一方面，相当多企业的内部管理，不但没有得到加强，有些反而出现严重倒退。以现代企业制度的典型代表——上市公司为例，经过层层筛选，脱颖而出挂牌上市，按理说应是企业中的佼佼者，应以良好的业绩回报社会和投资者，可是大量企业在市场上的表现却与自己当初路演时的承诺判若云泥，内部管理混乱不堪，经营业绩让人瞠目。另一方面，改革开放打开了通向世界的窗口，看见了西方企业管理的新鲜经验，于是就学引进，一批批人出国考察，一浪接一浪的新管理方法引进来,然而企业的管理水平却鲜见大有起色的,顽症未祛,又添新疾,有的企业新方法没学到,老办法也丢了,演了一出活生生的"邯郸学步"。不难看出,这种引进多数是处在简单模仿、生搬硬套的水平上,学得了管理工具,却没有学到其背后深藏的管理思想,有点像"买椟还珠"。管理既是科学,又是艺术。作为一门科学,管理具有普遍性和规律性,因此可以通过学习提高管理水平,通过积累丰富管理经验。作为一门艺术,管理从来都没有一成不变的模式,没有放之四海而皆准的经验。因此,中国企业绝不能简单照搬、照抄西方管理理论,必须根据中国经济发展现状和中国企业成长的实际情况,在实践中探索一套适合中国企业的科学管理方法和理论。

同时,也要认识到基础管理是企业管理的核心。企业要做大做强,培养自己的核心竞争力,就必须静下心来,戒除浮躁,固本强基。要抓紧"补课",追溯到管理的起源,在夯实基础管理上下硬功,这才是真正的强企之路。老子说:"高以下为基。"只有把基础夯实,才能有宏伟的大厦。一棵大树能不能长好,关键要看根扎得有多深、多广、多牢。基础管理看似简单,但它是基本功,是内功内力。中车以全面精益之道打造精益企业的实践正是夯实基础管理的一次积极探索,无论对于中车自身的转型升级还是对于其他中国的管理创新都具有一定借鉴和参考价值。

第二节 管理自觉:中车精益管理的再思考

中车精益管理作为一种实践,在中车集团的践行只具有个别的典范意义;但作为一种理论和模式,则有着广泛的普适价值。对中车精益管理的再思考,就是超越中车集团这一个体范畴,在更多的行业和国家层次发掘其价值和启示,使得中国企业树立更多的管理自觉与自信。

启示 1：持续的管理学习和创新是大型国有企业转型发展的必由之路

作为国有经济发展的主要载体和社会主义市场经济的重要主体，国有企业在中国经济社会发展中具有举足轻重的作用。随着国有企业改革的不断深入，中国国有企业的管理理念和水平都有了质的飞跃，有效发挥了国有企业在促进国民经济发展中的主力军作用。然而，中国国有企业仍然存在许多问题，整体市场竞争力不足、效益不高，国有企业改革目标的实现还有很大的一段路要走。究其原因，除了历史因素外，不难看出当前中国很大一部分国有企业都不同程度存在着"管理不适应症"的问题。比如企业的绩效评价体系、经营政策导向、管理人员激励制度、企业人员培养体制等的问题。如果国有企业在长期运作中所形成的一整套企业管理方式难以得到转变，未能按照市场经济的要求进行生产经营和管理，管理粗放化，管理水平低下，效益流失严重，无法适应市场经济条件下对国有企业管理提出的新要求，也大大阻碍了国有企业改革的进一步深入推进及国有企业可持续发展。

中车集团发展也曾经面临上述管理困境，可以说中车集团的发展史实质上也是一个管理不断升级和创新的历史。作为大型国有企业，中车集团充分学习借鉴国外的管理经验和方法，遵循精益思想和理念，坚持循序渐进、稳步深入，点、线、面由浅入深，从局部突破到系统优化，制定了"精益制造、精益管理、精益企业"三步走的实施战略，打造了高品质、高效率、低成本的精益管理体系，实现了管理水平的跃升。中车集团的精益管理的实践表明，大型国有企业依靠管理创新，大力夯实管理基础，是可以加速实现企业的转型升级的。

启示 2：建立精益管理体系是中国制造业升级的关键环节

中国制造业经过几十年来的快速发展，当下正面临转型的重大挑战。劳动力成本持续上升、创新不足、生产性服务业发展不足等问题，对制造业的升级提出了迫切需求。据波士顿公司的调查,过去十年中,中国制造业劳动生产率增速低于制造业工资成本增幅;而同期,美国制造业劳动生产率年均增速为5%,高于劳动力工资成本增幅。发达国家的经验表明,一国经济发展不仅是国民经济总量的增长过程,更重要的是产业结构的升级过程。在经过长期高速增长后,中国经济也进入了亟待结构优化、产业升级的阶段。新常态的经济环境倒逼企业转变粗放的数量型发展模式,全球制造业在国际金融危机后进行新一轮的经济转型和结构调整同样逼迫制造业迈向中高端。中国制造业必须制定更加明智的发展战略,不断提高核心竞争力,在产业竞争制高点上拓宽新的视野,在产业体系上完成从工业化初期的产业体系向中后期的产业体系转变,最终实现由低成本的要素优势向技术与品牌优势的转化,完成由"制造大国"向"制造强国"的质变。

在过去的十年间,中国制造企业也逐步引入或建立了现代企业管理制度,在一定程度上发挥了管理对转型升级的促进作用。但国内制造业的现实是,很多企业还游离在现代企业管理制度以外,在谋求发展的道路上依旧是"想当然"的方式。从形式上看,一些企业貌似建立了与国际接轨的现代企业管理制度,事实上貌合神离,无论是管理理念,还是管理方法上都存在着过多的缺陷。因此,制造业的升级必须首先要强化管理升级。如果把制造业转型升级比成一座高楼,那么精益化就是这座高楼的地基工程,只有把地基夯实了,楼才能建得高,才能站得稳。纵观美日德等制造业强国的崛起之路,无不经历了管理学习和变革。美国20世纪初创立了工业工程,20世纪80年代前,一直引领制造业发展。80年代后,日本制造业崛起,美国研究考察丰田生产方式后,认定是最有竞争力的管理模式,称之为"精益生产"。在此基础上,美国又推出互联网管理,大数据、云制造等。日本战败后看懂了美国企业效率来源于"看不见的关键推手"工业工程,在日本推行"全面精益生产"来打造先进制造业。德国20世纪初打破英美的垄断,提出"效率工程","二战"后,推行美国的工业工程。1990年后又推行日本的精益生产,20多年后的今天,提出智能制造、工业4.0等。历史实践证明,精益管理是各制造强国发展的必修课和不可逾越阶段。中国制造业的提升也必须下大力气,学好、补好这一课。中车集团在精益管理方面的探索,也再一次证明了建立精益管理体系是中国制造业升级的关键环节。

启示3：打造具有国际竞争力的世界级企业需要建立属于自己的管理体系

全球化是当今世界的重要特征，经济全球化带来了竞争的全球化，中国企业不仅要与本土企业竞争，更要与国外企业竞争。如何在竞争中制胜甚至获得主导的地位，则不仅关系到中国企业的经济效益，也关系到国家竞争力的提高。目前，全球制造业、流通业、服务业都在向亚洲转移，亚洲将成为继美国和欧洲之后的第三个产业中心。中国市场是亚洲最大的市场，经济总量已经达到世界第二，已经具备产生世界级企业的条件。同时，中国市场的开放程度越来越高，消费结构加速升级，工业化进程加快，城市化速度上升，拉动了产业结构的大幅度调整和迅速升级。世界知名企业纷纷进入中国，与中国企业进行合作与竞争。这些企业的进入给国内企业的生存提出极大挑战的同时，也带来了先进的管理思想和管理方法。中国企业与世界市场的融合不可避免，在向世界级企业的升级中，迫切需要世界级的管理。

然而，管理的升级并不是一蹴而就的。管理有两个很重要的特征：一是积累性，管理升级的过程是一个长期积累的过程，管理效益与投入成正比，而且需要通过不断改善和学习，才能实现管理水平的提升。二是创新性，管理模式和方法不可简单复制，只能不断创新。因此，管理升级和创新难度不亚于实现重大技术的突破。中国企业管理升级的路是否能够走通呢？中车精益管理模式的提出与实践，给了这个问题一个肯定的回应。中车集团精益管理的探索与实践，其间经历了漫长的思索、论证和检验过程。由于管理创新和变革具有很大的难度，在中车集团精益管理的过程中，也承受了巨大的决策压力，对精益管理这条道路能否走通心存疑虑，可以说，是经历了一次艰难的心路历程。但艰难困苦，希望和成果也孕育其中，中车集团最终通过引进世界先进管理思想和管理方法，并成功地与企业自身的经营环境相结合来实现管理效率的提升，形成了中车精益管理体系，实现了企业的快速成长。

第三节　永无止境：中车精益的未来时

管理模式的产生首先是基于对管理实践问题的思考，管理模式的变革也源于现实社会的迫切需要。当前，中国企业的外部环境正在发生深刻变化：

一是移动互联和人工智能技术加速应用。一方面，计算机技术发展到移动互联网阶段以后，新技术革命对变幻多端的经济环境起到了推波助澜的作用，这无形中就加速了新管理模式的诞生；另一方面，网络技术的发展为提升管理水平提供了有力的"武器"。透视管理领域，不难发现，网络经济正在引发一场前所未有的管理变革，这种变革，要求企业的内部组织模式、经营管理理念以及企业之间的关系发生一系列深刻的变化。

二是以知识为核心的新经济正在形成。知识经济使企业的管理基础向知识资本转变，如何有效管理与创造知识成为企业寻求持久竞争力的源泉。另外，知识经济发展的主导要素是人才，人对知识的掌握和驾驭以及由此而带来的企业管理创新，使人在经济活动中的地位和作用比以往任何时候都变得更加突出和重要。

三是经济全球化趋势的日益显现。随着经济全球化的深入发展，企业的生产管理活动范围将由国内拓展到全球，不能仅靠利用国内资源来谋求发展，而是必须广泛地利用世界各国的资金、技术、劳动力等生产要素发展自己，以求实现资源的最佳配置；同时，其生产协作关系也不再局限于国内，而是要在全球范围内寻求合作伙伴；在全球化的背景下，企业管理必须建立高效、便捷、可靠的全球化要素传输流动网络，采用各种先进的要素传输手段，特别是信息传输手段；企业管理组织将呈现追求网络化、扁平化、柔性化的发展趋势；企业相互依赖和相互竞争是当今经济全球化的一个显著特点和基本趋势。

四是过剩经济时代到丰饶经济时代的转型。中国经济在过去改革开放的三十多年中取得了举世瞩目的成就。改革开放之初，中国经济处于短缺经济时代，市场上产品供不应求，经济的瓶颈在于生产，在于能不能生产出足够多的产品；中国用了大约15年的时间,告别了短缺经济时代,进入过剩经济时代。此时消费的特征是大众消费,社会化大生产带来的规模经济效应,使很多企业可以提供物美价廉的大众化产品来满足温饱型消费者的需要;随着经济的发展和人们收入的不断提高,人们不再满足于千篇一律的消费,小众化消费和个性化消费的时代将会到来,市场的离散化成为丰饶经济时代最主要的特征。随之而来,企业管理方式也将会发生重大变化。

在以上多种因素的影响下,我们现有的管理面临诸多新的挑战,全面精益管理模式也需要与时俱进,不断变革、持续改进。从中车集团的管理实践和未来发展需求看,精益管理主要有以下几个改进和变革的新方向。

一是更加注重落实以人为本的理念。人才永远是企业发展的核心动力。企业在推行精益管理的时候,任何工具方法的应用,都应从充分尊重员工的人性出发,特别是在中国目前这个阶段,劳动力不再是可以随意挥霍的资源,劳动力已经从过去工厂挑人的买方市场变成卖方市场,企业要从根本上转变用工观念,把员工当作企业最重要的资源,树立员工智慧的浪费是企业最大浪费的理念,把人才看成是长远的比机器更为重要的固定成本,使人力资源实现最大效率。特别是中国当前社会,80后、90后年轻人跟过去的员工相比已改变很多,作为企业,要从过去粗放式的管理理念和管理方法转变为以员工为中心的全面精益管理,转变短期用工思维,从管理理念、团队、方法、激励、环境、机会等各方面加以改进,更加注重员工个人成长,并把企业的竞争力与每个员工的意识能力提升联系起来。

二是更加注重源头和问题导向。源头在哪,问题在哪,精益管理活动的最大价值就在哪。未来企业面对的将是高度不确定性的内外部环境,任何一次错误都可能导致颠覆性的后果,因此更加需要注重源头管理和问题导向。越是在源头进行管理或改善,失败成本越小,管理效果越好。作为制造型企业,其项目投资、产品设计,这些都是精益管理产生最大价值的源头。比如产品质量问题,在市场上被客户投诉所造成的质量损失最为惨重,在产品出货或生产过程中发现问题质量损失会小些,在原材料供应商处发现问题其质量损失会更小,如果能在设计环节采取有效对策,那就根本不会产生重大损失。源头治理是开展精益管理活动的最大价值显现,后续开展的持续改进活动,也只不过是对于初期的架构,或产品、或流程、或信息系统的优化与改善等产生附加效益。同时,为确保精益管理取得实效,必须聚焦问题,将精益管理作为查找问题、解决问题的过程,从解决具体问题入手,从具体事情抓起,真正减少浪费、优化流程、降本增效。小问题解决或改善得越多,越是能防范大问题的发生。

三是注重与数字化、信息化、智能化的融合。2015 年 5 月,中国颁布"中国制造 2025"战略举措,与德国"工业 4.0"、美国工业互联网类似,都是以信息技术革命性突破为基础,反映了工业经济数字化、信息化、智能化、网络化的发展趋势。中国制造 2025 中明确提出,将以推进智能制造为主攻方向,智能制造通过紧扣关键工序智能化、关键岗位机器人替代、生产过程智能优化控制、供应链优化,建设智能工厂/数字化车间,目的是实现项目运营成本降低,产品生产周期缩短,不良品率降低。而精益管理是一种企业的战略管理理念,围绕提高顾客满意度,持续优化运营成本,提高产品品质,提升流程效率,改善资本投入,不断追求企业卓越经营。实施精益管理,不仅能打通和优化制造系统,建立准确、全面的数据支撑,并致力于理顺管理流程,梳理接口和标准,还为智能化升级打下坚实基础。实施数字化、信息化、智能化的升级,把复杂的制造过程、管理流程变得简化和高效,精益的理念、方法更能有效、即时、精确的应用和实现,为精益管理的提升搭建"高速公路"。精益管理是实施智能制造升级的基石,其价值在智能化升级中更能充分体现。因此,推进和深化精益变革,必须更加会注重与数字化、信息化、智能化的融合,在多品种、小批量、定制化的生产模式下,结合企业制造升级、管理提升的实际,建立一个高效的运营管理系统,提升企业整体的制造能力、管理水平和竞争力。

中车未来将依托"互联网+"行动计划,以移动互联网、云计算、物联网、大数据等信息技术与制造技术深度融合的数字化、网络化、智能化制造为主线,实现智能制造、绿色制造、服务制造,实现中车技术创新、管理创新、商业模式创新全面转型升级,推进"互联网+中车"行动计划,到 2025 年,实现"智能化中车"的目标,为中国制造业转型升级做出积极贡献。

后 记

本书编撰过程中得到中国中车集团公司董事长、总经理的直接关怀,得到了中国中车各子公司精益办公室的鼎力相助,同时得到了爱波瑞管理咨询公司的大力支持,我们对此深表感谢!

参与本书编撰的除编辑委员会成员之外,主要成员还有:中车研究院张增良,戚墅堰公司杨善伟、张铭,株机公司尹星亮,浦镇公司黄选平、陈长健、温奇、孟鹤、张征雨、陈文安、杨旭、万兆星、方强、滕菲、俞慧、黎俊、英振、薛俊伟,长客股份黄明旭、李祥东、逯骁,四方股份邱艳春、马治国、王小锋、耿义光,大连所的李翠娜,株洲所的赵悬辉、郑伟、李阳、高飞、钟志辉、李昌龙,长江公司石磊,石家庄公司陈显洪等。在此,我们对在本书编写过程中做出贡献的全体参编人员表示衷心感谢!

同时,我们也要感谢所有在精益推进过程中勇于实践、大胆创新的中国中车的干部员工!感谢所有长期或曾经工作在精益管理战线上的同志!

由于我们理论基础的欠缺和视野的局限,本书难免存在不足或疏漏之处,甚至可能有错误的地方,敬请各位读者谅解并批评指正。我们将秉承"创新、协调、绿色、开放、共享"的发展理念,在振兴民族工业、实现制造强国的征途中,孜孜探索,大胆创新,持续推进精益管理,构建精益企业,形成融入中华民族文化传统、汲取世界管理精华的具有中国中车特色的精益管理模式和企业文化。

让我们扬起精益的风帆再起航。精益之路,永远指向未来!